云南师范大学学术文库

云南师范大学学术著作出版基金资助项目

云南省"地理学"重点学科建设项目

云南师范大学"地理学"重点学科建设项目

联合资助

中国西部城市群落
空间重构及其核心支撑

熊理然◎著

人民出版社

责任编辑:李　惠　pphlh@126.com

封面设计:王玉浩

版式设计:雅思雅特

图书在版编目(CIP)数据

中国西部城市群落空间重构及其核心支撑/熊理然 著. -北京:人民出版社,2010.11

ISBN 978－7－01－009181－5

Ⅰ.①中… Ⅱ.①熊… Ⅲ.①城市群-空间结构-研究-西北地区②城市群-空间结构-研究-西南地区 Ⅳ.①F299.27

中国版本图书馆 CIP 数据核字(2010)第 151410 号

中国西部城市群落空间重构及其核心支撑

ZHONGGUO XIBU CHENGSHI QUNLUO KONGJIAN
CHONGGOU JIQI HEXIN ZHICHENG

熊理然　著

人民出版社 出版发行

(100706　北京朝阳门内大街 166 号)

北京瑞古冠中印刷厂印刷　新华书店经销

2010 年 11 月第 1 版　2010 年 11 月北京第 1 次印刷

开本:880 毫米×1230 毫米 1/32　印张:10.5

字数:260 千字　印数:0,001-2,000 册

ISBN 978－7－01－009181－5　定价:30.00 元

邮购地址 100706　北京朝阳门内大街 166 号

人民东方图书销售中心　电话　(010)65250042　65289539

目　录

前　言

　　本研究以"中国西部城市群落空间重构及其核心支撑"为选题,在对城市及城市群体形成与发展理论进行梳理与扩展、对中国西部城市群体发展的特殊路径与历史特点进行比较与概括、对西部城市群体发展现状及发展困境进行分析与提炼的基础上,考虑城市群体引领区域乃至世界经济发展的宏观背景,并结合西部地区特殊的政治、经济、社会、文化、环境发展实际,试图解决"新时期中国西部城市发展应该选择怎样的城市群体空间组织形态、又以什么来支撑这种新型城市群体空间组织形态发展"等核心问题。在对中国西部城市群落空间重构进行理论分析的基础之上,本研究提出了以多中心—外围城市群落作为中国西部城市群体发展的空间组织形态,同时对中国西部多中心—外围城市群落发展的重点区域进行了选择,对西部未来的多中心—外围城市群落格局作出了战略构想,并以成渝双中心—外围城市群落为实证,分析了多中心—外围城市群落的成长路径、成长机制与成长阶段,提出了作为多中心—外围城市群落发展核心支撑的经济基础培育路径及制度安排构建策略。

　　在西方国家关于城市及城市群体形成与发展的经典理论中,区位论中的农业区位论与工业区位论、城市经济学中的比较优势、规模经济和集聚经济理论、空间经济学的中心—外围理论等主要从产业发展的视角研究了城市的产生与发展。而中心地理论、空间相互作用理论、点轴网络系统理论、外部经济理论、空间经济学城市体系中心——外围理论则从产业地域扩展与产业关联发展的视角解释了城市群体形成与发展的内在机理。因此，西方经典城市发展理论无一不是从产业发展与演化的视角来研究城市及城市群体的发展演化的。由于西方发达国家的城市化是在工业化推动下完成的，而工业化则是在自由竞争的市场经济环境下推进的，因而西方经典城市化理论虽然极其重视产业支撑的推动作用，但在研究内容上相对缺乏城市化的制度安排与制度建构的内涵。

与西方发达国家工业化推动下的城市化路径不同，中国西部城市群体发展经历了一条特殊的历史路径。在中国封建社会的初期和中期，西部地区城市的发展曾经一度处于中国乃至世界城市发展的领先水平，到封建社会中后期，西部城市的发展开始落后于东部，特别是鸦片战争以后差距越拉越大。进入近现代，西部城市一度有所发展（如开埠城市及抗日战争时期西部城市的发展），但与全国乃至世界城市发展的差距不但未能缩小，反而越拉越大。新中国成立以后，"156项"建设及"三线"建设时期，西部生产型城市获得了飞速发展，与全国差距迅速缩小，改革开放以来，由于国家政策优先倾斜于东部沿海地区，西部城市发展与东部的差距迅速扩大。经由这种特殊历史路径发展而来的西部城市化进程有其浓厚的历史特性，表现为城市发展基础薄弱、城市布点区域集中、城市建设政府推进、城市循环相对封闭等。

从西部城市群体的发展现状来看，其不仅面临着城市数量不足、城市密度过低、城市化水平低、城市群体综合竞争力弱等制约因素，城市群体的进一步发展还面临着制度空间不足、经济基础薄弱、城市体系结构失衡等特殊困境。在制度安排上，西部城市群体的发展面临着经济调节制度缺陷(市场体制不完善及市场机制的固有缺陷)、总体制度安排缺陷(城市偏向和农村忽略)、产业布局制度安排缺陷(政府指令布局与地方关联缺失)、要素流动制度安排缺陷(城市无限索取与有限回流农村)、城市设置制度安排缺陷(行政审批设置与行政级别强化)等制度障碍的制约。从西部城市群体发展的经济基础来看,西部城市群体的发展不仅面临着农村贫困和农业发展落后、工业发展水平低下以及工业结构不合理的制约,还面临着第三产业"虚高"、生产性服务业发展不足的影响与制约。从西部城市体系结构分析来看,无论是等级规模结构、职能组合结构,还是地域空间结构都处于失衡状态。等级规模结构的失衡主要表现为大城市这一层级的严重断层,职能组合结构的失衡主要表现为绝大多数地级及以上城市职能趋同,还没有形成区域城市的合理分工,城市地域空间结构的失衡主要表现为中国西部数量和规模原本就有限的城市群体又集中分布在面积较小的几个区域。针对中国西部城市群体发展面临的制度空间不足、经济基础薄弱、城市体系结构失衡等特殊困境,本研究基于结构与功能的相互关系原理,提出了中国西部城市群体发展困境的破解路径——产业与制度支撑下的城市群体空间重构。

　　中心—外围结构是当今世界区域和城市群体发展普遍的地域空间组织形态,但从西部地区的实证分析来看,西部城市发展及城市体系演化并不符合空间经济学的中心—外围理论模型。因此,本研究在加入产业联系要素和制度安排要素后对空间经济学的中心—外围理论模型进行了扩展,并以扩展后的空间经济学中心—外围理论模型为理论基础,结合西部地区的实际,提出了中国西部城市群落空间重构的空间组织形态和空间格局应是多中心—外围城市群落。在此基础上,对多中心—外围城市群落进行了初步的理论界定:在发展极点上由多中心(城市)引领与带动城市群落及区域发展;在空间结构上呈多层级、多中心—外围型城市群落层级体系;在产业支撑上,以不同类型产业发展支撑各层级空间发展,以城市间的产业关联与网络化发展引致中心与外围及腹地间的多重联动与网络化发展,经由产业的层级网络化发展推动城市间形成合理的层级网络结构;在制度安排上,城乡之间、相邻城市之间、不同层级城市之间以协调发展与合作竞争取代二元分化与行政分割,以"城市经济区"制度安排取代"行政区经济"制度安排;在城市功能上除强化经济集聚与扩散功能外,还注重城市发展的社会和生态等综合功能;在地理布局上呈极具生态学意义的群落状展布。

针对中国西部城市群体发展面临的经济基础薄弱、制度空间不足及城市体系结构失衡等特殊困境,在产业和制度支撑下经由空间重构建立的多中心—外围城市群落作为中国西部城市群体发展的特色空间组织形态需要行政、经济、社会、文化、环境等要素的综合支持。本研究的第六章在对中国西部多中心—外围城市群落的成长路径、成长要素、成长机制、支持体系进行分析的基础上,把经济基础培育与制度空间拓展作为多中心—外围城市群落发展的核心支撑。在经济基础上强化以产业群落支撑城市群落的发展,并对多中心—外围城市群落不同层级的支撑产业选择进行了探讨。在制度基础上突出以制度发展拓展制度空间,尤其注重在总体制度安排、经济制度安排、行政制度安排等方面拓展制度安排空间,以建立起推动多中心—外围城市群落发展的制度基础。

特殊的自然地理环境决定了在广大的西部地区不可能大规模推进城市化进程,只能选择自然地理环境较优、经济发展基础较好的局部地区进行重点城市群落建设,并以重点城市群落的发展带动西部经济社会的整体发展。在第七章,本研究以主体功能区战略为背景,利用城市群落形成与发展的空间相互作用理论与实证分析方法,考虑到多中心—外围城市群落发展的历史联系、自然条件、经济基础和动力机制,以及西部各中心城市对外围城市的吸引力和相邻中心城市之间的相互吸引系数,把成渝双中心—外围城市群落、南贵昆三中心—外围城市群落、西兰双中心—外围城市群落、呼包银三中心—外围城市群落作为中国西部多中心—外围城市群落发展的重点区域,并在四大重点城市群落发展到一定阶段的基础上,提出了对四大重点城市群落再次进行空间整合,发展培育成为中国西部未来 ⊠ 形成渝西兰四中心—外围城市群落的战略构想。同时,本文以成渝双中心—外围城市群落为实证,分析了成渝双中心—外围城市群落发展的经济基础培育、制度安排构建及产业和制度支撑下的成渝双中心—外围城市群落的培育路径与培育阶段。

本研究在充分吸收前人研究成果的基础上,在以下研究领域和研究内容方面进行了拓展和创新:

在理论研究上,对西方经典的城市及城市群体形成与发展理论进行了梳理与概括,并在空间经济学中心—外围理论模型的基础上,加入产业联系和制度安排要素对空间经济学中心—外围理论模型进行了扩展分析,提出了多中心—外围城市群落的概念性理论框架。

在研究内容上,在对中国西部城市群体发展路径、发展特点、发展现状、面临困境进行综合分析的基础上,基于扩展的空间经济学中心—外围理论模型,提出了中国西部城市群落空间重构的空间组织形态是多中心—外围城市群落,并对多中心—外围城市群落进行了初步的理论界定;在定量分析与定性分析相结合的基础上,把成渝双中心—外围城市群落、南贵昆三中心—外围城市群落、西兰双中心—外围城市群落、呼包银三中心—外围城市群落作为中国西部多中心—外围城市群落发展的重点区域,同时前瞻性地提出了中国西部未来⊠形成渝西兰四中心—外围城市群落的战略构想与空间格局,并对多中心—外围城市群落的培育及其产业支撑和制度安排进行了理论分析与实证研究。

在研究视角上,本研究在对中国西部城市群体发展的历史、现状及特殊困境进行深入分析的基础上,针对西部城市群体发展的现实矛盾,着重针对中国西部城市群落的空间重构、空间格局、重点区域、经济支持与制度安排等核心问题进行综合分析和研究。本研究的基本目的是探索建立适应西部自然、经济和社会发展特点的多中心—外围城市群落、城市群落发展的重点区域、未来格局以及多中心—外围城市群落发展的经济基础培育与制度安排构建等。

在方法应用上,体现了多种研究方法组合使用的研究特色。应用理论研究方法对空间经济学"区域模型"和"城市体系模型"中的中心—外围理论进行了扩展,并以扩展后的中心—外围理论模型作为中国西部城市群落空间重构的理论基础;应用历史分析方法对西部城市发展的特殊历史路径及历史特征进行了梳理、概括及比较分析;运用定量分析方法基于经验数据对西部城市发展的城市体系结构、城市职能结构、城市群体发展演化进行时空综合分析;运用空间分析方法分析西部城市发展的空间格局、空间特性、空间障碍,并探索西部多中心—外围城市群落发展的空间形态、重点区域及区域实现模式;运用实验研究方法探索建立切合西部实际的重点多中心—外围城市群落发展的空间重构、空间格局、经济支撑、制度安排及其实施策略等。

第一章　导　论

1.1　研究背景及研究意义

1.1.1　研究背景

世界近现代历史发展表明,现代城市的发展及城市化的实现是欧美日等发达国家推动经济发展、促进社会进步、改善人民福祉和实现国家富强的必由之路。西方发达国家的现代城市化进程是在工业革命推生的工业化推动下先行完成的,并在第二次和第三次科技革命的推动下,随着产业结构的升级转换,其城市化先后经历了城市化(集中)、单中心市郊化(分散)、多中心城市地带化(扩散)等三个发展阶段(Arthur O'Sullivan,2003)。进入 20 世纪中后期,在信息化、全球化、去工业化的推动下,西方发达国家的城市化显现出四个明显的发展趋势(顾朝林,2006):一是城市功能的全球化,出现了全球城市(Global City)(Sassen S,1990)和全球城市区(the global urban region);二是城市规模巨型化,即以大城市为核心的巨型城市区(the mega-city region)的形成,全球大致形成了六大世界性的城市群,这些全球城市、全球城市区及全球性巨型城市群不仅影响着该国、该地区的发展,更是影响及引领着全球经济发展大势;三是城市间交流的快速化,即随着城市功能的全球化与城市规模的巨型化,生产性服务业、跨国公司总部、金融中心在全球城市的集聚又进一步刺激了面对面交流的需要,高速和快速交流成为现代城市发展趋势;四是城市联盟及其一体化,其最典型的表现是网络城市的发展(Batten,1995)和走廊城市(corridorcities)的发展,同时,城市空间强烈地表现为知识经济(Knowledge Economy)体和文化经济(Cultural Economy)体在原有城市空间的植入或再植入,城市在空间上已经成为一个再植入体(re-embedding context),而不是一个无限的新区蔓延(顾朝林,2006)。与发达国家产业推动的城市化不同,国外某些发展中国家因过度强调"人口转移型"城市化的发展而出现了严重的过度城市化(Over-urbanization)和虚假城市化(Pseudo-urbanization)问题。欧美日发达国家城市化进程及城市群体发展趋势给中国及中国西部地区城市发展路径的选择提供了科学借鉴,同时部分发展中国家城市化进程中出现的严重问题也给中国及中国西部地区的城市发展路径选择以可贵的经验教训。

中国的快速城市化始于20世纪80年代的改革开放。在中国城市发展的理论讨论和路径选择中,一直存在着"小城镇论"、"大城市论"以及由此派生出的"中等城市论"、"大中小城市论"之争。长期以来"小城镇论"占据上风(赵新平、周一星,2002),国家实施的也是"严格控制大城市规模,合理发展中等城市和小城市"的城市发展战略。20世纪90年代末,城市化被赋予长期拉动内需的重要经济增长点以及城市化与农业产业化成为改造中国传统农业的根本出路等新的作用内涵,因此,中国政府在2001年制订"十五"计划时将城镇化提升为国家战略,提出了"走大中小城市和小城镇协调发展的多样化城镇化道路,逐步形成合理的城镇体系"的城市化发展战略。随着世界城市规模的越来越巨型化,加之中国东部沿海地区城市密集带的形成,国内越来越多的学者提出了"都市圈"(石忆邵,2002;原新、唐晓平,2006)、"城市群"(姚士谋,2001)、"城市带"、"城市区域"(顾朝林,1999)、"都市连绵区"(Metropolitan Interlocking Region,MIR)(周一星,1991)等城市发展路径。尤有学者认为,从国际竞争的角度来看,一个国家真正能够参与国际竞争的实际上是大城市、大城市圈、大城市群,中国需要选择以大城市圈、大城市群为核心的城市化模式(周牧之,2004)。与此同时,国家"十一五"规划纲要及2007年的中共"十七大"报告也明确提出了"以特大城市为依托,形成辐射作用大的城市群,培育新的经济增长极"的城市发展战略。

在大城市、特大城市及城市群引领区域经济发展的新时代,中国西部地区①国土面积广阔、自然资源富集、民族文化浓郁、人文特色鲜明,但却面临着生态环境脆弱、经济基础薄弱、城市发展滞后的严重制约。虽然国家"十一五规划纲要"及中共"十七大报告"把城市群作为中国城市发展的重点战略路径和模式选择,但是,在中国广阔的地域上,城市群并不一定适合所有地区。尤其是国家"十一五"规划纲要提出了主体功能区发展战略,在中国西部大部分地区属于限制开发区与禁止开发区的区域发展战略格局下,中国西部城市及城市群体发展面临哪些发展困境、选择怎样的发展道路、以什么来支撑其现代城市的发展、中国西部特色城市化道路的理论内涵是什么等,这些理论与实践问题都是新时期中国西部特色城市化发展急需解决的、崭新的,而又极其关键的课题。

---

① 本研究所指的中国西部地区包括内蒙古、新疆、青海、甘肃、宁夏、陕西、云南、贵州、四川、重庆、广西和西藏12个省(自治区、直辖市);东部地区包括辽宁、河北、北京、天津、山东、江苏、上海、浙江、福建、广东和海南11个省(直辖市);中部地区包括黑龙江、吉林、山西、河南、湖北、湖南、安徽和江西8个省,下同。

1.1.2　研究意义

本研究旨在通过梳理中国西部城市发展的特殊历史路径、特殊困境的基础上提出西部城市发展路径、城市群体空间组织形态及其核心支撑,研究内容及研究成果既具有现实意义、又具有理论价值。

全面认识中国西部城市发展的特殊历史路径、特殊困境,提出西部城市发展的应对策略,推动西部以重点多中心—外围城市群落为载体的整体经济社会文化的发展,促进城乡统筹发展与区域协调发展,防范因城乡差距、区域差距进一步扩大而引发的城乡矛盾、民族矛盾和区域矛盾,维护社会和谐、民族团结、边疆稳定和国家安全。

努力探索特殊历史背景、独特自然环境、薄弱经济基础、不完善的制度安排以及主体功能区格局下中国西部城市及城市群体发展的历史路径、特殊困境、应对策略、城市群落发展的经济基础、制度安排、重点区域、未来格局,为政府决策提供可操作的政策建议。

系统梳理城市及城市群体形成与发展理论,比较分析区域城市发展路径与模式,探讨不同发展背景下的城市发展战略与发展路径,推进不同区域发展战略背景下非同质区域城市化理论研究的深化,扩展中国西部特色城市化道路的理论内涵。对空间经济学的中心—外围理论进行扩展,提出多中心—外围理论并应用于中国西部多中心—外围城市群落的发展实践,深化与扩展 Paul Krugman 等人提出的空间经济学"区域模型"与"城市体系模型"理论。

1.2　国内外城市群体相关研究述评

1.2.1　国外城市群体相关研究进展

西方发达国家的城市化进程基本上是在工业化的推动下并

行完成的,随着其工业化的发展、产业规模的扩张及产业结构的调整,发达国家的城市化先后经历了城市化(集中)、市郊化(分散)、反城市化(扩散)三个阶段(高佩义,1990)。① 同时,西方发达国家的城市化进程在人口城市化上显示出经典的乡村人口向城镇迁移、城镇人口比重不断提高的过程;在城市发展形态上,经历了由单一城市规模扩张发展到城市群、城市带、再到大都市区的发展过程;在城市功能上表现出明显的先聚集、后扩散的以城带乡、以城带区域推动整体社会经济发展的功能。19 世纪末 20 世纪初,西方主要发达国家的城市化进程在工业化的推动下先后开始由单一城市规模的扩张发展到城市群协同发展阶段。纵观国外城市群体研究进展,其大多集中在以下几个方面。

1.2.1.1 城市群体空间组织形态研究

国外对城市群体的研究最初关注的是城市群体发展的空间组织形态。最先从城市群体视角研究城市外部空间组织形态的是英国学者霍华德(E. Howard,1898),霍华德在其所著的《明日的田园城市》(*Garden Cities of Tomorrow*)一书中针对当时大城市无限扩张所带来的一系列城市问题,提出了围绕大城市建设分散、独立、自足的田园城市的发展模式,其目的是想通过城镇群体空间的有机组合解决大城市无限扩张所带来的城市病问题。进入 20 世纪以后,英国生态学家 P. Geddes(1915)从生态学视角提出了从城市地区(City Region)、集合城市(Conurbation)再到世界城市(World City)的城市群体空间发展演化规律,并对城市群体中大城市与周边小城镇的有机布局和空间组合进行了分析。随后,E. Saarinen(1918)从城市发展的生命周期规律出发提出了城市发展及其空间重组的"有机

---

① 高珮义:《国外关于城市化理论研究的概况》,《北京社会科学》1990 年第 4 期,第 143—148 页。

疏散理论"，强调城市及其城市群体作为一个有机的生命体，城市群体发展应当从无序的集中变为有序的疏散。[①] 恩温(R. Unwin, 1922)则在"有机疏散理论"的基础上提出了卫星城式的城市群体空间组织形态，并以"卫星城理论"作为大城市空间结构调整重组的指导理论应用于大伦敦都市区的规划与建设。

二战以后，城市群体空间组织形态研究进一步发展为城市体系研究。1945—1955年间，美国经济学家维宁(R. Vining,1942)从经济学角度研究了城镇体系对城市发展的意义。邓肯(O. Duncan,1950)则在其所著的《大都市与区域》一书中首次提出了"城镇体系"(urban system)的概念。[②] 随后，法国的戈特曼(Jean. Gottmann,1957)在其所著的《大都市带：美国东北海岸的城市化》(*Megalopolis：the Urbanization of the Northeastern Seaboard of the United States*)一书中提出了 Megalopolis(城市群体)的概念，探讨了 Megalopolis 的空间生长模式，并指出 Megalopolis 不是简单的一个城市或者大都市，而是一个面积广大、有几个大都市相连接的城市化区域。[③] 其后，C. A. Doxiadis(1970)提出了"世界连绵城市"这一城市群体空间组织发展形态。70 年代，小林博氏提出了城市群体发展过程的三个主要空间组织阶段：大都市地区(Metropolitan Region)、大城市区(Metropolitan Area)、城市化地带(Urbanized Area)。[④] 80 年代末，加拿大的麦吉(T. G. Mcgee)

① 林先扬、陈忠暖、蔡国田：《国内外城市群研究的回顾与展望》，《热带地理》2003 年第1 期，第44—49 页。

② 周一星：《城市地理学》，商务印书馆，1995，第23—43 页。

③ Gottman J. Megalopolis, or the Urbanization of the Northeastern Seaboard[J]. Economic Geography, 1957, 33(7):31—40. Gottman J. Megalopolis: the Urbanization of the Northeastern Seaboard of the United States [M]. Cambridge: The MIT Press,1961.

④ 林先扬、陈忠暖、蔡国田：《国内外城市群研究的回顾与展望》，《热带地理》2003 年第 1 期，第44—49 页。

在对东南亚国家的城市发展进行研究时,针对东南亚国家的城市群体空间结构与西方大都市带类似而发展背景又完全不同的状况提出了"城乡融合区"(Desakota)空间结构形态模式。20世纪90年代以后,城市群体空间组织形态研究进一步向区域化、信息网络化方向发展。其中弗里德曼(J. Friedmann,1993)、萨森(Sassen,1991;1995)、范吉提斯(Pyrgeotis,1991)[①]、昆曼和魏格纳(Kunzman,Wegener,1991)[②]等对经济全球化与区域经济一体化背景下城市群体空间组织形态进行了研究,并从全球经济一体化、信息技术网络化、跨国公司等级体系化等研究视角探讨其对全球城市空间组织结构所能产生的影响,认为大城市带实际上是产业空间整合的产物,这种城市群体空间组织形态作为新的地域空间组织形式将在经济全球化和区域一体化中占据重要位置。从国外对城镇群体空间组织形态的研究进展来看,其经历了一个由感性认识到理性认识、从简单描述到深刻把握的过程,并与城市群体的发展实际相结合。

1.2.1.2 城市群体形成机制研究

现今公认的较早系统研究城市群体(城市体系)的当属德国地理学家克里斯泰勒(W. Christaller)。克里斯泰勒(1933)首次将区域内的城市群体系统化,提出了著名的中心地理论(Central Place Theory)。中心地理论以不同产品的销售区分析为基础,阐明了不同行业的区位模式是怎样联结形成城市地区体系的。而廖什(Losch,1944)则以一个多厂商和多产品的经济竞争中寻求最优城市体系结

---

① Pyrgiotis Y N. Urban Networking in Erope [J]. Ekistics, 1991, 50(2):pp350—351.

② Kunzmann KR, WegenerM. The Attern of Urbanization in Western Europe [J]. Ekistics, 1991, 50 (2):pp156—178.

构为命题,从微观经济学的视角对城市群体(城市体系)进行了研究。杰弗逊(M. Jefferson,1939)和齐普夫(G. K. Zipf,1942)对城市群体的规模分布作了理论探讨,尤其是齐普夫首次将物理学中的万有引力定律引入城市群的空间机制分析。随后,法国的佩鲁(F. Perroux,1955)基于"增长极理论"和"点轴发展理论"、美国地学者乌尔曼(E. L. Ullman,1957)基于空间相互作用理论对城市群体形成机制及其内外空间相互作用进行了研究。瑞典学者哈格斯特朗(T. Hagerstrand,1968)基于现代空间扩散理论揭示了城市群体空间演化机制。亨德森(Henderson,1974)基于外部经济与不经济分析了城市体系形成机制。[①] 随后亨德森(1985;1988)模拟了一个专业化的城市系统,研究认为城市规模取决于当地产业部门的规模,规模经济较高的产业将形成大城市,同时也认为交通服务所需土地数量限制了城市的发展规模。

20世纪90年代,随着空间经济学理论(也称做新经济地理学)的兴起,城市群体形成机制的研究得以在微观机理上获得进一步发展。空间经济学的代表人物克鲁格曼(Paul Krugman)和藤田昌久(Masahisa Fujita)基于一系列城市微观模型的分析使得城市体系的形成有了更为严密的微观基础。克鲁格曼先是建立了一个基于张伯伦垄断竞争企业行为的空间经济学微观模型,用以解释位于特殊地理位置的城市形成的内在机理。随后,克鲁格曼在"杜能环"、"中央区理论"和夏林(Thomas Schelling)的"分割模型"(Segregation Model)的基础上建立了"多中心城市结构的空间自组织模型",并在其模型中指出一个城市群体结构的形成是该城市中厂商之间的向心力和离心力相互作用的自组织结果

---

① Henderson,J. V. The sizes and types of cities[J]. American Economic Review,1974(64):pp640—656.

(Paul Krugman,1996)。在此基础上,藤田昌久(Masahisa Fuji-ta)、克鲁格曼(Paul Krugman)、安东尼・J. 维纳布尔斯(Anthony J. Venables)通过分析 19 世纪美国城市体系的形成过程,并基于迪克西特—斯蒂格利茨(Dixit-Stiglitz)"垄断竞争模型"和萨缪尔森(Paul A. Samuelson)运输"冰山成本"建立了"分级的城市体系演化模型"(The Model of a Hierarchical Urban System),分析了从自组织到分级城市体系的演化过程,论证了城市体系的形成和演化过程实际上是企业、消费者在市场条件下追求各自效用最大化的均衡求解结果。从国外对城市群体形成机制的研究来看,其大多是从产业发展和产业演化的视角来分析城市群体产生与发展的内在机理的,尤其是空间经济学派从微观视角分析了城市群体形成的内在机理。

1.2.1.3　城市群体发展趋势研究

随着世界城市群发展,国外诸多学者在研究城市群体空间组织形态和城市群体形成机制的同时也对城市群体的发展趋势进行了预测。戈特曼(Jean. Gottmann)在 1961 年进一步研究了当时世界几个大都市带后认为大都市带是未来城市群体发展的方向。[①] 小林博氏在对东京大都市圈的研究后提出了城市群发展演进的趋势:大都市地区(Metropolitan Region)、大城市区(Metro-politan Area)、城市化地带(Urbanized Area)。希腊学者杜克西亚斯(C. A. Doxiadis,1970)则预测世界城市群体空间发展的趋势将是形成连片巨型大都市区(Ecumunopolis)。[②] 帕佩约阿鲁(J.

[①]　Gottman J. Megalopolis: the Urbanization of the Northeastern Seaboard of the U-nited States [M]. Cambridge: The MIT Press, 1961.

[②]　Doxiadis CA. Man's Movement and His Settlements [J]. Ekistrics, 1970, 29 (1): pp173—175.

G. Papaioannou)则根据自然、人类、社会、物质外形和网络等五个因素特征,对人类社会居住的空间形式作了理念上的逻辑分类,共划分出从最小的个人直到世界大都市带共 15 种类型,认为世界大都市带将是人类社会居住形式发展的最高阶段。1996 年,帕佩约阿鲁(J. G. Papaioannou)又撰文详述 megalopolis 相对于大城市的诸多优越性,描述了全球城市网络系统的发展模式,并对城市群的发展寄予厚望。克鲁格曼(Paul Krugman,2000)从城市体系的"自组织演化规律"出发认为城市群体的发展将最终形成中心—外围空间格局。国外对城市群体发展趋势的研究为中国西部城市群落空间重构及空间组织形态的选择有重要的参考价值。

1.2.2　国内城市群体相关研究进展

国内对城市群体的系统研究始于 20 世纪 80 年代,最初是丁洪俊、宁越敏(1983)[①]以"巨大都市带"的观点把戈德曼的大都市带理论引入国内,此后,国内对于城市群体的理论与实证研究逐步展开。[②] 综合国内城市群体研究进展,已有研究成果大多集中在以下几个方面。

1.2.2.1　城市群体概念的界定与分异

自丁洪俊、宁越敏(1983)引入戈德曼的"巨大都市带"理论以后,国内学术界对其进行了不同的解读。周一星教授(1988)基于中外城市发展地域空间形态的具体差异和中国城市发展的鲜明特色提出了都市连绵区(Metropolitan Interlocking Region,MIR)这一具有中国特色的城镇群体空间组织概念,并将都市连绵区

---

①　丁洪俊、宁越敏:《城市地理概论》,安徽科学出版社,1983,第314—324页。
②　林先扬、陈忠暖、蔡国田:《国内外城市群研究的回顾与展望》,《热带地理》2003年第1期,第44—49页。

(MIR)定义为"以若干城市为核心、大城市与周围地区保持强烈交互作用和密切社会经济联系、沿一条或多条交通走廊分布的巨型城乡一体化区域",同时指出 MIR 是城市群发展的更高级空间形态。[①] 崔功豪(1992)在对长江三角洲城市群进行实证研究的基础上,将城镇群体空间组织形态划分为三种类型,即城市区域(City region)、城市群组(Metropolitan complex)和巨大都市带(Megalopolis)[②]。姚士谋等(1992;2001;2006)在对国内几大城镇密集区进行深入比较研究的基础上,提出了城市群的概念,认为城市群是"在特定的地域范围内具有相当数量的不同性质、类型和等级规模的城市,依托一定的自然环境条件,以一个或两个特大或大城市作为地区经济的核心,借助于现代化的交通工具和综合运输网,以及高度发达的信息网络,发生与发展着城市个体之间的内在联系,共同构成一个相对完整的城市'集合体'"。[③]苗长虹、王海江(2006)则把城市群定义为"在一定规模的地域范围内,以一定数量的超大或特大城市为核心,以众多中小城镇为依托,以多个都市区为基础,城镇之间、城乡之间紧密联系而形成的具有较高城市化水平和城镇密度的城市功能地域"。[④] 顾朝林(1999)在经济全球化背景下研究中国城市化时,对国际性大都市、大都市带等问题进行了深入研究,并对其概念进行了界定。[⑤]除此之外,国内学术界还有都市圈、都市带、城市带等相关概念的提出并对其进行了大同小异的界定。

---

① Zhou Yi Xing. Definition of Urban Place and Statistical Standards of Urban Population in China:Problem and Solution[J]. Asian Geography,1988,7(1):pp12—18.
② 崔功豪、王本炎:《城市地理学》,江苏教育出版社,1992,第 58—92 页。
③ 姚士谋、陈振光、朱英明:《中国城市群》,中国科学技术大学出版社,2006,第 5—8 页。
④ 苗长虹、王海江:《中国城市群发育现状分析》,《地域研究与开发》2006 年第 2 期,第 24—29 页。
⑤ 顾朝林:《经济全球化与中国城市发展》,商务印书馆,1999,第 248—266 页。

1.2.2.2 城市群体形成机理研究

关于城市群体形成机理,许学强教授(1994)从劳动地域分工和工业生产组织的视角分析了城市群形成的基本原理。[①] 阎小培等(1997)在研究港澳珠三角城市群时从有利的国际环境、地区条件、资金集聚、技术和人才集中、弱化的行政联系、快速非农化、城乡一体化以及综合交通网络等方面探讨其形成机制。顾朝林等(2000)则讨论了长江三角洲城市群发展过程及其动力机制。[②] 张京祥(2000)探讨了城市群体空间演化的基本机理。朱英明(2004)则通过建立城市流强度模型、基于城市群空间相互作用理论分析了城市群的形成与演化机理。姚士谋(2001)研究了信息化背景下城市群的发展,认为信息革命对城市群空间拓展具有协作效应、替代效应、衍生效应与增强效应,以及城市群如何通过对信息技术在城市空间的多元运用来提高其竞争力等问题。[③] 薛东前等(2002)从城市群体结构、空间拓展和土地利用等方面讨论了城市群空间演化过程、动力机制、基本特征和规律,以及由此引起的城市群用地优化配置趋势。[④] 张祥建、唐炎华等(2003)从产业关联效应、产业转移效应、产业集聚效应等方面探讨了长江三角洲城市群空间演化的产业机理。[⑤] 李学鑫、苗长虹(2006)研究认为城市群形成发育的关键在于其内部产业结构的优化、城市功能互补和经济联系的分工

---

① 许学强、周春山:《论珠江三角洲大都会的形成》,《城市问题》1994 年第 3 期,第 3—6 页。

② 阎小陪、郭建国、胡宇冰:《穗港澳都市连绵区的形成机制研究》,《地理研究》1997 年第 6 期,第 22—29 页。顾朝林、张敏:《长江三角洲城市连绵区发展战略研究》,《城市问题》2000 年第 1 期,第 7—11 页。

③ 姚士谋、朱英明、陈振光:《信息环境下城市群区的发展》,《城市规划》2001 年第 8 期,第 16—18 页。

④ 薛东前、王传胜:《城市群演化的空间过程及土地利用优化配置》,《地理科学进展》2002 年第 2 期,第 95—102 页。

⑤ 张祥建、唐炎华、徐晋:《长江三角洲城市空演化的产业机理》,《经济理论与经济管理》2003 年第 10 期,第 65—69 页。

与协作的增强以及由此带来的经济一体化程度的提高。[①] 姚士谋、陈振光、朱英明(2006)从城市群体内聚力、辐射力、城市群内相互联系和网络功能等方面分析了城市群的生长发育机制。

1.2.2.3 城市群体空间组织及形态选择研究

关于城市群体的空间组织形态及其效应,姚士谋等(2006)通过对区域发展中城市群现象的生成规律、发展过程中的因子及其空间组织系统若干问题进行综合性探索,提出了城市群现象空间结构的四种范式,即区位辩断与空间组织范式、功能集聚与空间组织结构范式、要素集合与空间组织系列范式、城市地域空间与生态斑纹结构范式。[②] 顾朝林(1999)对中国城镇体系的产生、发展,城镇体系的等级规模、职能组合结构进行了分析,认为21世纪中国将形成城市间、城市与区域间"点线面"结合的网状有机联系系统。年福华、姚士谋(2002)研究认为城市群区域内的网络化是城乡之间多种物质动态流的最高表现形式,也是城市群形成发展过程中理想的城市化模式,这种合理性的网络化空间组织能够调节有序的经济活动与无序的指挥之间的矛盾,提高城市综合实力。[③] 孙森(2007)研究认为在经济全球化的背景下,城市群作为一国参与国际竞争的主要载体,对一国经济具有重要的推动作用。[④]

随着世界城市规模的越来越巨型化,区域竞争、国际竞争越来越表现为城市以及城市区域的竞争,加之中国东部沿海地区城

① 李学鑫、苗长虹:《城市群产业结构与分工的测度研究——以中原城市群为例》,《人文地理》2006年第4期,第25—28页。

② 姚士谋、王书国等:《区域发展中"城市群现象"的空间系统探索》,《经济地理》2006年第5期,第726—729页。

③ 年福华、姚士谋、陈振光:《试论城市群区域内的网络化组织》,《地理科学》2002年第5期,第568—573页。

④ 孙森:《论城市群对经济的推动作用与环渤海城市群的发展》,《现代财经》2007年第4期,第52—56页。

市密集带的形成,国内越来越多的学者提出了中国城市发展的
"都市圈"、"城市群"、"城市带"、"城市区域"发展路径。王建等人
(1996)提出了产生很大影响的中国九大都市圈构想。[①] 顾朝林
(1999)通过对中国城镇体系的研究,提出了以城市为中心的九大
城市经济区域的发展构想。[②] 姚士谋等(2001)提出了在中国培育
与发展几大"城市群"的设想。[③] 石忆邵(2002)提出从多核心城市
发展到以大都市为核心的都市经济圈,是经济全球化和国际化的
必然趋势。[④] 周牧之(2004)认为,从国际竞争的角度来看,一个国
家真正能够参与国际竞争的实际上是大城市、大城市圈、大城市
群,中国需要选择以大城市圈、大城市群为核心的城市化模式。[⑤]
原新和唐晓平(2006)则把"都市圈化"誉为一种新型的中国城市
化战略。[⑥] 与此同时,中共"十七大"报告也明确提出了"以增强综
合承载能力为重点,以特大城市为依托,形成辐射作用大的城市
群,培育新的经济增长极"的城市发展空间格局。

1.2.2.4 城市群体发展面临的问题及对策研究

国内学者在研究中国城市群体发展时发现,由于独特的城市
化进程以及特殊的行政体制,中国城市群的发展面临着诸多的问
题,针对发现的问题,学者们提出了相应的对策。汤可可(1999)
分析了江苏沿江城市群可持续发展的制约因素并提出了对策。[⑦]

---

① 课题组:《中国区域经济发展战略》,《管理世界》1996 年第 4 期,第 175—189 页。

② 顾朝林等:《经济全球化与中国城市发展》,商务印书馆,1999,第 37—165 页。

③ 姚士谋等:《中国城市群》,中国科学技术大学出版社,2001,第 21—187 页。

④ 石亿邵:《都市经济圈:一个新的国家城市化发展战略》,《经济理论与经济管理》
2002 年第 9 期,第 17—20 页。

⑤ 周牧之:《鼎——托起中国的大城市群》,世界知识出版社,2004,第 12—126 页。

⑥ 原新、唐晓平:《都市圈化:一种新型的中国城市化战略》,《中国人口·资源与环
境》2006 年第 4 期,第 7—12 页。

⑦ 汤可可:《江苏沿江城市群可持续发展的制约因素与取向》,《中国人口·资源与环
境》1999 年第 1 期,第 38—43 页。

盖文启(2000)从城市群经济结构、生态环境、资源利用、基础设施、制约因子等方面综合分析了山东半岛城市群的可持续发展。[①] 周珍强(2000)建议长江三角洲城市群应通过制度创新,建立利益协调、分配机制、共同市场等来实现现代化、国际化。[②] 朱英明等(1999)从影响城市群发展的因素、目标、机构形式和城市群结构体系等级水平4方面作了相应研究。[③] 张京祥(2000)基于城市群体空间演化基本机理构建城镇组织体系、城乡关联体系、网络联通体系和空间配置体系构成的城市群体空间运行系统,从多维空间展示其运行过程,进而提出有序竞争群体优势律、社会发展人文关怀律、城乡协调适宜承载律和敞密有致空间优化律的空间组合规律,以及城市群体空间发展组织调控模式。崔大树(2003)研究认为影响当前中国城市群发展的主要因素是制度障碍,主要表现为城市群跨界需求与行政区分割的障碍、缺乏城市群一体化发展的协调政策、没有形成有效的空间管理机制等,因此,制度创新应是发展我国城市群的关键所在,重点是在法律制度、空间规划和管理制度等方面的创新。[④] 苏雪串(2004)认为促进城市群的形成和发展需要建立和培育一整套的机制和条件,具体包括:产业协调机制、区域协调机制、形成区域内的核心辐射源、形成区域内合理的城市等级结构、分工合作机制等。[⑤] 李巧等(2005)针对我

[①]　盖文启:《我国沿海城市群可持续发展问题探析》,《地理科学》2000年第3期,第274—228页。

[②]　周珍强:《长江三角洲国际性城市群发展战略》,《浙江大学学报(理学版)》2000年第2期,第201—204页。

[③]　朱英明、姚士谋:《我国城市群发展方针》,《城市规划汇刊》1999年第5期,第28—30页。

[④]　崔大树:《经济全球化进程中城市群发展的制度创新》,《财经问题研究》2003年第5期,第68—72页。

[⑤]　苏雪串:《城市化进程中的要素集聚、产业集群和城市群发展》,《中央财经大学学报》2004年第1期,第49—52页。

国城市群在形成和发展过程中存在的产业结构趋同、地方保护主义严重、城市之间定位不准等问题提出了相应的对策建议。[①] 刘贵清(2006)认为城市群产业空间是城市群经济体发展的重要支撑,并基于日本经验提出我国城市群发展应着重统筹空间规划、调整产业定位、整合要素载体、协调区域管治以促进城市群产业空间的有序发展。[②] 王发曾、刘静玉(2007)认为目前我国许多城市群还没有形成以城市集群为支撑的有整体竞争实力的地域实体,区域协调机制还没有从根本上建立起来,必须走整合发展的道路,城市群整合发展的实践包含六个方面的内容:城市竞争力整合、城市体系整合、产业整合、空间整合、城乡生态环境整合和发展支撑平台整合等。[③]

1.2.3 中国西部城市发展最新研究进展

西部地区是中国地域面积最为广大、自然地理条件最为复杂、生态环境最为脆弱、总体经济发展水平较为落后、区域与城乡发展不平衡最为显著的地区。虽然国内城市发展的相关研究大多涉及了西部地区,但由于西部地域的特殊性,学术界也有诸多文献专门针对西部城市发展进行分析与探索。

1.2.3.1 西部城市发展问题及发展路径选择研究

中国西部城市发展总体滞后是学术界的一个共识,针对西部城市发展存在的问题,学术界进行了探讨并提出了相应的发展策

[①] 李巧、朱忠旗:《我国城市群存在的问题及对策建议》,《经济问题探索》2005 年第 2 期,第 19—21 页。

[②] 刘贵清:《日本城市群产业空间演化对中国城市群发展的借鉴》,《当代经济研究》2006 年第 5 期,第 40—43 页。

[③] 王发曾、刘静玉:《我国城市群整合发展的基础与实践》,《地理科学进展》2007 年第 5 期,第 88—99 页。

略。资源型城市是西部城市的重要组成部分,针对资源型城市发展中面临的问题,张茂胜(2002)认为由于资源的不可再生性,工矿城市面临矿竭城衰等问题,并从八个方面提出了可持续发展的对策。[①] 叶素文(2003)从资源型城市面临的发展困境入手,分析了资源型城市实现产业发展转型和城市发展转型的基本策略。[②] 戈银庆(2004)认为资源型城市在产业结构的选择上形成了所谓的"产业锁定",如何超越其"制度的可能性边界",突破资源型城市经济发展面临的困难是经济发展中必须解决的问题,并针对西部资源型城市的前景提出发展接续产业、实现"反锁定"安排的策略选择。[③]

中国西部城市发展道路的选择也存在着"小城镇"、"大中城市"与"中心城市"之说。林筠、李随成(2002)认为西部地区城市化低水平发展,且城市空间结构不合理,并提出了西部地区城市化道路应走发展以大城市为主体的中心城市的发展思路。[④] 李琳(2000)在分析了西部城市化发展滞后的主要表现后,提出西部应重点发展大中城市。[⑤] 与强调大城市的发展不同,更多的学者则更重视中心城市的发展。冉景江、艾南山(2000)强调区域性中心城市在实施西部大开发中的重要性与迫切性。[⑥] 张敦富(2000)认

① 张茂胜、张茂忠:《西部资源型工矿城市可持续发展对策研究》,《中国人口·资源与环境》2002年第1期,第56—59页。

② 叶素文、刘朝明、付茂林:《西部资源型城市的产业转型与可持续发展》,《探索》2003年第5期,第118—120页。

③ 戈银庆:《中国西部资源型城市反锁定安排与接续产业的发展》,《兰州大学学报(社会科学版)》2004年第1期,第120—123页。

④ 林筠、李随成:《西部地区城市空间结构及城市化道路的选择》,《经济理论与经济管理》2002年第4期,第69—73页。

⑤ 李琳:《大中城市:西部城市化发展的战略选择》,《财经理论与实践》2000年第6期,第91—93页。

⑥ 冉景江、艾南山、李后强:《加强区域性中心城市建设在西部大开发中的作用》,《中国人口·资源与环境》2000年第4期,第51—53页。

为加快西部城市化进程要特别重视重庆、西安、乌鲁木齐等中心城市的功能性建设,迅速改变城市孤岛式发展,要"以点带面、点轴结合",集中力量培育和建设一批具有强大带动作用的城市和乡镇。[①] 谢永琴(2001)提出西部地区应该以"增长极"理论为基础,加快中心城市的发展以带动西部整体经济的腾飞。[②] 刘赪(2006)[③]提出对于西部地区的经济圈而言,应重点培育几个中心城市,促进城市圈经济的发展。谢守红(2007)研究认为西部地区中心城市实力薄弱是制约该地区社会经济快速发展的重要因素,因而促进中心城市崛起是西部大开发的关键所在。[④] 李珍刚(2007)从和谐城市关系的研究视角提出需要从城市自身发展、城市政府间合作、城市联盟、中心城市成长等方面进一步拓展西部城市关系的发展空间。[⑤] 程骏、马正林(2003)从地理条件出发,认为中国西部自然条件差,城市化必须具有自己的特色,这就是大力发展小城镇,走农村城市化的道路。[⑥] 韦苇、刘新权(2002)提出了西部地区城市(镇)化发展的协调发展论。[⑦] 耿慧志和王喆(2000)认为西部地区的城市化进程应当从两个层面上来认识,在

---

① 张敦富:《西部城市要摆脱"孤岛"发展模式》,《教学与研究》2000 年第 8 期,第 28 页。

② 谢永琴:《发挥中心城市作用带动西部区域经济发展》,《中国人口·资源与环境》2001 年第 2 期,第 51—53 页。

③ 刘赪、马捷、王成璋:《西部地区城市圈的发展机制构想》,《特区经济》2006 年第 5 期,第 262—264 页。

④ 谢守红、刘春腊:《中心城市崛起:西部大开发的引擎》,《中国科技论坛》2007 年第 11 期,第 33—36 页。

⑤ 李珍刚、胡佳:《西部地区城市关系发展现状及政策选择》,《城市问题》2007 年第 8 期,第 95—100 页。

⑥ 程骏、马正林:《中国城市的选址与西部地区的城市化》,《陕西师范大学学报(哲学社会科学版)》2003 年第 2 期,第 64—70 页。

⑦ 韦苇、刘新权:《西部地区城市(镇)化的总思路》,《西北大学学报(哲学社会科学版)》2002 年第 4 期,第 97—102 页。

宏观策略层面首先需要充分发展大中城市,在微观操作层面需要有所侧重地发展小城镇。

　　除了大中小城市发展战略之争外,近年来一些学者提出了中国西部的城市群和都市圈发展战略,孙久文(2001)提出西部应把优先发展大中城市,围绕大中城市周围发展众多卫星城和小城镇、建立十大都市圈的西部城市化道路。[①] 刘世庆(2003)研究认为西部地区的城市化进程更多地表现为农民大量外出务工从而农村人口急剧减少导致城市人口比重相对提高带来的城市化现象,从效率更高并与工业化和经济发展模式相适合的要求出发,西部城市化宜采取大城市与城市圈结合的战略,发展若干发达的城市群、城市圈,而不宜遍地开花、脱离工业化和经济基础孤立地发展小城镇。[②] 刘晓鹰(2003)就我国西部地区加速都市带、城市群体发展这一城市化进程的重要途径,以及从借鉴世界城市化进程推进经验的角度进行了西部都市带、城市群发展可能性及战略作用的研究。[③] 而原新和唐晓平(2006)则认为都市圈化当前应该对应于中国沿海地区,而我国的中西部地区,还是要提倡城市化,少数地区如四川盆地、华中地区等可能是大城市化。[④]

1.2.3.2　西部城市发展的区域实证研究

　　西部地区在地域空间上传统划分为西北、西南、长江上游三个地理单元,因此,学术界针对西部城市发展进行了诸多的区域

---

① 孙久文:《建立以十大都市圈为中心的西部发展新格局》,《中国人口·资源与环境》2001年第2期,第130—131页。

② 刘世庆:《中国西部大开发与西部经济转型》,经济科学出版社,2003,第25—45页。

③ 刘晓鹰:《试论中国西部城市化进程的重要途径——都市带、城市群体与四川省城市化推进》,《西南民族学院学报(哲学社会科学版)》2003年第1期,第103—105页。

④ 原新、唐晓平:《都市圈化:一种新型的中国城市化战略》,《中国人口·资源与环境》2006年第4期,第7—12页。

实证研究。杨新军(2001)认为西北地区的城市发展长期以来受到区域经济落后的制约,并提出了西北地区不同类型城市的发展模式,大城市主要应完善城市外部功能和内部地域结构,小城镇的发展重点是要促使乡镇企业的集聚和规模化经营,工矿城市要通过产业结构调整和技术革新促进其可持续发展。① 薛东前等(2002)以关中城市群为例量化分析了城市群功能联系与结构优化。② 郑国、赵荣(2002)对西北城市体系进行了分形研究。③ 高新才、张馨之(2002)揭示了中国西北城市区域的分散性特征,并对构建西北城市经济带的具体方案进行了深入讨论。④ 汪一鸣(2004)在研究兰州—西宁—银川城市带基本特征的基础上,从加快交通通道建设、转化经济优势、创造投资环境等方面提出了兰西银城市带的发展措施。⑤ 张志斌、张新红(2006)⑥,焦世泰、石培基、王世金(2008)⑦探讨了兰州—西宁城市整合问题。刘春艳、白永平(2008)则研究了兰州—西宁城市区域空间结构的优化重构。⑧

① 杨新军:《西北地区城市发展模式选择与对策》,《中国软科学》2001年第5期,第95—99页。

② 邓先瑞、徐东文、邓魏:《关于江汉平原城市群的若干问题》,《经济地理》1997年第2期,第82—84页。

③ 郑国、赵荣:《西北城市体系分形研究》,《西北大学学报(自然科学版)》2002年第6期,第687—690页。

④ 高新才、张馨之:《论中国西北城市经济带的构建》,《兰州大学学报(社会科学版)》2002年第4期,第1—18页。

⑤ 汪一鸣、杨汝万:《兰州—西宁—银川城市带以西部开发》,《地理学报》2004年第2期,第213—222页。

⑥ 张志斌、张新红:《兰州—西宁城市整合与协调发展》,《经济地理》2006年第1期,第96—99页。

⑦ 焦世泰、石培基、王世金:《兰州—西宁城市区域空间整合战略构想》,《地域研究与开发》2008年第2期,第43—46页。

⑧ 刘春艳、白永平:《兰州—西宁城市区域空间结构优化重构研究》,《干旱区资源与环境》2008年第4期,第22—27页。

针对长江上游及西南地区,黄炳康、李忆春(2000)通过对成渝产业带内主要城市空间关系的分析,提出了产业带内主要城市空间关系协调发展的思路。[①] 何一民(2001)研究认为长江上游地区的城市存在诸多问题,提出有重点地扶持部分有着良好基础的中等城市发展成为大城市、逐步完善城市体系、大力发展特色小城镇、促进乡村城市化等具体对策和措施。[②] 刘晓鹰(2003)则以川南城市群为例提出了中国西部城市群体的城镇化推进战略。[③] 孙继琼(2006)研究认为成渝经济区城市体系的规模结构较为分散,提出了完善和优化成渝经济区城市等级规模结构的对策建议。[④] 林凌、刘世庆(2006)提出以重庆、成都两个特大城市为依托,通过发达的交通通信网络,壮大重庆、成都、川南三个城市群,积极推进成(都)德(阳)绵(阳)、成(都)内(江)渝、成(都)遂(宁)渝城市带的发展,把重庆、成都两大增长极连接整合成为一个巨大增长轴,使成渝地区尽快成为高速城市化和经济一体化经济区的发展战略。[⑤] 程必定(2008)以成渝城乡统筹为个案,认为新型城市化是"人口转移型"和"结构转换型"相融合的城市化,但起主导作用的是"结构转换型"城市化,其显著特征是在城市带动和辐射作用下,周边广大农村社会经济结构发生的深刻城市化转型。[⑥]

---

① 黄炳康、李忆春、吴敏:《成渝产业带主要城市空间关系研究》,《地理科学》2000 年第 5 期,第 411—415。

② 何一民:《长江上游(川渝藏)经济带城市现状及发展对策》,《西南民族学院学报(哲学社会科学版)》2001 年第 9 期,第 1—12 页。

③ 刘晓鹰:《中国西部城市群体的城镇化推进研究——川南城市群体的城镇化推进》,《西南民族学院学报(哲学社会科学版)》2003 年第 4 期,第 143—146 页。

④ 孙继琼:《成渝经济区城市体系规模结构实证》,《经济地理》2006 年第 6 期,第 957—960 页。

⑤ 林凌、刘世庆:《成渝经济区发展战略思考》,《西南金融》2006 年第 1 期,第 6—9 页。

⑥ 程必定:《统筹城乡协调发展的新型城市化道路——兼论成渝试验区的发展思路》,《西南民族大学学报(人文社科版)》2008 年第 1 期,第 98—102 页。

涂妍(2006)对南贵昆经济区城市化水平和城市等级规模结构进行了分析,认为南贵昆经济区城市化水平较低,城市等级规模结构不完善,在地域空间上呈离散的点状分布,没有形成较大规模的城市带和城市群。[①]

1.2.4 国内外城市化及城市群体相关研究成果及不足

从国内外城市群体相关研究进展来看,国外的城市群体研究无论是理论探索还是实证分析都取得了丰硕成果,虽然国内相关研究起步较晚,但现有研究在深度上得到逐步深化、在广度上得以持续扩展,针对中国西部城市发展相关问题的研究也取得了一定的研究成果。虽然国内外相关研究成果丰硕,但已有研究也存在诸多的不足。

1.2.4.1 国外城市群体相关研究成果与不足

总体而言,西方国家关于城镇群体的理论与实践研究经历了由静态描述到动态模拟、从城市群布局到都市带建构、从形态结构分析到发展机制探索、从现状格局分析到发展趋势预测的演变过程。同时,随着城市群体形态发展及理论实证研究的深化,西方学者对城市群体发展的认识亦表现出多元化与深刻化的特征,即抽象的理论研究与实证的规划设计相结合,社会经济行为与人文生态同重视。近年来,因应全球政治经济发展形势,对全球化、信息化时代城市群体空间的新变化及其组织管理模式的探索逐渐成为西方城市群体空间理论研究与实践分析的一项重要内容。

虽然西方国家城市群体理论与实证研究取得了丰硕成果,但由于西方发达国家的城市化及城市群体的发展演化是在工业化

---

① 涂妍:《南贵昆经济区城市空间结构研究》,《城市发展研究》2006 年第 5 期,第29—34 页。

及产业结构升级转换的自然推动下实现的,西方发达国家的城市及城市群体的发展演化并不存在产业空心化和产业联系缺失的问题。因而,西方发达国家城市及城市群体发展演化的理论与实证研究中便缺少,也没必要有专门关于城市及城市群体发展演化"产业支撑"的相关研究。此外,由于西方发达国家的城市化及城市群体发展演化是在工业化及产业结构升级转换的自然推动下实现的,而工业化及产业结构升级转换则是在其市场经济制度不断发展完善的制度背景下实现的。因而,西方发达国家城市及城市群体发展演化的理论与实证研究中便缺少,也没必要有专门关于城市及城市群体发展演化"制度安排"的相关研究。

1.2.4.2　国内城市群体研究的成果与不足

国内对城市群体的研究起步较晚,已有相关研究主要集中在城市群体概念定义和地域范围界定、城市群体形成发展机制、城市群体空间组织形态以及城市群体发展面临困境的实证研究等方面。在城市群体概念定义和地域范围界定方面,现有研究虽有差别,但如从不同研究视角考虑,其实质则大同小异。对城市群体形成发展机制的相关研究虽然进行了逐步扩展,但现有研究还不足以解释发展现实。国内对城市群体空间组织形态以及城市群体发展面临困境的实证研究方面虽然做了一定的探讨,也提出了一些针对性的建议,但现有研究无论是在广度还是深度方面都需要进一步扩展和深化。总体看来,国内城市群体研究的理论尚不完善,尤其缺乏深入解释中国城镇化特色和城市群体空间组织形态及其空间整合重构的基础性理论,也缺乏城市群体空间重构核心支撑的系统深入分析,实证研究也有待于进一步深化。

1.2.4.3　中国西部城市发展研究的成果与不足

西部地区作为占中国国土面积 2/3 的广大地域,其城市发展无论是整体自然条件,还是总体经济基础都与东中部地区有着明显差别和显著差距,因而,西部地区城市群体的发展既具有中国特色更具有西部特色。从已有研究成果来看,现有研究虽然从多角度对西部城市发展的现状及问题进行了较为深入的分析,也提出了一些具有针对性的对策建议,但城市化、城市群体研究中过分重视城市结构、城镇体系与城市发展,而城市化进程及城市群体发展演化的制度安排与产业支持研究则普遍缺乏。虽然有部分学者跳出了"大、中、小城市"发展的传统思维,提出了西部地区城市发展的城市群、城市圈发展战略,但对西部选择怎样的城市群体空间组织形态、如何培育这种适应西部实际的城市群体空间组织形态还缺少系统深入的理论探索与实证分析,而这些正是中国西部城市及城市群体发展中急需要解决的核心问题。

从国内外相关研究成果来看,西方发达国家城市及城市群体发展演化的理论与实证研究中缺少专门关于城市及城市群体发展演化"产业支撑"及"制度安排"的相关研究。国内城市化、城市群研究中过分重视城市结构、城镇体系与城市发展,而城市化进程及城市群体发展演化中的"制度安排"与"产业支持"研究则普遍缺乏。而西部地区城市发展中"城市群体空间重构"及其"经济基础"和"制度安排"的研究则更是破解当前中国西部城市发展困境、实现城市群体网络化联动发展进而带动西部整体经济发展急需解决的核心理论问题与重大实践问题。

1.3 研究思路及研究框架

1.3.1 研究思路

本研究在对国内外城市及城市群体研究现状进行述评、对城市及城市群体产生与发展理论进行概括总结、对中国西部城市发展的特殊历史路径与历史特征、发展现状及特殊困境进行深入分析的基础上,以重点特色城市群落带动西部经济社会生态全面协调发展为基本出发点,紧密结合工业化、信息化、市场化、国际化、西部大开发、主体功能区建设实际,针对西部城市发展的现实矛盾,运用城市经济学、空间经济学、区域经济学的基本理论和研究范式,着重针对中国西部特色城市群落的空间重构、重点区域、经济支持与制度安排等核心问题进行综合性理论分析和探索性实证研究。本研究的基本目的是探索建立适应中国西部自然、经济和社会发展特点的多中心—外围城市群落、多中心—外围城市群落发展的重点区域以及多中心—外围城市群落发展的经济基础与制度安排等。

1.3.2　研究内容

本研究以“中国西部城市群落空间重构及其核心支撑”为选题,全文分为八大部分,主要对以下内容进行重点研究。

第一部分为“导论”,主要对本研究的选题背景及选题意义、国内外相关研究成果与不足、研究思路、研究内容及研究框架、资料来源、研究方法及技术路线等问题进行介绍与分析。

第二部分为“城市及城市群体的形成发展理论及其进展”,主要对本研究涉及的部分相关概念进行界定,对单一城市的产生与发展理论进行梳理概括,对城市群体的形成与发展理论进行分析总结,以便为下文研究提供基础理论支撑。

第三部分为“中国西部城市群体发展的特殊历史路径及历史特点”,该部分研究在对世界城市化的历史进程、中国西部城市发展的特殊历史路径进行全面梳理及比较分析的基础上概括出中国西部城市发展的历史特征,为下文中国西部城市发展路径选择及城市群落空间重构提供历史参考及国际经验。

第四部分为"中国西部城市群体发展的特殊困境及其破解策略",该部分在对中国西部城市发展现状进行分析的基础上,主要从制度安排、经济基础、城市结构等方面系统分析了西部城市发展面临的特殊困境,并基于其城市发展现状及其特殊困境提出了城市发展困境的破解策略,即产业与制度支撑下的城市群落空间重构。

第五部分为"中国西部城市群落空间重构的理论基础及空间格局",该部分对城市群体空间组织发展趋势进行了分析,应用空间经济学的中心—外围理论模型对中国西部城市及城市群体发展进行了实证检验,检验结论表明,中国西部城市发展及城市体系的演化并不完全符合空间经济学的中心—外围理论模型。在此基础上,对空间经济学的中心—外围理论模型加入产业联系和制度安排要素后进行了扩展,并把扩展后的中心—外围理论模型作为中国西部城市群落空间重构的理论基础。基于该理论基础,本研究提出中国西部城市群落空间重构的空间组织形态为多中心—外围城市群落,并对多中心—外围城市群落的理论内涵及空间格局进行了分析。

第六部分为"中国西部城市群落空间重构的经济基础与制度安排",该部分在对多中心—外围城市群落的成长机制及其核心支撑因素进行综合分析的基础上,提出中国西部多中心—外围城市群落发展的制度基础是以制度发展拓展制度空间,并对其制度安排进行了综合分析;中国西部多中心—外围城市群落发展的经济基础是以产业群落支撑城市群落的发展,并对经济基础的培育进行了探索性分析。

第七部分为"中国西部重点城市群落空间重构及其核心支撑的实证研究",该部分主要研究了中国西部城市群落发展的地域选择,以及中国西部多中心—外围城市群落发展的重点区域和未来格局,并以成渝双中心—外围城市群落发展为例对多中心—外围城市群落的空间重构、成长机制、培育路径、经济支撑及制度安排进行了实证研究。

第八部分为"主要结论与研究展望",主要对本研究的基本结论进行总结,对本研究可能的主要创新进行概括,并对本研究存在的不足进行阐释,对该研究有待于进一步深化的方面及后续研究进行展望。

1.3.3 研究框架

基于研究思路和主要研究内容,"中国西部城市群落空间重构及其核心支撑研究"的研究框架为(图1－3－1):

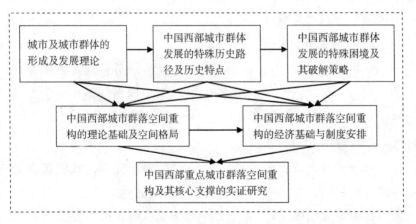

图1－3－1 中国西部城市群落空间重构及其核心支撑研究框架

1.4 研究方法及技术路线

1.4.1 研究方法

本研究内容主要涉及城市经济学、空间经济学、区域经济学、经济地理学、系统科学和计量科学的基本原理与方法,因此,在研究方法上需要多学科综合应用,本研究中拟采用以下主要研究方法开展研究。

1.4.1.1　理论研究方法

应用理论研究方法对国内外城市及城市群体形成与发展理论进行系统比较概括分析,加入产业联系和制度安排要素后对空间经济学"区域模型"和"城市体系模型"中的中心—外围理论模型进行扩展,并以扩展后的中心—外围理论模型作为中国西部城市群落空间重构的理论基础。

1.4.1.2　计量分析方法

利用 SPSS、EVIEWS 等计量分析软件,运用定量分析方法基于经验数据对西部城市发展的城市体系结构、城市职能结构、城市群体发展演化进行时空综合分析,基于西部城市发展特殊困境的准确把握提出其破解策略。

1.4.1.3　空间分析方法

运用空间对比、空间计量等空间分析方法分析西部城市发展的空间格局、空间特性、空间障碍,并探索中国西部多中心—外围城市群落发展的空间形态、重点区域、未来格局及区域实现模式。

1.4.1.4　实验研究方法

通过对重点典型地区的分析,运用实验研究方法探索建立切合西部实际的重点多中心—外围城市群落的空间重构、空间重构的经济支撑与制度安排、多中心—外围城市群落的培育及其实施策略等。

1.4.2　资料来源

本研究中所需数据资料,其来源主要包括以下三类。

1.4.2.1　文献资料

主要包括本研究中涉及的相关文献资料,收集资料的时间维度国外是 20 世纪初到最近、国内是相关历史时期与研究主题相关的各种书著、期刊、报纸、硕博论文等。

1.4.2.2　统计资料

统计资料主要是与本研究相关的各种统计数据,本研究统计资料来源于近年的中国统计年鉴、中国城市统计年鉴、中国农村统计年鉴、中国工业经济统计年鉴、中国金融年鉴、中国农村贫困监测报告及涉及的国内相关省市区近年的统计年鉴、经济年鉴、发展公报,各文献数据库及其他可获得的统计资料等。

1.4.2.3　相关资料

前期相关科研项目研究所收集到的文献数据资料,本研究所依托的科研项目收集到的相关文献资料,如本领域的研究专著、学术论文、政府报告等。

1.4.3　技术路线

本选题依据以下技术路线开展研究:

1.4.3.1　突出重点与兼顾全面相结合

在对中国西部城市及城市群落发展特殊路径及历史特征、特殊困境及破解策略的研究中,突出重点、兼顾全面。经由城市及城市群落发展特殊历史路径的分析,既要充分认识到西部城市及城市群体发展面临的综合困境,又要突出其主要矛盾,通过抓主要矛盾解决核心问题、提出破解策略。

1.4.3.2　定性分析与定量研究相结合

采用定性分析与定量分析相结合,在对中国西部城市发展的特殊困境、城市群落空间重构、空间重构的经济基础和制度空间、西部城市群落发展的重点区域、未来格局及区域发展模式进行研究时,应用计量分析和空间分析相结合,力求研究的科学性和严密性。

1.4.3.3　理论分析与实证研究相结合

遵循现有理论—问题分析—理论扩展—实证研究—理论总

结的思路,对城市及城市群体形成与发展理论、西部城市群落发展困境、中心—外围理论扩展、西部多中心—外围城市群落培育进行理论与实证相结合研究,提高研究的理论创新性和实践应用的可能性。

本研究的具体技术路线见图1—4—1:

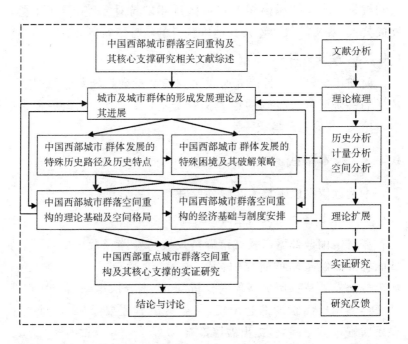

图1—4—1 中国西部城市群落空间重构及其核心支撑研究技术路线

第二章 城市及城市群体的形成发展理论及其进展

　　城市群体是一定地域范围内单一城市发展到多城市、城市数量逐步增多、城市规模逐步扩展、城市结构逐步复杂、城市联系日趋紧密的城市地域空间发展结果。区域科学、城市经济学、空间经济学等学科从各自研究视角、应用其学科理论、研究方法及研究范式对城市及城市群体形成与发展的内在机理及发展进程进行了深入的理论分析与阐释,形成了较为成熟的城市及城市群体形成与发展理论。

2.1 相关概念的界定

　　在城市及城市群体形成与发展的相关理论研究与实证分析中,出现了多个既相互关联又存在较大差别的概念或术语,在本研究正式展开之时有必要对几个核心概念进行界定。

2.1.1 城市

　　作为人类主体聚落之一的城市,不同学科对其有不同定义。人口学把城市定义为人口高度聚集的地区,因而人口规模和密度是其判断城市及城市规模的主要标准。地理学把城市定义为建筑物和基础设施密集、而在本质上不同于农村的空间聚落。经济学则把城市定义为工业和服务业经济活动高度聚集地域,是市场交换的中心。英国经济学家 K. J. 巴顿(K. J. Button,1976)认为城市是一个坐落在有限空间地区内的各种经济市场(住房、劳动力、土地、运输等)相互交织在一起的网状系统。[①] 李铁映则把城市定义为以人为主体、以空间利用为特点、以聚集经济效益和人类社会进步为目的的一个集约人口、集约经济、集约科学文化的空间地域系统。综合各学科关于城市的定义,可以认为,城市是相对于乡村而言的人类聚落之一,如果一个地理区域在相对小的面积里聚居了大量而高密度的人口、拥有高密度的建筑、经济活动密集、基础设施完备、社会活动密集,该区域便成为了城市,城市是一个具有相对高人口密度、高建筑密度、高经济密度、社会活动密集的人类聚落区域。

2.1.2 城市化

城市的出现与发展是人类社会文明进步的标志,城市化实质上是城市要素不断集聚与成长的过程与状态。人口学、地理学、社会学、经济学等学科从各自学科视角对城市化作了阐述。人口学把城市化定义为农村人口向城市转移以及城市人口比重不断增加的过程。因此,其城市化的核心是人口城市化,即"人口向城市地域集中或农业人口转变为非农业人口的过程"。地理学把城市化定义为农村地域转化为城市地域、城市地域空间不断扩大的过程。因此,其城市化的核心是地域城市化,即"城市地域不断扩展或农村地域转化为城市地域的过程"。社会学把城市化定义为农村生活方式转化为城市生活方式、城乡社会关系格局由农村为主体的社会转变为以城市为主体的社会的发展过程。因此,其城市化的核心是社会生活

---

① K. J. 巴顿:《城市经济学理论与政策》,商务印书馆,1984,第14页。

方式及社会关系的城市化,即"城市社会生活方式不断扩展,农村社会持续向城市社会转型的过程"。经济学从工业化的角度来定义城市化,认为城市化是农村分散生产转化为城市机器大生产、第二和第三产业不断向特定地域集聚、工业化和现代化并行发展以及城市化又反过来推进工业化和现代化的历史过程。综合各学科研究,可以认为,城市化是由于人类社会生产力的发展和社会生产方式的变革而引起的产业向城镇聚集、人口向城镇集中、城市地域不断扩展、城市物质文明和社会文化不断扩散、区域产业结构不断升级转换、社会结构不断重组的一种过程与状态。

2.1.3 城市体系

城市体系是城市数量不断增加、单一分散的城市个体发展到一定阶段并与周边城市发生联系时的一种城市空间组织形态之一。城市体系是一定地域范围内的一系列职能各异、相互联系、相互影响、规模不等的城市群体,它们通过物资、人员、资金和信息的内部流动以及与外界的开放作用来维持系统的正常运作和有序性。城市体系的形成、演变和发展是历史的动态过程,反映在城市群体的规模组合上存在一定的等级规模结构特征,反映在城市群体的职能分工上存在一定的职能组合结构,反映在城市群体的地理分布上存在一定的地域空间结构。而城市体系等级规模结构是城市体系内层次不同、大小不等的规模城市在质和量方面的组合形式。[①]

2.1.4 城市群体结构

关于城镇群体空间的内涵,张京祥(2000)在《城镇群体空间

---

① 李家成:《湖北省城市体系分形特征及其规模结构研究》,《华中师范大学学报(自然科学版)》1998年第4期,第521—514页。

组合》一书中曾作过以下精辟的定义:城镇群体是指一定地域空间范围内具有密切社会、经济、生态等联系,而呈现出群体亲和力及发展整体关联性的一组地域毗邻的城镇,其区别于一般区域内多城镇分布的表象是其内部空间要素较为紧密的联系,这种联系的紧密程度又直接导致了城乡混合区、都市区、都市连绵区等多种城镇群体空间亚形态的出现。而城镇群体空间,则是指在这一城镇群体化发展区域内,由这些具体的城镇及分布其间的区域环境共同组成的空间,亦即为一个包括城镇建设占据的实体空间及城镇间的区域基质空间(乡村、生态区域)的有机地域系统。"结构"是指事物的基本构成部分即要素之间的相互关联,结构的性质是由这种相互关联的方式决定的。系统理论认为,每一个结构都是由结构中相互关联、相互制约的有序元素组成的整体,这些元素对结构整体而言是构成整体的部分。任何一个结构都不是孤立存在的,它自身是一个区域系统,同时由于其他系统相互联系、相互调节、相互耦合,从而组成一个更大的系统。对于构成城市群的各城市来说,城市群是一个系统,而对于城市体系来说,城市群又是其一个子系统。[①] 因此,城市群体结构是构成城市群的各要素之间的一种相互联系、相互调节、相互耦合的一种状态,其主要表现为城市群体的等级规模结构、职能分工结构以及地域空间结构等。本选题所研究的主要是城市群体结构,而不是城市内部结构。

2.2 单一城市的形成发展理论及其进展

城市的出现与发展是社会生产力发展到一定阶段的必然产物,又是社会生产力发展到更高阶段的表现。由于人们认识能力

---

① 朱英明:《城市群经济空间分析》,科学出版社,2004,第62页。

的有限性,在城市出现后相当长的一段时期内,人们没有、也未能对城市产生与发展的机理进行理论分析,更未能形成较为系统的城市形成与发展理论。工业革命以后,发达资本主义国家的城市及城市化获得了飞速发展,人们开始对城市的产生与发展予以关注和研究,但是直到 18 世纪末 19 世纪初,人们才开始较为系统地探讨城市的形成与发展。此后,区域科学学派、城市经济学派、发展经济学派以及 20 世纪末兴起的空间经济学派从各自学科视角对城市形成与发展进行了较为深入的理论分析和实证研究,逐步形成了系统化的城市形成与发展理论。

2.2.1　区域科学中的城市形成与发展理论

城市经济学和区域科学之间的深厚渊源历来不为城市经济学家所否认,甚至可以说在城市经济学正式发展成为一门独立学科之前,对城市产生与发展的系统研究主要集中在区域科学领域,而现今的城市经济学也毫不隐讳地把一些区域科学基础理论作为城市经济学的基本理论。因此,对现代城市产生与发展进行深入理论分析的首推区域科学中的经典理论,即冯·杜能(Von Thünen)的农业区位论、阿尔弗雷德·韦伯(Alfred Weber)的工业区位论及其他相关区域科学理论等。

2.2.1.1　杜能的农业区位论关于城市发展的理论分析

从城市经济理论发展的历史来看,虽然在古典政治经济学时期的亚当·斯密(Adam Smith)和大卫·李嘉图(David Ricardo)都有关于生产特定产品的区位选择的相关论述,但是直到 19 世纪 20 年代,古典区位理论的创始人冯·杜能(Von Thünen,1826)在其《孤立国同农业和国民经济的关系》一书中才第一次较为系统地将空间因素纳入产业布局的分析之中。冯·杜能(Von

Thünen)在其代表作《孤立国同农业和国民经济的关系》中,以均质空间为假定,推导出在一个孤立国模型中运输成本因距离远近而变化所决定的农业分带布局现象,即农业生产围绕中心城市(孤立国)呈现出向心环带状分布的特点,即著名的"杜能圈"。

杜能作为现代西方产业布局理论的先驱者之一,在研究孤立国的生产布局时不仅充分讨论了农业、林业、牧业的布局,而且也考虑了工业生产的布局。在研究孤立国的生产布局时,杜能提出了一系列假设。基于假定,杜能在综合考虑地租收入的影响因素的基础上,提出了生产布局的原则,即孤立国全境的生产布局以城市为中心形成许多有规则、界限相当明显的同心圈境,由内向外依次为自由式农业圈(主要生产蔬菜、水果、牛奶等)、林业圈(主要发展林业生产,向城市出售燃料和木材)、轮作式农业圈(采用轮栽作物制)、谷草式农业圈(采用轮作休闲制)、三圃式农业圈(采用三区轮作制)、畜牧业圈(生产畜产品),[①]从而形成了农业土地利用的杜能圈结构。

从杜能的相关研究来看,杜能在分析城市周边的农业生产布局时实际上对城乡之间的相互关系,尤其是城乡经济联系进行了描述与分析。此外,杜能的分析模型不仅有效地用于农业生产的布局分析,也适用于工业布局和城市土地利用问题的分析。关于工业布局,杜能指出,不要把所有的工厂和工场都集中在首都,大部分应设在原料价格最低的地方。杜能关于工业布局选址的研究实际上也隐含着对城市的产生与发展进行了分析。对于假设孤立国只有一个城市,杜能解释道"这仅仅是为了便于研究问题,这个前提条件很不合理而需要把它剔除"。同时,杜能还指出,城

---

① 〔德〕约翰·冯·杜能著,吴衡康译:《孤立国同农业和国民经济的关系》,商务印书馆,1997,第19—20页。

市的形成往往是偶然的事情,第一个移民在某地筑屋而居,第二个移民就在他旁边聚居,因为相互协调对双方都有益,出于同样的原因,第三个、第四个……移民也参加聚居,最后形成城市。在孤立国中,城市的大小及相互间距必须最有利于国计民生。①由此可以看出,对于城市的产生,杜能认为偶然因素也很重要,同时杜能也认为人们相互聚居会产生"对双方都有益的相互协调",也就是说城市的发展会给人们带来更多的收益。

2.2.1.2　韦伯的工业区位论关于城市发展的理论分析

在杜能之后,另一位区位理论大家、产业区位理论的奠基人、德国经济学家阿尔弗雷德·韦伯(Alfred Weber)于1909年出版了《工业区位论》一书,从而创立了工业区位论。在《工业区位论》中,韦伯从经济区位的角度,旨在探索资本、人口向大城市移动(大城市产业与人口集聚现象)背后的空间机制。② 在分析中,韦伯在经济活动的生产、流通、消费三大基本环节中选择了工业生产活动作为研究对象,通过探索工业生产活动的区位原理,试图解释人口的地域间大规模移动以及人口与产业在城市集聚的原因。

与杜能在研究孤立国的生产布局时提出了一系列严格假设一样,韦伯对工业区位的研究也基于以下假设:(a)原料供给地的地理分布已知;(b)消费地的位置和规模已知;(c)劳动力存在于已知的地区,且不能移动;(d)各地区的劳动力成本是固定不变的,且在此条件下劳动力无限供给。在上述假定下,韦伯从运费指向、劳动力指向及集聚指向三个方面分析了工业在城市的布局

———————

① 〔德〕约翰·冯·杜能著,吴衡康译:《孤立国同农业和国民经济的关系》,商务印书馆,1997,第344—345页。

② 李小建等:《经济地理学》,高等教育出版社,1999,第59—60页。

选择。① 韦伯尤其认为,当发生集聚指向时,一定量的生产集中在特定场所可以带来生产或销售成本的降低,当集聚节约额比运费(或劳动费用)指向带来的生产费用节约额大时,便产生集聚,一般而言,发生集聚指向可能性大的区域是多数厂商相互临近的区域。

韦伯的工业区位论虽然主要分析的是工业布局选择问题,但实际上工业布局选址已经论及了城市的产生问题,即工业布局的原材料指向、劳动力指向和集聚指向论及了三类城市的产生以及布局问题。此外,韦伯对资本、人口向大城市移动(大城市产业与人口集聚现象)背后的空间机制的探索,以及对人口在地域间大规模移动、城市人口与产业集聚原因的解释实质上已经对城市规模的扩展和城市集聚效应进行较为深入的探索和分析。

2.2.1.3 其他区位理论关于城市发展的理论分析

在杜能和韦伯之后,胡佛(Edgar M. Hoover,1936)拓展了韦伯的工业区位论体系,考察了更为复杂的运输费用结构、生产投入的替代物和规模经济对城市发展的影响。廖什(Losch,1940)则扩展了区位理论的应用范围,将贸易流量与运输网络中"中心地区"的服务区位问题也纳入其中进行分析。同时,廖什把产业区位分析的对象扩展到多种产业,并分析了区域中的城市规模和类型,推导出在既定资源、人口分布情况下规模经济差异导致的空间集中现象,以及这种空间集中对城市发展的影响。

正如克鲁格曼(Paul Krugman,2000)所言,区域科学中的冯·杜能模型非常浅显,但这个模型的分析巧妙而深刻。冯·杜能已对"什么将会发生"这个问题有了一个明确的答案——农作

---

① [德]阿尔弗雷德·韦伯著,李刚剑、陈志人、张英保译:《工业区位论》,商务印书馆,1997,第50—144页。

物的生产布局将以同心圆的形式自发出现。此外,冯·杜能的分析还解释了经济学中的一个规律,即自发的结果是有效的,实际上它和最优计划一样有效。60年代,阿隆索(William Alonso,1964)用通勤者(commuters)代替农民、用中央商业区代替孤立的城市对该模型做了重新解释。这个"单中心城市模型"又一次产生了土地利用的同心圆结构,并奠定了后来城市经济理论研究和实证文献的基础。

然而,藤田昌九(Masahisa Fujita)、克鲁格曼(Paul Krugman,2000)认为冯·杜能模型以及同类模型存在着一个严重的缺陷,即冯·杜能模型以及同类模型都简单地假设城市或商业区是预先存在的,这样的模型具有很大的局限性。藤田昌久(Masahisa Fujita)与克鲁格曼(Paul Krugman,2000)指出,"如果你的问题并不仅仅是在已经存在城市的前提下如何决定土地的使用,而是在一个或几个城市的区位(确切地说,城市的数量与规模)本身是内生的情况下如何决定土地的使用,冯·杜能模型就无效了"。[①] 对此,城市经济学的相关理论进行了分析与论述。

2.2.2 城市经济学对城市形成与发展的理论分析

米尔斯(Mills)和尼茨坎普(Nijkamp)在其1987年合作出版的《区域与城市经济学手册·第二卷·城市经济学》中把阿隆索(William Alonso,1964)所著《区位和土地利用》一书的问世看做是城市经济学之创始,阿隆索(William Alonso,1964)的相关研究使城市经济学具备了逻辑一致的理论基础。[②] 然而,阿隆索在《区

---

① [日]藤田昌九、[美]保罗·克鲁格曼、[英]安东尼·J.维纳布尔斯著,梁琦主译:《空间经济学——城市、区域与国际贸易》,中国人民大学出版社,2005,第21—22页。

② Mills, E. and P. Nijkamp. Advances in Urban Economics, in Handbook of Regional and Urban Economics, Vol. II[M]. Elsevier Science Publishers B. V. ,1987:pp.703—714.

位和土地利用》中所做的研究可以解释城市的发展,但还不能从经济学理论视角解释城市的产生,阿瑟·奥沙利文(Arthur O' Sullivan,2000)的相关研究从经济学理论视角分析了城市的产生与发展。

2.2.2.1 基于比较优势、规模经济、集聚经济的城市形成与发展理论

从本质上来说,城市的出现与发展乃是经济活动在一定地域空间集聚的过程与状态。经济学主要从比较优势、规模经济、集聚经济三个方面来分析城市的产生与发展。从比较优势来看,地区间的比较优势使地区贸易变得有利可图,因而地区间贸易促进了市场城市的产生与发展;从规模经济来看,生产上的规模经济使得工厂生产商品比个人生产效率更高,因而工厂集中于一定地域生产商品促进了工业城市的产生和发展;在生产和市场销售上的集聚经济促使企业群聚在特定地理区域,这种群聚促进了大城市的产生与发展。

为了分析城市的产生,阿瑟·奥沙利文(Arthur O'Sullivan,2000)考虑了一个农村地区模式,并提出了相应的假设,以保证该农村区域人口均匀分布而没有城市。阿瑟·奥沙利文假设该地区只生产和消费两种商品(例如小麦和毛料),同时该地区的经济具有以下特征[①]:(a)投入,小麦和毛料的生产使用两种生产要素——劳动和土地,土地用来种植小麦和养羊,当地居民把羊毛纺纱再织成毛料。(b)相同的生产力。所有居民在小麦和毛料的生产上具有相同的生产力,1小时内,每个劳动力要么生产1单位小麦,要么织出1单位毛料。同样,土地在生产小麦和原毛上具有

---

① [美]阿瑟·奥沙利文(Arthur O'Sullivan)著,苏晓燕、常荆莎、朱雅丽等译:《城市经济学》,中信出版社,2003,第15—21页。

同样的生产力。(c)不存在规模经济。生产具有规模报酬不变(constant returns to scale)的特征:1 个劳动力每小时生产 1 单位毛料,而不考虑共生产出多少毛料;同样,每小时生产出来的小麦也不存在规模收益。(d)交通时间,区域内交通完全靠步行,且步行速度为 4 英里/小时。在上述假定条件下,由于具有相同的生产力,家庭间进行贸易无利可图;由于规模收益不变以及交通费用较高,集中生产也无利可图,因此地区内每一家庭都自给自足本身所需的小麦和毛料。由于所有的土地生产力是相同的,每个家庭都挑选一块地生产小麦和毛料供自己消费,因而人口是均匀分布的。由于城市被定义为具有相对较高人口和经济密度的区域,人口和经济在该区域的均匀分布即意味该地区没有城市。在上述假定下,区域内不会产生城市。

　　阿瑟·奥沙利文先是放宽第二个假定条件和第四个假定条件,分析了基于生产和交换比较优势和运输中的规模经济的市场城市的产生机理。亚当·斯密(Adam Smith,1776)认为分工可使"劳动者的技巧因业专而日进,节约从一种工作转向另一种工作通常要损失的时间,促使机器发明进而方便和简化劳动,因而,分工的深化可以提高劳动生产率"。[①] 阿瑟·奥沙利文放宽第三个假定条件后,论述了基于生产中规模经济的工业城市的产生与发展。在此基础上,阿瑟·奥沙利文认为,前述分析虽然从简化的单一厂商出发分析城市的产生与发展,但无论是交换中的比较优势还是生产中的规模经济,其直接结果都是导致要素和生产的集聚。同时,在一个城市形成以后不可能只存在一个厂商或单一厂商,众多厂商的集中会产生集聚经济(Agglomeration Economics)

---

　　① [英]亚当·斯密著,郭大力、王亚南译:《国民财富的性质和原因的研究》,商务印书馆,1972,第 8—10 页。

效应——集聚带来厂商成本的降低,因而集聚经济效应促进了城市的产生与发展。马歇尔(Alfred Mashall,1890)认为,集聚会带来两类效应:第一类集聚经济能为产业内部的厂商带来正的外部性,而这种外部性内化在该产业中;第二类集聚经济会对当地的产业产生正的外部性,这个外部性并为当地企业所共享,因而促进了当地经济规模的不断扩大。[①] 当地经济规模的不断扩大进而促进了城市规模的扩展。

在马歇尔集聚经济理论基础上,俄林(Bertil Ohlin,1933)在其代表作《地区和国家间贸易》中进一步把集聚经济划分为厂商内部的集聚经济、地方化经济(Localization Economics)、城市化经济(Urbanization Economics)、产业间的联系经济等。此后,胡佛(Hoover,1937)在俄林(Bertil Ohlin)提出的集聚经济基础上,认为地方化经济和城市化经济对于城市的产生与发展具有重要决定意义。城市经济学理论认为,地方化经济的出现源于三个相互作用的动力机制:中间投入品生产的规模经济、劳动力市场共享以及知识溢出。在地方化经济作用下,同一产业内的厂商倾向于集聚,并对每个厂商都带来“好处”,而且集聚的厂商越多,这个“好处”就越大。[②] 而同一产业内厂商的集聚促使城市规模的进一步扩大。当单个企业的生产成本随着城市总产量的上升而下降时,就出现了城市化经济。城市化经济的出现也源于三个相互作用的动力机制:整个城市产业中间投入品生产的规模经济、整个城市劳动力市场共享以及产业间知识溢出。由于城市化经济源于整个城市经济的规模而不单单是某一行业的规模,再加上城市

---

① [英]阿尔弗雷德·马歇尔著,廉运杰译:《经济学原理》,华夏出版社,2005,第217—225页。

② 周伟林等:《城市经济学》,上海:复旦大学出版社,2004,第22—23页。

化经济为整个城市中的企业带来收益而并非只针对某一行业中的企业。① 因此,在地方化经济和城市化经济作用下,多产业、多厂商倾向于集聚,而多产业、多厂商的集聚促使城市规模的进一步扩展。

2.2.2.2 基于城市土地利用的城市发展理论

阿隆索(William Alonso)在其 1964 年出版的成名作《区位与土地利用》一书中将冯·杜能关于孤立国农业土地利用的分析引申到城市,通过构建城市住户、城市厂商以及农业的租地竞价曲线,研究了在土地供求均衡中城市地价和地用的决定,用以解释城市内部的地用和地价之分布。② 考虑一个杜能环式及阿隆索式的代表性单中心城市,这一单中心城市里的办公业、制造商、城市居民住宅及农业用地的初始投标租金函数采用阿瑟·奥沙利文(Arthur O'Sullivan,2000)给定形式(图 2—2—1)。基于运输成本(通勤成本)的考量,运输成本(通勤成本)越高的厂商或居民越接近于市中心,表现在投标租金函数上则是运输成本(通勤成本)相对较高的行业(居民)的投标租金函数的斜率相对较大。基于图 2—2—1,办公业、制造商、城市居民住宅以及农业用地投标租金函数的斜率依次递减。均衡状态下,到市中心的距离为 A 时,办公业投标租金函数与制造商投标租金函数相交,因而,办公业集中在以半径为 OA 的圆形区域。当到市中心的距离增加到 B 时,制造业投标租金函数与城市居民住宅投标租金函数相交,因而,制造业区是一个以宽度为(B—A)的环状区域。同样的机理,

---

① [美]阿瑟·奥沙利文(Arthur O'Sullivan)著,苏晓燕、常荆莎、朱雅丽等译:《城市经济学》,中信出版社,2003,第 79—80 页。

② [美]威廉·阿隆索著,梁进社、李平、王大伟译:《区位和土地利用——地租的一般理论》,商务印书馆,2007,第 22—110 页。

城市居民住宅区是一个以宽度为(C—B)的环状区域,整个城市区域则是一个以 OC 为半径的圆形区域。围绕城市周围的农业用地则是一个以宽度为(D—C)的环状地带(图 2—2—1)。

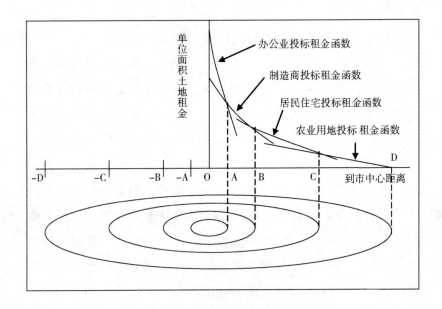

图 2—2—1　单一中心城市的投标租金函数与土地利用
(Arthur O'Sullivan,2000)

随着城市人口的增长、经济规模的扩张以及交通运输条件的改进,办公业、制造商、城市居民住宅以及农业用地投标租金函数会向右边移动。当达到新的均衡状态时,新的办公业投标租金函数与新的制造商投标租金函数相交于距离城市中心距离为 A′之处(A′>A),此时,办公业集中区域就从原来的以 OA 为半径的圆形区域扩张到以 OA′为半径的圆形区域,面积扩张了以(A′—A)为宽度的一个环状区域。同样的机理,制造业区从原来的以(B—A)为宽度的一个环状区域扩张到以(B′—A′)为宽度的环状区域,城市居民住宅区从原来的以(C—B)为宽度的一个环状区域扩张到以$(C'-B')$为宽度的环状区域。最后,整个城市区域则从原来的以 OC 为半径的圆形区域扩展到以 OC′为半径的圆形区域(图2—2—2)。因此,该城市的人口规模、经济规模、用地规模都得到了扩展,城市规模也就由小到大得到了发展。

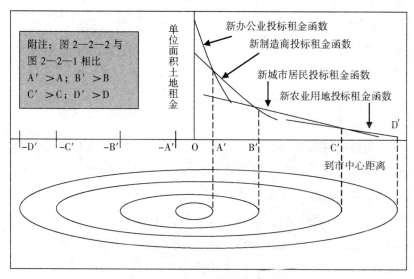

图2—2—2 人口增长、经济扩张及交通改善后
单一中心城市新的投标租金函数与土地利用

2.2.3 发展经济学对城市发展的理论分析

发展经济学认为,城市化尽管包含多种层次,但它主要是指乡村人口向城市流动这一过程。[①] 因而,发展经济学对乡—城人口流动的研究实际上也揭示了城市发展的内在机理。发展经济学对城市发展的理论研究最具标志性的成果是刘易斯、费景汉—拉尼斯、乔根森以及托达罗等提出的乡—城人口流动模型,以及

---

① 张培刚、张建华:《发展经济学教程》,经济科学出版社,2001,第624页。

模型揭示的农村人口向城市流动进而促进城市发展的内在机理。

2.2.3.1　刘易斯模型(Lewis Model)

1979 年度诺贝尔经济学奖获得者、英国经济学家刘易斯(W. Arthur Lewis)于 1954 年在其所著的《无限劳动供给下的经济发展》一文中提出了著名的二元经济结构下乡—城人口流动模型，即"刘易斯模型"。刘易斯把一国经济划分为两大部门——现代工业部门和传统农业部门，并认为，一国经济的发展是由代表先进生产力的现代工业部门的发展推动的，经济发展的要义旨在通过加快工业部门的发展以吸纳和转移农业部门中的剩余劳动力，并最终实现整体经济的增长。[①]

刘易斯模型虽然分析的是劳动力无限供给下农业从业人员向工业部门转移的内在机理，但由于现代工业部门集中于城市生产与布局，因此，农业从业人员向工业部门转移实质揭示的是城市规模(人口规模、经济规模、用地规模)不断扩展的内在机理。可以通过图 2－2－3 进一步分析刘易斯模型下的城市发展。

图 2－2－3 中，OMP 轴表示劳动的边际产品和工资，OW 表示工业部门的现行工资水平，OA 轴表示传统农业部门的生存收入，OL 轴表示资本家雇用的农业剩余工人数，WS 是劳动力无限供给曲线，$D_1(K_1)$、$D_2(K_2)$、$D_3(K_3)$ 表示不同资本水平下的劳动边际生产率曲线，其中，$K_1 < K_2 < K_3$，边际生产率曲线向右移动反映随着资本积累的增加劳动边际生产率不断提高。

在图 2－2－3 中，当资本为 K_1 时，边际生产曲线为 D_1，工业部门吸纳 OL_1 的劳动力就业，此时，工业厂商和工人分享工业部门的总产量 OL_1FD_1，其中工人工资为 OL_1FW，WFD_1 为工业厂

---

① ［英］阿瑟·刘易斯著，施炜等译：《二元经济论》，北京经济学院出版社，1989，第 12—46 页。

商的利润。若工业厂商把 WFD_1 的利润全部用于投资,则资本总量上升到 K_2,此时,劳动的边际生产曲线为 D_2,工业厂商吸纳劳动力就业的总量上升到 OL_2,因 $OL_2 > OL_1$,意味着资本积累已经开始发挥吸纳农村剩余劳动力就业的作用,位于城市的工业厂商经济规模的扩大以及吸纳就业劳动力总量的上升反映在城市发展上即表现为城市规模的扩展。同样的原理,当城市工业厂商资本积累规模再次扩大、吸纳的劳动力就业规模由 OL_2 增加到 OL_3 时,城市规模再一次扩展。在理论上,当城市工业厂商吸纳的劳动力就业总量达到 OL_n 时,乡村人口向城市流动才得以结束,城市人口规模达到临界值。

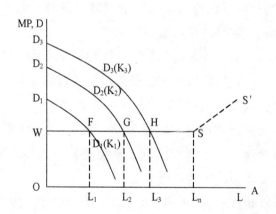

图 2—2—3　刘易斯模型

(转引至张培刚,2001)

刘易斯模型虽然在一定程度上能够揭示城市发展的原理,但刘易斯对劳动力无限供给的假定以及模型对农业部门发展的忽视成为其致命缺陷,针对其缺陷,费景汉(John C. H. Fei)和拉尼斯(Gustav Ranis)对其进行了修正,提出了著名的费景汉—拉尼斯模型。

2.2.3.2 费景汉—拉尼斯模型(Fei - Ranis Model)

1961年,费景汉(John C. H. Fei)和拉尼斯(Gustav Ranis)以刘易斯模型为基础,在《美国经济评论》发表了题为"经济发展理论"的论文,提出了一个新的人口流动模型,即费景汉—拉尼斯模型(Fei - Ranis Model)。

针对刘易斯模型"劳动力无限供给假定"以及"对农业部门发展忽视"的缺陷,费景汉和拉尼斯首次将农业部门的发展纳入了模型分析,构建了同时包含农业部门和工业部门发展的二元经济结构下的人口流动模型。拉尼斯和费景汉认为,农业部门不仅像刘易斯所指出的那样能够为工业部门的发展提供丰富而廉价的剩余劳动力,同时还为工业部门的发展提供剩余农产品,即农产品总量在满足农民消费后所剩余的部分。费景汉和拉尼斯认为,如果没有农业剩余,农业劳动力流向工业部门是不可能的,农业剩余对于工业部门的扩张和农业劳动的流动具有决定性意义,因此,要实现经济发展需要工业和农业平衡发展。一方面,农业生产率必须足够高才能容许农村劳动力流出;另一方面,工业部门必须足够迅速地扩大其资本存量或促进技术进步才能为转移过来的农村劳动力提供就业机会。

费景汉和拉尼斯(1999)针对刘易斯模型中"劳动力无限供给假定"的缺陷,划分了三个阶段来分析不同状态下农村劳动力向城市工业部门的转移及其影响。[①] 在第一阶段,存在着"0边际劳动生产力"意义上的剩余劳动力,这部分农业剩余劳动力向城市工业部门的转移不会影响农业部门的产出,也不会影响工业部门的工资水平,但可以增加工业部门的产出,进而促进城市规模的扩展。在第

---

① 〔美〕费景汉、古斯塔夫·拉尼斯著,洪银兴、郑江淮等译:《增长和发展:演进的观点》,商务印书馆,2004,第96—164页。

二阶段,是边际生产率大于 0 但小于平均收入部分的农村"隐性失业者"向城市工业部门的转移,这部分农村劳动力的转出会在某种程度上导致农业部门产出的下降和工业部门工资水平的提高。在第三阶段,农业中边际生产率大于平均收入的劳动力向工业部门的转移,如果不考虑农业生产率的提高,这部分劳动力转出后会导致农业剩余的下降,进而会直接影响工业部门的发展。因此,只有不断地提高农业生产率,才能弥补第二阶段和第三阶段农村劳动力向城市工业部门转移减少农业产出的影响,从而为工业部门的发展提供保障。同时,工业部门也需要不断革新,才能使农村劳动力的转移得以持续进行,并最终消除农业中的剩余劳动。

费景汉—拉尼斯人口流动模型虽然主要分析的是农村剩余劳动力向城市工业部门转移、城乡二元结构向一元转化的问题,但模型中所分析的农村人口向城市的转移实质上阐释的也是城市发展的内在规律(人口城市化),尤其是模型对农业部门发展重要性的认识,以及农业部门和工业部门协调发展在整个经济发展中重要地位的论述,更是对城市发展和城乡协调互动具有极大的启发意义。

2.2.3.3　托达罗模型(Todaro Model)

进入 20 世纪 60 年代末、70 年代初以后,发展中国家的城市发展(如拉美国家)遇到了一个前所未有的难题,即城市中既存在大量失业人口,而同时又有越来越多的农村居民正试图离开农村而进入城市,原有的人口流动理论难以对这一问题做出合理解释。对此,美国经济学家托达罗(Todaro,1969;1970)在《美国经济评论》上相继发表了"欠发达国家的劳动力迁移模式和城市失业问题"、"人口流动、失业和发展:两部门模型"两篇文章,对当时城市失业与乡村人口向城市涌入两者并存现象进行了分析,形成了乡—城人口流动的托达罗模型。

托达罗模型的核心思想是用城乡"预期收入差异"替代原有人口流动模型惯用的城乡"实际收入差异"来分析人口由乡村向城市迁移的决策及行为过程。托达罗认为,影响人们从乡村向城市迁移决策及迁移行为的是城乡预期收入差异而不是实际收入差异,只有当一个劳动力估计他在城市部门就业的预期收益高于他在农村就业的收入时迁移才会发生,否则,劳动力则会继续留在农村。劳动力在评价其在城市收入大小时,应该是以实际收入乘以就业概率(即预期收入),只有当预期收入大于劳动力在农村的平均收入水平时,才意味着劳动力的迁移是有利可图的。托达罗模型对就业概率的引入和对预期收入差异比较分析方法的使用不仅使托达罗模型具有了不同以往人口流动模型的鲜明特点,同时也使自己的分析有了更科学的现实基础(张培刚,2001)。

托达罗模型的核心思想虽然旨在揭示发展中国家城市失业问题背后的原因,但其模型实质上也论及了城市发展尤其是发展中国家城市化进程中面临的问题以及解决的思路。尤其是托达罗模型揭示出城市发展的物质基础在于产业支撑,城市产业规模的扩展是城市用地规模和人口规模扩展的物质基础,缺乏产业支撑的人口向城市集中以及城市用地规模的无序蔓延只是城市规模的虚假扩展,并会带来一系列的社会问题,即拉美型的过度城市化、虚假城市化带来的城市病问题。

2.2.4 空间经济学关于城市形成与发展的理论分析

空间经济学研究的是关于资源在空间的配置和经济活动的空间区位问题。[①] 虽然空间经济学的理论渊源可以追溯到杜能的

---

① 梁琦:《空间经济学:过去、现在与未来》,《经济学季刊》2005 年第 4 期,第 1070 页。

农业区位论,但直到 20 世纪 90 年代初,以克鲁格曼(Paul Krugman)、藤田昌九(Masahisa Fujita)、安东尼·J. 维纳布尔斯(Anthony J. Venables)为代表的一批经济学家才真正把空间纳入经济学分析,并形成较为完整的空间经济学理论框架。空间经济学理论的提出与形成,使得城市形成与发展的理论研究进入一个新的阶段和新的高度。空间经济学中有三个主体模型[①]:区域模型、城市体系模型和国际模型,其区域模型对区域中心—外围结构的形成进行了微观分析、阐述了城市形成的微观经济机制。其城市体系模型则对城市体系形成的机制和自组织过程的微观机理做了深入分析和演化模拟。

2.2.4.1　模型假设

克鲁格曼(Paul Krugman)等人在其构建的中心—外围模型中考虑的是一个国家内的两个区域:东部 E 和西部 W。生产两种产品:农产品 A 和制造品 M,农产品是同质的,生产规模报酬不变并完全竞争,农产品的运输没有成本;制造品是差异化产品,每种产品的生产中都具有规模经济,形成了一种垄断竞争的市场结构,制造的运输有成本,并以萨缪尔森(Paul A. Samuelson)"冰山成本"的形式表示,如果 1 单位的工业制成品由东部(西部)运往西部(东部),则只有 $1/\tau$ 单位的产品运抵目的地。两个部门分别仅使用一种劳动力资源:农民和工人,工人数为 μ,农民数为 $1-\mu$,农民生产农产品,工人生产制造品,农民不能转为工人,工人也不能转为农民,农民不能流动,且在两个地区平均分布,工人可以在两个地区自由流动,流动到实际收入较高的地区。

---

① ［日］藤田昌九、［美］保罗·克鲁格曼、［英］安东尼·J. 维纳布尔斯著,梁琦主译:《空间经济学——城市、区域与国际贸易》,中国人民大学出版社,2005,第 32 页。

2.2.4.2 城市中心—农业外围(单一城市)的形成

克鲁格曼、藤田昌九等假设经济体的全部人口都均匀地分布在一条长度为 1 的直线上,并将人口总数标准化为 1。因此,对每种工业制成品的总消费也为 1,占人口 $1-\mu$ 比例的农业人口对每种工业制成品的消费量则是 $1-\mu$;另假设固定成本 F 相对于运输成本 τ 足够大,因此每个厂商都不考虑其他厂商的位置而只选择在一处设厂。[①]

要分析一个地区是否会分化为城市中心与农业外围,可以考虑在初始条件下,当其他制造商都聚集在 r 地区时(图 2—2—4),有没有另一厂商选择在图中的 s 处建厂?假如有一厂商试图选择在图中的 s 处建厂,则该厂商左边的农民占全部农民的比例为 s,该厂商左边的农民距离该厂商的平均距离为 $s/2$。由于该地区所有农民的总需求为 $1-\mu$,因此,该新建厂商把其产品卖给其左边农民的运输成本为 $(1-\mu)\tau s^2/2$,把制造品卖给其右边农民的运输成本是 $(1-\mu)\tau(1-s)^2/2$。由于地处 r 的原有城市工人距离该新建工厂选址 s 的距离是 $|r-s|$,这部分城市工人的消费量为 μ,因此,该新建工厂将制造品卖给原有城市工人的运输成本是 $\mu\tau|r-s|$。因此,可以得到该新建工厂的总运输成本函数[②]:

$$TC = \tau\left\{\frac{1-\mu}{2}\left[s^2 + (1-s)^2\right] + \mu|r-s|\right\} \quad (2.2.1)$$

由于前述假定建厂固定成本 F 相对于运输成本 τ 足够大,因此该厂商是选择在原有城市(其他城市集聚地)r 处还是在新址 s 处建厂,取决于总运输成本 TC 的最小化。由于总运输成本函数

---

① 用作者的话说,这样做的好处是不用考虑每个厂商有多少个工厂,而只要考虑厂商在哪里选址建厂。

② [日]藤田昌九、[美]保罗·克鲁格曼、[英]安东尼·J.维纳布尔斯著,梁琦主译:《空间经济学——城市、区域与国际贸易》,中国人民大学出版社,2005,第 142—150 页。

(2.2.1)的导函数在 r 处是不连续的,式(2.2.1)对 s 求导可得到:

$$\frac{\partial TC}{\partial s} = \tau[2(1-\mu)r-1] \qquad (s<r) \qquad (2.2.2)$$

$$\frac{\partial TC}{\partial s} = \tau[2(1-\mu)r-1+2\mu] \qquad (s>r) \qquad (2.2.3)$$

从式(2.2.2)和式(2.2.3)来看,运输成本函数在 r 处达到极值,也就是说 r 处是运输成本最小的点。因而,基于运输成本最小的决策,新的厂商不会选择在 s 处建厂,而是会选择在其他厂商聚集的城市 r 处进行生产。由于新厂商选择在 r 处建厂而不是在 s 处,因而 r 处会发展成为区域的城市中心,而其他地区则成为农业外围。随着新的厂商陆续在 r 处建厂,会吸引更多的工人迁往 r 处就业,于是 r 处的经济规模、人口规模、用地规模进一步扩展,区域内的城市 r 因此而产生并会得到进一步发展。同时,这也说明,城市一旦形成以后便会自我维持并得到强化与发展。

图 2—2—4　厂商位置选择与城市形成

(Masahisa Fujita,Paul Krugman,Anthony J. Venables,1999)

2.3　城市群体形成发展理论及其进展

城市形成以后,由于诸多因素的共同作用使得不同城市规模并不完全等同,而且城市与城市之间在政治、经济、文化、社会诸方面发生各种各样的联系与相互作用,进而在特定区域内的城市之间会形成特定的城市群体结构。

2.3.1 中心地理论关于城市体系形成的理论分析

中心地理论(central place theory)是由德国著名地理学家克里斯泰勒(Christaller,1933)提出、德国另一学者廖什(Losch,1944)发展的最早研究城市体系的理论之一。中心地理论的基本思想是,假设在一个均质的平原上平均地居住着一群农民,而为他们服务的一些活动如商品销售、行政管理等由于受到规模经济的约束而不能均匀分散在各个聚落。因而,规模经济和运输成本的权衡会产生一系列中心地区点阵,这些点中的每个中心地区都为周围聚落的农民服务。由于规模经济和人均需求是相异的,因而不同行业销售区不同,进而每个行业的区位模式也不一样。在此基础上,中心地理论解释了不同行业的区位模式是如何作用形成区域城市体系的。

克里斯泰勒认为,中心地系统的空间分布形态受市场因素、交通因素和行政因素的影响,因而分别基于市场原则、交通原则和行政原则构建了中心地系统的空间模型。克里斯泰勒中心地体系具有以下特点:一是中心地具有等级性,并且各级的中心地与中心职能相对应;二是中心地按照一定的规则分布,一般表现为三个中心地构成的三角形的重心是低一级中心地布局的区位点;三是各等级间的中心地数量、距离和市场区域面积呈几何数变化,越高等级中心地数量越少,相距距离越大,服务的市场区域面积更大,次一级的中心地数量较上一级中心地

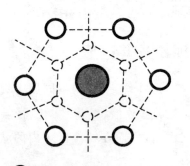

⚫大型城市 ⚪中型城市 ○小型城市

图 2—3—1 克里斯泰勒城市体系示意图

数量多,相距距离较近,服务的市场区域面积较小,再次一级中心地又以此类推,进而形成区域的城市体系结构——多级六边形空间中心地体系结构(图2-3-1)。在市场最优原则、交通最优原则、行政最优原则作用下,各等级中心地的地域范围与数量表现出一定的规律性分布(表2-3-1)。

表2-3-1 三原则基础上形成的中心地地域范围与数量关系

中心地类型 (从高级到低级)	市场原则(K=3)		交通原则(K=4)		行政原则(K=7)	
	地域范围	数量	地域范围	数量	地域范围	数量
1	1	1	1	1	1	1
2	3	2	4	3	7	6
3	9	6	16	12	49	42
4	27	18	64	48	343	294

(何伟,2007)

克里斯泰勒中心地理论的重要学术价值在于根据市场原则、交通原则、行政原则对城市等级规模做了描述,指出在一定地域内存在着不同等级的城市,各级城市有着不同职能。但是,由于历史演进的背景和经济发展的制约,克里斯泰勒的中心地理论还存在诸多局限性,尤其是其理论未能深入阐明中心地结构形成的过程与机制,也未说明中心地空间结构的维系与演进、未考虑制度因素的影响,同时其中心地也是一个封闭的单一结构模型。而姚士谋(2006)等人则认为:①中心地理论没有完全真实地反映客观实际,对于城市体系内城市分布规律和客观存在的原则没有研究深透,对于城市形成与发展的全部社会、自然和经济因素及其相互作用仍然认识不够。

克里斯泰勒的中心地系统是一个立体结构,如果我们对克里

---

① 姚士谋、陈振光、朱英明:《中国城市群》,合肥:中国科学技术大学出版社,2006,第16—17页。

斯泰勒中心地系统进行截面处理,我们可以对中心地系统的城市体系形成过程作以下简化分析。对中心地系统进行截面处理后,假设地区内人口均衡地分布于一条直线上,每一产品在整个地区的人均需求相同,无购物外在性,所有投入品在地区内所有位置可以相同的价格获得。现在考虑区域内有三种产品,A产品相对于人均需求规模经济大,其产品可供给整个地区,因而只需要一家A商店;B产品相对于人均需求规模经济中等,单个经营主体只能供给区域内部分地区,因而整个地区需要多家经营主体来供应B产品;C产品相对于人均需求规模经济小,单个C产品的经营主体只能供给区域更小部分地区,因而整个地区需要更多家经营C产品的供应商。我们可以用图2-3-2(a)分析该区域城市体系的形成。

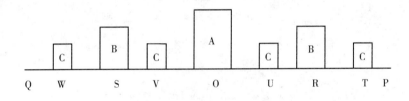

图2-3-2(a) 城市等级体系形成

从图2-3-2(a)可知,A产品规模经济足够大,要供给整个地区的A产品需求,为了最小化运输成本,经营主体A会选择在PQ的中点O进行布局,因而在整个地区中心O出现了一座城市。B产品规模经济中等,因而会进行销售分区,为了最小化运输成本,B产品的经营者会选择在OP的中点R、OQ的中点S进行生产布局,因而在点R和S处形成了两座中等城市。C产品规模经济小,也会进行销售分区,为了最小化运输成本,C产品的经营商会选择在OS的中点V、SQ的中点W、OR的中点U、RP的中点 T 进行生产布局,因而在点 V、W、U、T 处形成了 4 座小城市。如果把上述分析扩展到立体空间,在整个地区便会出现大小规模不等、呈等级状分布的城市体系(图 2—3—2(b))。

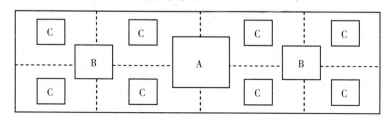

图 2—3—2(b)　城市等级体系的平面格局

(Arthur O′Sullivan,2000)

与克里斯泰勒的经验研究不同,廖什(Losch,1944)对城市体系的分析应用了微观经济学的研究方法,其用工业市场区取代克里斯泰勒的聚落市场区,引入利润原则和空间经济思想对市场区体系与经济景观进行了深入探讨,形成了廖什式的市场区位理论。廖什的基本思想是基于"土地同质、消费者在空间上均匀分布、消费者对厂商产品的需求存在一定价格弹性"的假设,在一个多厂商、多产品的竞争经济中寻求最优的城市体系结构。

廖什先是从同质厂商市场区域空间分布的分析入手,如图 2—3—3(a)所示,当一个厂商在 O_1 点生产时,其产品除了供给本地消费量 O_1Q_1 外,还要向周边地区销售,但向生产地外的其他区域销售有运输成本,因而其需求曲线是一条向下弯曲斜率的曲线 Q_1D_1。由于产品在每个方向都有销售,并且在运输成本制约下都有边界,当把需求曲线 Q_1D_1 以 O_1Q_1 为轴旋转一周时便得到一需求圆锥,也就是该产品的需求总量。当生产规模有限、运输成本较高时,其销售区只能达到 D_1 点。而另一厂商的市场边界也只能达到 D_2,两家厂商之间还存在市场空缺,因而会有另外的厂商进入。当有新的厂商进入或者原有厂商扩大生产规模或者运输成本下降时,厂商之间的市场边界会相接(如图 2－3－3(b))。即使厂商市场边界已经相接,但多个圆形市场相接处仍会存在空缺处,因而又会有新的厂商进入、或者原有厂商进一步扩大生产规模,直到厂商之间的最大市场区域重叠。然而,基于最大利润原则,厂商与厂商之间会以双方圆形市场区两个交接处的连线 MN 划分市场区域(如图 2－3－3(c))。在此作用下,廖什认为,如果空间价格竞争可以保证所有的土地都有同质厂商来使用,那么整个空间经济将呈现出一个类似"蜂窝状"的六边形集合。在这个六边形的市场空间结构内,相邻的 3 个厂商会按照三角形的区位模式开展生产,从而确保生产区位到市场边界的距离最小,使得所有厂商的平均产品运输费用达到最小,这也意味着经济中竞争性厂商数量达到最大化,因而六边形的经济空间结构对单一厂商来说是最优的。同时廖什还认为,厂商在最小的范围内进行最大限度的集中生产有利于产生集聚经济,基于此,一个区域内往往会形成由中心城市、周边居民区、工业集聚地带等构成的区域结构。

　　中心地理论关于城市体系的论述中,克里斯泰勒虽然阐述了城市层级体系的结构,但他没有说明个体行为是如何导致这种层级出现的(甚至连这种层级出现后如何维持也没有说明);廖什虽然指出六边形点阵的效率很高,但他没有描述可能从该点阵中产生的分散化过程(藤田昌九、克鲁格曼,2005)。[①]　而奥沙利文(Arthur O'Sullivan,2000)考虑珠宝、CD 和比萨三种不同产品,在三种不同产品销售区分析的基础上得出了中心位置等级体系(图 2－3－2(b))。如果把上述分析扩展到立体区域分析便会得到克里斯泰勒的多级六边形空间中心地体系。

―――――――――

　　① 〔日〕藤田昌九、〔美〕保罗·克鲁格曼、〔英〕安东尼·J.维纳布尔斯著,梁琦主译:《空间经济学——城市、区域与国际贸易》,中国人民大学出版社,2005,第 32 页。

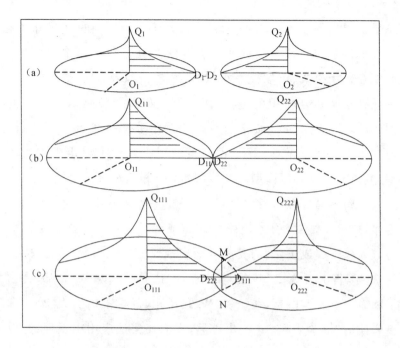

图 2－3－3　廖什式中心地形成机制

2.3.2　空间相互作用理论关于城市体系形成与发展的分析

空间相互作用理论基于牛顿的万有引力定律原理认为,空间中相邻或相近的物质与物质之间都会存在着各种各样的联系,当单个城市产生以后,随着城市规模的扩大和城市数量的增加,城市与城市之间也会发生各种各样的联系,当城市间的物质交换达到一定程度时,互相联系与互相作用的多个城市便会形成区域的城市体系。

空间相互作用原理最早是由美国地理学家乌尔曼(E. L. Ullman,1957)[1]在综合 Ohlin(1933)[2]、Stouffer(1940)[3]等人观点的基础上提出的。随后,空间相互作用理论借用牛顿的万有引力定律在经济学与地理学领域逐渐扩展成为引力模式、潜能模式、一般相互作用模式、市场概率模式、购物模式以及营业收入模式等一系列空间相互作用模型,并用来测度以及预测区域与区域之间、城市与城市之间、城市与乡村之间的联系强度与联系实体。而在城市经济学的应用中,重力模型则扩展出了城市吸引力模型、城市经济影响区模型以及城市体系规模模型等理论模型。

在引力模式方面,赖利(W. J. Reilly,1931)基于牛顿万有引力定律,提出了"零售引力规律",即一城市对其周围城市的吸引力与其人口规模成正比,与其相互距离成反比。在赖利(W. J. Reilly)的"零售引力规律"基础上,康弗斯(P. D. Converse,1949)提出了断裂点概念。但是,在赖利(W. J. Reilly)的"零售引力"公式和康弗斯的"断裂点"公式提出以后,人们在实证应用中发现,其以人口规模代替城市规模,虽然计算方便、简洁,但是城市人口规模难以完全反映城市的实际实力。[4] 在赖利和康弗斯研究的基础上,人们提出了一个更一般化的引力模型:

$$I_{ij} = \frac{P_i P_j}{d_{ij}^b}$$

式中,I_{ij} 为城市 i 与城市 j 之间的相互作用量;P_i 和 P_j 分别

① Ullman E L. American commodity flow [M]. Seattle：University of Washington Press,1957.

② Ohlin B. Interregional and International Trade [M]. Cambridge：Harvard University Press, 1933.

③ Stouffer S. Intervening opportunities：A theory relating mobility to distances [J]. American Sociological Review,1940(5).

④ 张弥:《城市体系的网络结构》,中国水利水电出版社、知识产权出版社,2007,第161页。

为城市 i 和城市 j 的人口及经济综合规模；P_i 和 P_j 可以分化出人口、经济总量、人均经济发展水平、产业产值等多项社会经济指标；d_{ij} 为城市 i 和城市 j 之间的距离；b 为距离摩擦系数。

对式 $I_{ij} = \dfrac{P_i P_j}{d_{ij}^{\,b}}$ 进行对数变换以后可以利用两个城市的社会经济数据及距离进行回归分析，得出相关结论并进行预测。

引力模型可用来分析及预测两个城市之间的相互作用量，当要测度一城市与城市体系内所有城市的相互作用量时，先通过应用引力模型计算该城市与其他城市的相互作用量，再求出该城市与其他城市相互作用量的和，即得到该城市在该区域内的引力潜力。潜力模型用公式可表示为：[①]

$$\sum_{j=1}^{n} I_{ij} = \sum \left(\frac{P_i P_j}{d_{ij}^{\,b}} + \frac{P_i P_j}{d_{ii}} \right)$$

式中的符号与引力模型相同，其中右边括号内的第二项为该城市自身的作用量。利用引力模型和潜力模型的计量分析可以初步确定一城市的城市吸引区边界，以作为城市经济区分析的计量依据之一。

从空间相互作用原理及其引申出的几个经典模型来看，正是世间万物之间相互作用的"万有性"，使得在空间上彼此分离的城市个体通过各种各样的相互作用结合成具有一定结构和功能的有机整体，进而形成城市体系的空间分布结构。

2.3.3 点轴网络系统理论关于城市体系形成与发展的分析

点轴网络系统理论是在吸收增长极理论、极化与扩散理论、

---

① 张弥：《城市体系的网络结构》，中国水利水电出版社、知识产权出版社，2007，第164页。

生产轴理论、塔弗模型及空间一体化理论的基础上形成的有关城市体系结构的理论体系。该理论体系既研究了城市体系形成的过程,也对城市体系空间结构的状态进行了分析。

增长极理论最早是由法国经济学家佩鲁(Fancois Perroux)于20世纪50年代提出,但佩鲁增长极理论的最初内涵与今天一般意义上的区域经济中心(城市)的集中与扩散是不一样的。佩鲁的增长极是从极化空间的概念中引申出来的,这种极化空间包括引力中心和受其影响的有效范围,但其"增长极"并不指的是城市,而是"具有很强带动作用的推进型产业"。20世纪60年代,布代维尔(J. R. Boudeville,1966)把佩鲁的增长极思想做了进一步扩展。布代维尔认为,增长极不仅是推进型产业及其组合体也是这种产业组合体所在的城市,创新主要集中在城市的某些主导产业中,主导产业所在地也就成了增长极,这样,不同规模的中心城市构成了空间增长极的等级体系。[①] 布代维尔把佩鲁的增长极"改造"成"核心城市",把增长极与外围的联系"改造"成不同规模的增长极的等级体系,进而把增长极理论"发展"成为区域城市体系理论(郝寿义、安虎森,2004)。[②]

20世纪60年代,塔弗(E. J. Taaffe,1966)及其合作者基于对西非运输网络的研究,提出了一个有代表性的依托交通运输网络而发展起来的城市空间结构四阶段秩序模型——塔弗网络模型,即基于交通运输网络发展的塔弗城市空间联系模型中城市发展的四个阶段:地方港口城市的形成与发展阶段、港口城市向内陆渗透阶段、港口城市与内陆城市网络连接阶段和城市间联系的高级阶段。与此

---

① J. R. Boudeville. Problems of Regional Economic Planning[M]. Edinburgh University Press, 1966:pp. 10—11.

② 郝寿义、安虎森:《区域经济学》,经济科学出版社,2004,第121页。

同时,弗里德曼(J. Friedmann,1966)通过对经济发展空间组织演变进程的分析,提出了区域经济发展空间组织演进进程,并在其区域空间组织演进进程中对城市体系的发展阶段进行了分析。在第一个阶段只有独立的地方中心,不存在城市等级。这是前工业化社会特有的典型城市空间结构。第二阶段出现了单一强中心。这是工业化初期所具有的典型城市空间结构。第三阶段出现一个唯一的全国中心,并出现了实力强的边缘次级中心。这是工业化成熟时期典型的城市空间结构。第四阶段出现了功能相互依存的城市体系。在这一阶段,城市等级体系形成,交通网络发达,边缘性基本上消失,区域体系最终演变为组织良好的综合体。20 世纪 70 年代,沃纳·松巴特(Werner Sombart)等又提出生产轴理论。该理论认为,随着连接中心地的重要交通干线(如铁路、公路等)的建设,沿交通线便形成了有利的产业区位,方便了人口流动、降低了交通费用,从而降低了生产成本。因而,沿新的交通线地带对产业和劳动力具有新的吸引力,形成有利的投资环境,产业和人口向交通线聚集进而产生新的居民点,交通线便发展成了"生产轴"。

点轴网络系统理论吸收了增长极理论、极化理论、生产轴理论和网络开发理论的精髓,同时,其理论基础的发展线索也大致反映了点轴网络系统的形成过程:(a)分散发展阶段——单一城市孤立发展;(b)极化发展阶段——城市增长极形成;(c)极化与扩散综合作用阶段Ⅰ——点轴城市体系形成;(d)极化与扩散综合作用阶段Ⅱ——点轴网络城市体系形成。点轴网络系统理论是以各级中心城市为"增长极"点,以连接各个"点"的要素流动通道为轴线,并沿轴线形成产业轴带,在点轴城市空间结构发展到一定阶段时,再在点与轴的辐射范围内由产品与贸易服务网、资金、技术、信息、劳动力等生产要素流动网及交通与通信等基础设施网为网络把区域内的点与轴相互联通,进而达到城市之间、城乡之间、乡乡之间的空间优化格局。

2.3.4 外部经济理论关于城市体系形成与发展的分析

外部经济(external economies)的概念最先是由马歇尔(Alfred Mashall)在讨论制造商集聚于工业区内生产的有利条件时提出并进行阐述的。马歇尔(Alfred Mashall,1890)认为,集聚会带来两类效应:[①]第一类集聚经济能为产业内部的厂商带来正的外部性,这种外部性内化在该产业中;第二类集聚经济会对当地的产业产生正的外部性,这个外部性并为当地企业所共享,因而促进了当地经济规模的不断扩大。如前文所述,外部经济效应又分为地方化经济效应和城市化经济效应。基于中间投入品生产的规模经济、劳动力市场共享以及知识溢出的共同作用,在地方化经济作用下,同一产业内的厂商倾向于集聚,而同一产业内厂商的集聚促使城市规模的进一步扩大。在城市化经济作用下,多产业、多厂商倾向于集聚,而多产业、多厂商的集聚又促使城市规模的进一步扩展。正如规模经济效应一样,外部经济也有其自身限度,在一定的阈值范围内,外部经济会带来正的效应——外部经济效应,正的外部经济效应引致经济要素和经济活动的集中。当外部经济超过一定的阈值时,就会产生负的效应——外部不经济,也就是负的外部效应,外部不经济会导致经济要素和经济活动的分散布局。

基于外部经济理论,亨德森(Henderson,1974;1980;1988,2006)认为[②③]:在外部经济与不经济之间存在一股合力,外部经济吸引产

---

① [英]阿尔弗雷德·马歇尔著,廉运杰译:《经济学原理》,华夏出版社,2005,第217—225页。

② Henderson. J. V. Urban Development: Theory, Fact and Illusion [M]. Oxford University Press, 1988.

③ Chun-Chung Au, J. Vernon Henderson. How migration restrictions limit agglomeration and Productivity in China[J]. Journal of Development Economics,2006(80):pp. 350—388.

业向城市集中,而不经济则引致企业的外移,外部经济与不经济两者间合力的净效应使得城市规模与效用之间呈倒 U 型关系,进而决定城市的规模(图 2－3－4)。从图 2－3－4 来看,在城市规模达到 F 之前,外部经济效应吸引厂商和居民向城市集中进而使城市规模继续扩大。在 F 处,城市规模达到最优,效用最高为 O。随着城市规模的进一步扩大,不经济效应凸现,城市规模越大,不经济效应越大。此时,不经济效应会引致城市内原有企业向外迁移进而促进新的城市在其他区域产生与发展。同时,亨德森还指出,外部经济往往在特定产业发生,不经济则往往是由于整个城市规模,把不存在相互溢出的产业放到同一个城市是毫无意义的。因此,每个城市都要集中发展一个或几个可以产生外部经济的行业。同时,由于行业间外部经济的差异可能会很大,以不同行业为支撑的城市规模是不一样的,一个城市的最佳规模取决于该城市的功能。如图 2－3－5 所示,金融城市的规模往往大于纺织城市的规模。基于亨德森的分析,在外部经济和不经济的共同作用下,单一城市规模不会无限扩展下去,而是城市规模发展到一定极限时,城市中厂商与人口的迁出会形成新的城市;同时,由于不同行业外部经济不一样,以不同行业为支撑的城市规模就有大小,因此,在一定区域内便形成了大中小规模不等的城市体系。

　　藤田(Fujita)、今井(Imai)和小川(Ogawa)[1][2][3]等也基于外部经济对厂商和居民的集聚行为进行了分析,进而分析了城市体系

---

　　① Ogawa, H and M. Fujita. Equilibrium Land Use Patterns in a Non-Monocentric City [J]. Journal of Regional Science, 1980(20):pp. 455—75.

　　② Imai, H. CBD Hypothesis and Economies of Agglomeration [J]. Journal of Economic Theory,1982(28):pp. 275—99.

　　③ Abdel-Rahman,H and M. Fujita. Product Variety, Marshallian Externalities, and City Size[J]. Journal of Regional Science, 1990(30):pp. 165—183.

的形成与发展。藤田、今井和小川认为,为了获得知识溢出效应,每个厂商都有动力相互靠近,从而使得厂商积聚于城市,促进了城市规模的扩大。但厂商集聚也有一定的成本,厂商在城市的集聚必然提高工人上班的通勤成本,导致工资上升和厂商集聚区周边地租的上涨,这种"离心力"阻碍了厂商在该地区的进一步集聚而考虑在其他区域投资建厂。厂商在其他区域的集聚则使得新城市的产生。在厂商集聚规模不一的情况下,城市也会产生大小。因此,区域内的城市体系就会形成。

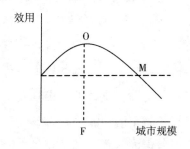 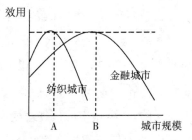

图 2－3－4　城市规模与效用（Masahisa Fujita,2000）

图 2－3－5　城市专业化、规模与效用（Masahisa Fujita,2000）

2.3.5　空间经济学理论关于城市体系形成与发展的分析

空间经济学理论在分析城市体系的形成机制时,假设一个基本结构相同的经济体,该经济体的人口开始增长,因而代表该经济体的整条线会向外扩展很长。在不失一般性的情况下,假设只有在 $-S'$ 到 S' 的这一段农民是均匀分布的。设农民的分布密度是 d,并假设初始所有的制造业厂商都集中在地理区域的中心 O 处。当经济体的人口总数开始增长时,由于农业人口的密度不变,因此农业边界将会向外扩展。人口数量增长和分布扩大以后需要更多的制造品消费,为减少将工业制造品运往农业腹地的运输成本,制造商会选择在现有城市 O 之外的某处建立新的工厂。[1]
现用图 2—3—6 来分析厂商建立新厂的选址决策。

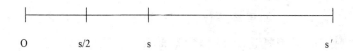

图 2—3—6 厂商新址选址与新城市的形成

（Masahisa Fujita, Paul Krugman, Anthony J. Venables, 1999）

由于原有城市 O 位于 $-s'$ 到 s' 的中点,因而原有城市两边是对称分布的,为简化分析,现只对原有城市 O 右边城市的发展进行分析,即只对 Os' 段厂商新选址进行分析(图 2—3—6)。如果不建立新厂,原有城市 O 右边从 O 到 S' 之间的农村市场将全部由原有城市 O 中的现存厂商供给。如果在 S 处建立一个新厂,则只有从 O 到 $S/2$ 间的农民由原有城市中的厂商供给。剩下的从 $S/2$ 到 S' 的农民将由在 S 处新建厂商供给。因而,可以构建从 O 到 S' 之间的总运输成本函数[2]:

$$TC = \tau d \left[\frac{s^2}{4} + \frac{(s'-s)^2}{2} \right] \qquad (2.3.1)$$

解式(2.3.1)可知,使总成本最小化的地区位于 $s = 2s'/3$ 处。如果不建立新厂,从 O 到 S' 之间农民的制造品全部由位于原有城市 O 的厂商供给,其运输成本为 $\tau d(s')^2/2$。如果在 $s = 2s'/3$ 处建立新厂,可使运输成本减少 $\tau d(s')^2/3$。由于新建工程需要花费固定成本 F,当满足:

① 〔日〕藤田昌久、〔美〕保罗·克鲁格曼、〔英〕安东尼·J.维纳布尔斯著,梁琦主译:《空间经济学——城市、区域与国际贸易》,中国人民大学出版社,2005,第 177—189 页。
② 〔日〕藤田昌久、〔美〕保罗·克鲁格曼、〔英〕安东尼·J.维纳布尔斯著,梁琦主译:《空间经济学——城市、区域与国际贸易》,中国人民大学出版社,2005,第 177—189 页。

$$\tau d (s')^2/3 = F \qquad (2.3.2)$$

或 $$s'^* = \sqrt{3F/\tau d} \qquad (2.3.3)$$

厂商会在 S 处建立新厂，因而，一个新的制造业中心（城市）会在 $2s'^*/3$ 处出现。如果经济体的人口进一步增长，只要农业边界越过现存的城市抵达 s'^* 时，制造商又会开始建立新的工厂，进而又会形成新的城市。随着时间的发展和人口的增长，区域内会由一个城市扩展到多个城市。在这个城市群体空间内，城市与城市之间的距离为 $2s'^*/3$。从式（2.3.3）来看，城市与城市之间的距离 $2s'^*/3$ 取值的大小由参数 F、τ、d 决定，当运输成本 τ 和人口密度 d 增大时，城市之间的距离会减小，当固定成本 F 增加时，城市之间的距离会增大。城市之间距离的大小间接地反映了固定成本的大小，同时也在一定程度上反映了规模经济的重要性。

　　克鲁格曼和藤田昌九在分析单一城市发展到多城市的机制时，没有区分产业或行业的差别，对所有制造商都生产同一种商品（虽然种类很多）的假定，使得所有的城市从事的活动大同小异。显然，最终所有城市的规模都将趋于一致，同时城市之间也是等距离分布的（藤田昌九、克鲁格曼等，1999）。[1] 现假设有两类制造业行业 1 和行业 2，雇用的劳动力分别占总人口的 μ_1 和 μ_2。同时假设两个行业的参数不同，这种差异导致行业 2 的临界值 $s_2'^*$（值得建立新厂的农业部门边界的距离）是行业 1 的临界值 $s_1'^*$ 好几倍，如 $s_2'^* = 2s_1'^*$。又假设开始时所有的制造业都集中在城市 O，同时人口持续增长。在上述条件下，分析城市结构如何变化（图 2－3－7）。

---

　　① ［日］藤田昌九、［美］保罗·克鲁格曼、［英］安东尼·J. 维纳布尔斯著，梁琦主译：《空间经济学——城市、区域与国际贸易》，中国人民大学出版社，2005，第214页。

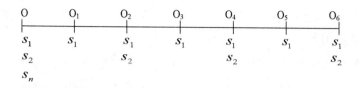

图2-3-7　城市层级体系的形成

从图2-3-7来看,当人口持续增长时,行业1为了最小化运输成本,首先会选择在O_1处建立新厂,因而促进了新城市O_1的产生,当人口规模持续增长时,会逐渐形成新的城市O_2、O_3、O_4、O_5以及O_6,这些新城市只包含行业1。随着农业边界的不断向外扩展,行业2也值得建立新的工厂,行业2建立的新工厂不仅要为农村人口提供商品,还要尽量向就业于行业1的城市工人提供商品,因而会尽量向行业1的城市靠拢。由于行业2的临界值$s_2'^*$是行业1的2倍,即$s_2'^* = 2s_1'^*$,所以行业2首先选择在O_2处建立新厂。当行业2也在O_2建立新厂后,城市O_2就聚集了行业1和行业2的厂商,其城市规模就会大于O_1。随着人口规模的进一步增长,行业2会进一步在O_4、O_6处建立新的工厂,同样的道理,城市O_4、O_6的规模也会大于城市O_1、O_3与O_5。由于城市O内聚集了行业1、行业2以及其他行业n,于是,区域内就会出现最大城市O;城市O_2、O_4、O_6聚集了行业1和行业2,于是O_2、O_4、O_6会发展成为中等城市;城市O_1、O_3、O_5只聚集了行业1,于是O_1、O_3、O_5会发展成为小城市。不断重复这个过程,经济体内便形成了由大城市、中等城市和小城市构成的城市层级体系。当把城市制造业行业进一步多样化、各行业的临界值s'^*进一步复杂化后,区域内的城市层级体系会变得更加复杂。

对于城市中的不同行业来说,拥有较高替代弹性(这意味着均衡时较低的规模经济)或较高运输成本(这意味着该行业将随农业区边界的移动而发展迁移)的行业会先从城市中迁出,进而产生新的城市。在规模经济和运输成本的共同作用下,城市会自然趋向于在空间和行业结构上形成层级体系。最后,克鲁格曼等在以上研究的基础上,通过赋予各参数一定值、取三种行业(行业3等级最高,行业2次之,行业1等级最低)在数字上模拟了经济体从单一城市到分级的城市体系的长期演化过程。[①] 并认为,行业间规模经济和运输成本上的差异使得分散的行业按秩序排列,行业的这种排序转而又导致了一个包括许多不同类型城市的层级体系,在这个城市层级体系中,与较低级别的城市相比,较高级别的城市包含更多的行业种类。

从西方经典的城市及城市群体形成与发展理论来看,其大多是从产业发展与演化的视角来研究城市及城市群体的发展演化的。由于西方发达国家的城市化及城市群体的发展是在工业化及其产业结构转换的推动下完成的,而工业化及其产业结构转换则是在自由竞争的市场经济环境下推进的,因而西方城市及城市群体形成与发展理论虽然极其重视产业支撑的推动作用,但却相对缺乏城市发展的制度安排与制度建构的内涵。

---

① Masahisa Fujita, Paul Krugman, Tomoya Mori. On the evolution of hierarchical urban systems [J]. European Economic Review, 1999(43):pp. 209—251.

第三章　中国西部城市群体发展的特殊历史路径及历史特点

对城市群体发展历史路径的分析与把握是了解其发展现状及发展趋势的重要手段之一。中国西部城市群体发展的历史路径与发达国家及中国东部沿海地区的城市发展路径都有较大差别,因而呈现出鲜明的历史特点。

3.1　世界城市化进程的比较分析

从公元前约 3000 年世界上出现第一批城市始,人类城市发展史已逾 5000 余年。在这数千年的城市发展史上,从城市出现到工业革命前将近 4000 多年的时间里,城市发展速度极为缓慢,整个社会还基本上是一个传统农业社会。现代意义的城市化进程始于 18 世纪中期的工业革命,二战后,城市化方在全球快速发展,发达国家以及发展中国家的现代城市化进程不仅在历史起点上存在先后,而且在多层面存在差异。

3.1.1　世界城市化的历史进程

3.1.1.1　人类城市的起源及缓慢发展

第一次社会大分工以后,由于农业生产技术的进步,在一些自然条件优越、土壤肥沃的平原或河谷地带出现了数量有限的农业剩余,农业剩余的出现使一部分人能够脱离农业生产而在城市中从事非农业活动,因此,农业剩余是城市产生与发展的必需条件之一。大约在公元前3000年左右,在非洲的尼罗河谷、近东的美索不达米亚河谷、中国的黄河流域等地出现了第一批城市(Arthur O'Sullivan,2000)。① 美国著名的城市理论学家刘易斯·芒福德(Lewis Mumford,1961)也认为,城市作为一种明确的新事物,开始出现在旧—新石器文化的社区之中,从目前已知的最古老的城市遗址来看,大部分起始于公元前3000年,前推后移也不过几个世纪。② 对于早期城市的起源,经济学家几乎一致地把"报酬递增"作为解释早期城市产生与发展的一个最为关键的因素。J. 马歇尔(J. Mashall,1989)曾经指出,除了防卫需要、皇室奇想或宗教重要性的考虑之外,城镇的形成在推动商业、制造业和行政管理达到有效水平方面具有良好的经济意义,这些在人口完全分散的条件下是无法实现的(藤田昌久等,2002)。③ 基于考古发现及推测,大部分人认为第一批城市是基于宗教目的和防卫目的而产生,是防卫和宗教服务领域的规模经济的结果。关于防卫性城市和宗教性城市哪一类城市先出现的问题,城市史学家认为,中心储藏设施给在中心圣殿进行宗教膜拜带来便利,从而出现集体活动,反过来,大圣殿的出现又为剩余农产品提供了便利的防卫储存设施,因而两者可能互相促

---

① [美]阿瑟·奥沙利文(Arthur O'Sullivan)著,苏晓燕、常荆莎、朱雅丽等译:《城市经济学》,中信出版社,2003,第28—29。

② [美]刘易斯·芒福德著,宋俊岭、倪文彦译:《城市发展史:起源、演变和前景》,中国建筑工业出版社,2005,第22—23页。

③ [日]藤田昌久、[比]雅克·弗朗科斯·蒂斯著,刘峰、张雁、陈海威译:《集聚经济学——城市、产业区位与区域增长》,西南财经大学出版社,2004,第5—6页。

进了早期城市的出现。

　　第一批城市出现以后,世界城市的发展经历了一段漫长的缓慢发展期。大约在公元前 500 年左右,建立在贸易基础上的希腊城邦城市获得了显著发展,但随着希腊的衰落,希腊城市也逐步衰落了。到公元 3 世纪时,随着罗马帝国的兴起和殖民扩张,殖民城市在欧洲遍布发展。4 世纪到 5 世纪,在日耳曼部落的入侵下,罗马帝国殖民体系瓦解并导致殖民城市的衰落。15 世纪时,由于欧洲各国中央集权政治体制的建立以及远程贸易的发展,欧洲出现了一些规模较大的商业城市。16 世纪以后,伦敦、那不勒斯、米兰、巴黎以及罗马、里斯本、阿姆斯特丹等王室所在地城市、巴勒莫、利物浦等港口城市获得了显著发展。从大约公元前 3000 年一直到公元 1800 年近 5000 年的时间里,世界城市化进程始终处于一个缓慢发展态势,整个世界主要还是一个乡村社会,直到 1800年,世界城市人口只占总人口的 3% 左右。

3.1.1.2　工业革命时期欧美国家的快速城市化进程

　　始于 18 世纪中叶的英国工业革命开启了近现代城市化快速发展的新时代。工业革命在促使机器大工业取代工场手工业、实现生产方式革命性变革的同时,工业革命中的技术革命也推动了农业、交通运输业和建筑业技术的革新和进步。农业、制造业、交通运输业和建筑业的技术革命极大地促进了西方国家城市规模的扩展和城市化进程的发展(Arthur O'Sullivan,2000)。

　　工业革命始于英国,因而近现代城市化进程也开启于英国。从 18 世纪 60 年代工业革命开始到 1851 年,英国在工业化推动下花了近 90 年时间发展成为世界上第一个城市人口超过 50% 的国家,基本实现了城市化,并发展成为当时世界第一强国,而此时全世界的城市人口还只占总人口的 6.5%。[①] 随着工业革命在欧洲和北美的扩展,欧美发达国家城市人口总量从 1850 年的约 4000万人增加到 1950 年的 4.49 亿人,城市化水平达到 51.8%,基本实现了城市化。而英国城市人口占总人口的比重则从 1851 年的51%上升到 1950 年的 78.9%,进入了城市化高度发展阶段。发展中国家的城市人口总量也从 1850 年的约 4000 万人增加到1950 年的 2.68 亿人,城市人口占总人口的比重达到 16.2%,进入城市化起步阶段。从全世界来看,从 1850 年到 1950 年的 100 年时间里,世界城市人口总量由约 8000 万增加到 7.17 亿人,净增6.37 亿人,世界城市人口占总人口的比重达到 28.4%,整体进入到城市化加速发展阶段(表 3-1-1)。

表 3-1-1 1950 年英国、发达国家、发展中国家和
世界城市化水平(单位:%、亿人)

	英国	发达国家和地区	发展中国家和地区	世界
城市人口比重	78.9	51.8	16.2	28.4
城市人口总量		4.444	2.676	7.121
所处阶段	高度城市化	基本城市化	起步城市化	加速城市化

资料来源:高珮义:《中外城市化比较研究》,南开大学出版社,1992,第15—17 页。

3.1.1.3 二战后世界性的城市化浪潮

从表 3-1-1 可以看出,二战以前的现代城市化进程大多局限于西欧和北美发达国家而并未在全球范围内全面推进。二战以后,在经济快速增长的推动下,发达国家的城市化水平大大超过了二战以前的发展水平。此外,二战以后,亚非拉许多前殖民地、半殖民地国家在政治上实现了独立,民族经济也获得显著发展。在此政治经济发展背景下,城市化在全球范围内全面发

---

① 盛朗:《世界人口城市化进程》,《人口与经济》1986 年第 6 期,第 52—58 页。

展,城市数量迅速增加、城市规模快速扩展、城市人口比重迅速
上升,形成了全球范围内空前的城市化浪潮,世界城市化水平迅
速提高,由 1950 年的 28.4％上升到 2000 年的 47.2％(图 3－1
－1)。[①]

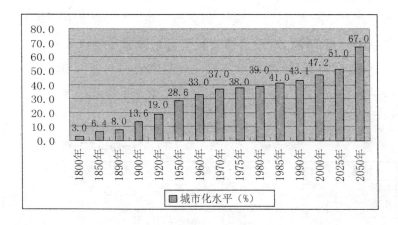

图 3－1－1 世界城市化进程及预测

在全球城市化进程普遍加快的同时,世界大城市化、超大城
市化趋势日益明显。全球百万人口城市数目 1870 年只有 7 座,
1934 年为 53 座,1960 年超过 100 座,1995 年全球达到了 234 座,
2005 年达到了 410 座(表 3－1－2)。[②] 与此同时,世界城市结构
也发生了巨大变化,20 世纪 70 年代末,全球出现了纽约、东京、圣
保罗、墨西哥 4 座人口超过 1000 万的超大城市,到 2000 年时,人
口超过 1000 万的超大城市全球达到了 19 座,其中 15 座在发展中

① 倪鹏飞等:《中国新型城市化道路》,社会科学文献出版社,2007,第 15—16 页。
② 姚士谋、陈振光、王波、王辰:《我国沿海大城市发育机制与成长因素分析》,《地域
研究与开发》2008 年第 3 期,第 1—6 页。杨汝万:《全球化背景下的亚太城市》,科学出版
社,2004,第 4—6 页。姚为群:《全球城市的成因》,上海人民出版社,2003。

国家。① 此外，与发达国家相比，发展中国家国内最大城市人口占全国人口的比重更大(表 3－1－3)。

在城市巨型化趋势日趋明显的同时，在大城市、超大城市的带动下，全球出现了城市群、城市带引领国家乃至世界经济发展的新格局，全球形成了六大世界性的超大城市群——美国东北部大西洋沿岸城市群、北美五大湖区城市群、日本太平洋沿岸城市群、欧洲西北部城市群、英国伦敦—利物浦城市群以及中国的长三角城市群，几大世界性城市群在极其密集的地带内集聚了该国(区域)主要的人口和产业，并在一定程度上影响着世界经济发展的大局(表 3－1－4)。

表 3－1－2　世界大城市、超大城市的分布(1975—2005 年)(单位：座)

地区	1975	1995	2005	说明(世界最大城市)
亚洲	87	184	336	东京、上海、北京、香港
北美	8	9	12	纽约、芝加哥、墨西哥
欧洲	18	26	34	伦敦、巴黎、莫斯科、柏林
澳大利亚	2	3	4	悉尼、墨尔本
非洲和其他	5	10	24	开罗、布宜诺斯艾利斯、圣保罗等
合计	120	232	410	(人口 500 万以上的)

说明：此表仅对全球 100 万人口以上的大都会作了统计。

表 3－1－3　部分国家主要大城市人口及其占该国人口的比例

城市(所在国家)	人口	占该国人口比例
东京(日本)	19037361	15.76%
纽约(美国)	15627553	6.53%
墨西哥城(墨西哥)	16465487	20.97%
圣保罗(巴西)	15538682	11.46%
布宜诺斯艾利斯(阿根廷)	10759291	35.47%
圣地亚哥(智利)	4227049	34.87%
蒙得维的亚(乌拉圭)	1157450	39.36%

(Arthur O'Sullivan,2000)

① 倪鹏飞等：《中国新型城市化道路》，社会科学文献出版社，2007，第 21 页。

表3—1—4 五大世界性城市群概况

城市群	主要城市	面积	人口	经济地位
美国东北部大西洋沿岸城市群	包括波士顿、纽约、费城、巴尔的摩、华盛顿等大城市,共40个城市(人口超过10万人),200多座城镇。	约13.8万平方公里,占美国面积的1.5%。	约6500万人,占美国总人口的20%。	制造业产值占美国的30%,是美国最大的生产基地和商贸中心,世界最大的国际金融中心。
北美五大湖区城市群	包括美国芝加哥、底特律、克利夫兰、匹兹堡,加拿大多伦多和蒙特利尔,集中了20多个人口100多万以上大都市。	约24.5万平方公里	约5000万。	该城市群与美国东北部大西洋沿岸城市群共同构成了北美的制造业带,五大钢铁工业中心。
日本太平洋沿岸城市群	包括东京、横滨、静冈、名古屋、京都、大阪、神户等,以东京、大阪、名古屋为核心的三大城市圈。	约占日本总面积的10%。	人口近7000万,占日本全国总人口的61%。	是日本的政治、经济、文化、交通的中枢,分布着日本80%以上的金融、教育、出版、信息和研究开发机构;集中了日本工业企业和工业就业人数的2/3,工业产值的3/4,国民收入的2/3。
欧洲西北部城市群	由大巴黎地区城市群、莱茵—鲁尔城市群、荷兰—比利时城市群构成。主要城市有巴黎、阿姆斯特丹、鹿特丹、海牙、安特卫普、布鲁塞尔、科隆等。	总面积约14.5万平方公里。	10万人口以上的城市有40座,总人口4600万。	西欧的经济中心及主要的制造业中心。
英国伦敦—利物浦城市群	以伦敦—利物浦为轴线,包括大伦敦地区、伯明翰、谢菲尔德、利物浦、曼彻斯特等大城市,以及众多小城镇。	约4.5万平方公里,约为全英国的1/5。	人口约3650万,超过英国人口的一半。	占英国近80%的经济产出;英国产业密集带和经济核心区;伦敦形成了欧洲最大,同时也是世界的三大金融中心之一。

3.1.2 典型发达国家城市化进程分析

3.1.2.1 发达资本主义国家城市化进程的总体比较

虽然发达国家的城市化进程都是建立在工业化基础之上的,但由于各国自然地理条件、城市化起始背景的不同,现今发达国家的城市化进程又表现出一定的国别差异(表 3—1—5、表 3—1—6、表 3—1—7),其中西欧型的城市化道路以英国最为典型,北美型的城市化道路以美国为代表,东亚型的城市化道路以日本最为成功。

表 3—1—5　发达国家城市化的起点比较

	英国	法国	德国	瑞典	美国	日本
时间	1750	1780	1830	1850	1840	1870
城市化水平(%)	17—19	12	10	7	10.8	11—14

资料来源:①保罗·贝洛克:《城市与经济发展》,江西人民出版社,1991,第147、170、194 页;②郭吴新:《美国的工业发展与城市化》,《武汉大学学报(人文科学版)》1985 年第 4 期,第 11—20 页;③蔡孝箴:《城市经济学》,南开大学出版社,1998,第 56—74 页。

表 3—1—6　1800—1900 年欧洲与美国的城市化进程比较(%)

	1800	1850	1880	1900
欧洲	12.1	18.9	29.3	37.9
美国	5.8	15.3	29.5	39.6

资料来源:同表 3—1—5。

表 3—1—7　20 世纪发达国家的城市化进程比较(%)

	1910	1920	1930	1950	1960	1970	1980	1985	1989	1992
欧洲	40.8	43.0	46.0	44.0	55.0	63.0	66.0			
英国				80.6	78.5	76.9	90.8	92	90	90
法国				54.4	61.2	71.7	77.9	73	73	73
德国				70.9	76.4	82.2	84.7	86	94	90
意大利				42.0	47.4	51.5	64.3	67	72	72
美国	45.3	50.9	56.3	63.6	69.9	73.5	73.7	74	74	75

资料来源:蔡孝箴:《城市经济学》,南开大学出版社,1998,第 56—74 页。

3.1.2.2　工业化与殖民化推动下的英国城市化

英国是工业革命的发源地,其城市化进程是伴随工业化和殖民化进程而实现的。始于 18 世纪中叶的英国工业革命使工业生产摆脱了对自然能源和地域空间的依赖,运河、公路与铁路等交通方式的变革也为工商业的集中生产创造了相应的交通运输条件。于是在 1780 年到 1830 年间,原有分散的工业从乡村转移出来,工厂逐渐集中到城市和交通便捷之处。[①] 工业本身的发展又反过来促进其他行业的兴起。城市工业部门的发展,增加了对城市经济内部的商品货物与服务设施的需求,对建筑、交通运输、食物、服装、专业工作、商业活动及其他附属服务业提出了新的要求,城市由此发展成为经济、文化和政治中心,新兴的工业城市迅速发展起来。在工业化的推动下,1801 年,英国有 1036 个大小城市,1851 年时有 10 个 10 万人以上的大城市,全国有 54% 的人住在城镇,英国成为世界上第一个实现城市化的国家。从 1801 年到 1911 年间,英国新增城市 429 座,使城市数达到 1541 个。[②]

除了工业化推动以外,英国城市化进程还带有鲜明的殖民化特色。对外殖民扩张为英国工业化发展掠夺了大量财富,完成了机器大工业发展的原始资本积累。工业化的实现相应地使得英国的经济、军事实力更为强大,进而又促进其殖民扩张为其剩余工业品开拓广阔的海外市场。在英国工业革命初期,经由"圈地运动"建立起来的大农场加速了土地的集中、实现了农业规模经营,农业生产组织方式的这种变革提高了农业生产效率,释放出大量的农业剩余劳动力、满足了毛纺工业对廉价原料和劳动力的双向需求。但是,大量失去土地的无业游民涌入城市既造成了严重的城市病也容易引发各种社会问题。于是,在殖民扩张的同时英国也大量向新大陆移民,这既解决了城市化进程中剩余劳动力

---

① Philip Abrams& E. A. Wrigley, eds., Towns in Societies:Essays in Economic History and Historical Sociology. Cambridge University Press,1978:pp. 245—277.

② Peter Clark, ed., The Cambridge Urban History of Britain. Cambridge University Press, 2000:pp. 466—468.

的就业问题,又避免了因大量人口涌入城市而导致的城市病及社会稳定问题。因此,工业化和殖民化推动下的城市化进程使得英国城市发展与工业发展同步进行、城市规模与产业规模基本适应、城市发展与乡村现代化并行推进,并发展成为世界上第一个实现城市化的现代国家。

3.1.2.3 工业化和移民化推动下的美国城市化

美国是一个移民国家,工业化和移民进入是推动美国城市化进程的两大主要动力。美洲的原住民为印第安人,随着 15 世纪新航路的开辟,欧洲人开始进入新大陆,其中英国人主要聚居在美国的东海岸,并在北美大西洋沿岸先后建立了 13 个殖民地。北美 13 个殖民地既成为美国建国初期的国家领土范围,也是美国工业革命的主要发生地,因而美国的城市化最初是从大西洋沿岸及五大湖区开始的。随着美国国土的扩张、产业向西向南扩展、移民则西进和南下,美国城市化进程由最初的大西洋沿岸及五大湖区向西、向南推进。美国的城市化大约起步于 19 世纪初,1800 年大约只有 6%的人口居住在城市,至 1850 年,城市人口比重增加到 15%,1900 年增加到 40%,1950 年达到 64%,1990 年达到 75%。

美国作为一个地广人稀的移民国家,低密度蔓延式扩展是其城市化的鲜明特征。20 世纪 40 年代以后,随着经济发展和汽车普及以及产业向郊区迁移,许多城镇人口移居到郊区,美国城市空间结构由最初的紧凑密集型向多中心分散型发展,在空间格局上表现为城市沿交通线不断向外低密度蔓延。在郊区化及城市低密度蔓延的推动下,美国城市平均人口密度由 1950 年的 2524 人/平方公里减少到 1990 年的 1461 人/平方公里。[①] 20 世纪 90

---

① 课题组:《改革开放以来中国特色城镇化的发展路径》,《改革》2008 年第 7 期,第 5—15 页。

年代以后,美国政府、学者和居民开始认识到城市低密度蔓延带来的种种问题,开始寻求治理并提出了城市"精明增长"的理念。

3.1.2.4　工业化和科学规划推动下的日本城市化

日本陆地面积约 37.78 万平方公里,截至 2008 年 3 月底人口为 12706.6 万人,是一个人口高度密集的国家。1868 年"明治维新"以后,日本资本主义生产发展迅速,并开始了近现代城市化进程。二战后,日本抓住有利的国际政治经济环境,经济保持了 20 余年高速增长,使日本在 20 世纪 60 年代末发展成为世界第二大经济体。日本工业高度发达,成为国民经济的主要支柱产业,工业总产值约占国内生产总值的 40%。

由于日本是一个国土面积狭小,且山地面积占 70%、资源贫乏的国家,其工业发展主要依赖进口原材料、出口制成品,因此工业主要集中在太平洋沿岸地区,京滨、阪神、中京和北九州为四大传统工业区,后向北关东、千叶、濑户内海及骏河湾等新兴工业地带扩展。在工业集中发展的推动下,日本主要城市也大多集中在太平洋沿岸地带。同时由于其国土面积狭小,日本城市发展尤为注重规划,在产业集中发展和科学规划下城市发展表现出鲜明的集约式发展特征。在东京附近的关东平原、名古屋附近的浓尾平原和京都、大阪附近的畿内平原,形成东京都市圈、名古屋都市圈、阪神都市圈三大城市圈群。2001 年,三大城市群经济圈国土面积仅占日本全国面积的 10.4% 左右,但却集中了日本人口的 48.6%,国民生产总值的 66.2%,工业生产的 68.9%,[1]成为日本国民经济的主要聚集区域。

---

① 刘贵清:《日本城市群产业空间演化对中国城市群发展的借鉴》,《当代经济研究》2006 年第 5 期,第 41—42 页。

3.1.3 新兴工业化国家和地区城市化进程分析

3.1.3.1 亚洲新兴工业化国家和地区的城市化进程

20 世纪 50 年代,亚洲一些发展中国家或地区(如新加坡、中国台湾、中国香港、韩国等)积极抓住发达国家实施产业升级、劳动密集型轻纺工业向外转移的有利时机,充分利用本国或本区域的劳动力资源优势,选择"出口导向"发展战略,积极并成功地承接了发达国家第一轮劳动密集型轻纺工业的产业转移,迅速发展起本国或本地区的劳动密集型制造业产业,从发展中国家或地区脱颖而出发展成为新兴工业化国家或地区,并以工业化的发展推进城镇化进程,在短短的 20 年时间里实现了城市化。

3.1.3.2 亚洲新兴工业化国家和地区城市化进程特点

亚洲新兴工业化国家或地区的城市化进程是在其承接发达国家劳动密集型产业转移的基础上发展起来的。劳动密集型产业在大城市及其周边地区的发展一方面吸引了大量农村剩余劳动力向城市迁移,中心城市的空间范围因而迅速扩张。同时,在城市边缘则出现了规模庞大的城乡交错地带,即"似城非城,似乡非乡"的"灰色地带区域"型城镇化地带。另一方面由于交通、通信等基础设施的发展使得城市与城市之间联系加强,沿城市交通线逐步形成了新的产业走廊。20 世纪 70 年代后,亚洲新兴工业化国家或地区又积极承接发达国家第二轮资本密集型能源重化工业的产业转移,实现了本国或本区域的产业升级。在城市及工业发展起来后,亚洲新兴工业化国家或地区逐步加大了对农业和农村的投入。同时,针对上述"灰色地带区域",亚洲新兴工业化国家或地区也加强了治理。因此,亚洲新兴工业化国家或地区的城市化进程虽然在初期把重点放在工业及城市上,但发展到一定阶段后较为及时地加大了对农业和农村的投入,时至今日,城乡关系基本呈良性态势。

3.1.4　拉美国家的城市化进程分析

3.1.4.1　拉美国家的城市化进程

拉美国家的快速城市化进程始于 20 世纪 50 年代,与亚洲新兴工业化国家或地区承接发达国家劳动密集型轻纺工业、实施"出口导向"发展战略来推动城市化进程不同,拉美国家选择的是发展资本密集型能源重化工业、实施"进口替代"发展战略推动城市化进程的发展模式。由于资本密集型能源重化工业需要在大城市布局,同时也需要相关基础设施配套,在国家建设资金有限的情况下,大多数拉美国家只好把国家建设资金主要集中到少数几个大城市,因而促进了大城市空间的快速扩展。在农村地区,农业技术的进步和农业资本主义的发展提高了农村土地和资本的集中程度,释放出大量的农村剩余劳动力。但由于国家投资主要集中到了城市尤其是大城市,国家对农业和农村的低投入又造成了农业的衰落和农村生产与生活环境的恶化。大量农业剩余劳动力难以在农村就业与生活,促使大量农村人口流向城市,尤其是大城市,造成城市人口的快速膨胀(表 3-1-8)。20 世纪 70 年代,拉美国家大城市人口每 10 年左右就增加一倍,到 20 世纪 70 年代中期,拉美地区城市人口已占地区总人口的 60%。

表 3-1-8　发展中国家的城市化进程及其比较(%)

	1900	1920	1930	1950	1960	1970	1980	1983	1985	1987
发展中国家	10.0	11.6	12.6	17.6	21.9	26.2	31.1	35.0	41.0	47.0
拉丁美洲	20.3	25.5	27.6	40.0	48.0	56.2	64.0	66.0	67.0	68.0
亚洲※	9.9	10.3	11.0	14.5	17.5	20.8	25.5	30.5	33.0	37.0
非洲	5.5	7.1	8.0	10.5	15.5	19.3	23.5	32.0	34.0	37.0

资料来源:蔡孝箴:《城市经济学》,南开大学出版社,1998,第 56—74。
※注:亚洲数据仅包括市场经济国家。

3.1.4.2 拉美国家城市化进程中的问题

从表3-1-8来看,以城市人口比重衡量的拉美国家城市化水平虽然已接近发达国家,但由于城市资本密集型工业本身的劳动力容纳能力极为有限,工业就业人口比重却不及20%—30%,经济发展水平接近发达国家的1/10—1/20的水平。因此,大量涌入的农村人口难以实现充分就业,大约有1/4的城市居民生活在贫民窟中,进而引发严重的城市贫困、犯罪等城市病问题,导致严重的"过度城市化"和"虚假城市化"问题(表3-1-9)。20世纪90年代末期,拉美国家政府认识到这一问题的严重性并开始采取一系列措施解决"过度城市化"和"虚假城市化"问题。

表3-1-9 拉美国家的过度城市化(单位:$;%)

国家	经济及城市化水平	1900	1910	1920	1930	1950	1960	1970	1980
发达国家	人均GNP	475	650	625	835	1125	1515	2240	2920
	城市化水平	31	34	37	40	47	54	61	64
拉美国家	人均GNP	310	360	370	380	465	520	620	775
	城市化水平	20	22	25	28	40	48	56	64

资料来源:保罗·贝洛克:《城市与经济发展》,江西人民出版社,1991,第267。

3.2 中国西部城市群体发展的特殊历史路径分析

基于现有史料记载和考古遗址发现推测,中国最早的城市产生于原始社会末期,而从考古文化上来推测,大致相当于"龙山文化"时期的公元前3000年至公元前2000年之间。作为中华民族及中华文明发源地之一的西部地区也是中国乃至世界最早出现城市的地区之一。但是,由于特殊的历史发展进程,再加上中国西部独特的政治、经济、地理及历史背景,中国西部城市群体的发展经历的是一条独特的发展路径。

3.2.1　先秦及封建时代西部政治军事中心型城镇的产生与发展

3.2.1.1　中国西部早期城市的出现与发展

西部地区是中国历史上开发最早的地区之一,据80年代位于四川广汉南兴镇的三星堆遗址考古发现,距今约4070—2875年间的三星堆古城面积至少已达4平方公里。公元前11世纪,周人灭商后建都于镐京(今西安西),使镐京成为当时的政治军事中心。此外,西周时期,周王室在全国实行分封制,据《荀子·儒孝篇》记载,周公"兼治天下,立七十一国",分封的各诸侯国在全国建立起多个统治和防卫中心,因而出现了一系列政治军事中心型城镇。从有确切记载算起,早在公元前四世纪,蜀国开明王朝迁蜀都城至成都,取周王迁岐"一年成邑,二年成都"而名成都,相沿至今成都已有2300多年的历史。虽然在先秦时期西部地区已发展起多个统治和防卫中心型城镇,但由于奴隶制时代社会生产力水平的低下,当时城镇数量和规模都极为有限。

春秋战国时期是中国历史由奴隶制社会向封建社会过渡的大变革时期,由于铁制农具的大量使用,社会生产力获得了飞速发展,这一时期的中国早期城市也有了一定的发展。其中,地处西北的秦国,秦孝公时任用商鞅进行变法,国力迅速增强。秦昭襄王任用李冰出任蜀郡太守,于成都平原西部的岷江上主持修建都江堰,灌溉成都平原二三百万亩农田,使成都平原成为"天府之国"。《史记》有云:"水旱从人,不知饥馑,时无荒年,天下谓之'天府'也。"秦王嬴政任用郑国主持修建"郑国渠",《史记·河渠书》谓之:"关中为沃野,无凶年,秦以富强。"由于秦国的强大与富强,秦辖西北和西南地区的城镇都有了前所未有的发展。据张鸿雁

(1988)统计,春秋时期全国共有城邑 600 多个,其中地处西部的秦国达 18 个城邑,同时还出现了一些规模较大、功能较齐全的城市,如西南的巴(重庆)、成都,关中的秦国都城咸阳等。春秋战国时期奴隶制的废除,地主土地私有制的确立,商人得到人身自由,逐渐产生独立的工商业者阶层,这是中国历史上第一个私人手工业和商业得到大发展的时期,城市的经济功能初步显现,从而形成了作为政治、军事、经济中心的较为完整意义上的城市。

3.2.1.2 封建时代中国西部城镇的发展

秦汉时期是中国历史上统一的多民族封建国家的第一个黄金发展时期。秦始皇统一六国后在全国设 46 郡,置 400 多个县,这大大促进了城市的发展,秦都咸阳,人口盛时达到 150 万之多(宁越敏,1994)。秦时西部地区除了原有的一些城镇得到较大发展外,随着国家疆域的扩展,城镇建制也得以向周边扩展,如秦代时新置桂林郡桂林(郡治在今广西桂平西)、象郡临尘(郡治在今广西崇左)、九原郡九原(郡治在今内蒙古的包头市)、陇右郡狄道(郡治在今甘肃的临洮南)等。随着汉代设置西域都护府以及丝绸之路的开辟,河西地区的武威、张掖、酒泉、敦煌,西域地区的扞泥(今若羌)、且末(今且末县南)、精绝(今明丰县北)、扞弥(今于田县东北)、西城(今和田西南)、莎车、疏勒(今喀什市)、尉犁(今库尔勒市东北)、乌垒、轮台、延城(今库车)、南城(今阿克苏)、温宿(今乌什)等贸易城市获得极大发展。西汉都城长安更是发展成为世界性大都市,据《汉书·地理志》记载,西汉末年时长安城人口不下于 40 万。而西南的成都则与洛阳、邯郸、临淄、宛并称为当时的五都,成为除长安以外的全国性大地区一级的商业中心。[①]

---

① 庄林德、张京祥:《中国城市发展与建设史》,东南大学出版社,2002,第 26—27 页。

在西南地区,汉武帝元鼎六年(公元前 111 年)于夜郎地区置犍为郡、牂牁郡(音 zāng kē),后又置越巂郡(巂一作嶲,音 xī)、沈黎郡、汶山郡、武都郡,在滇池地区设益州郡,西汉王朝在西南新设七郡,东汉明帝时又设永昌郡。各郡县的设置,使西南地区的郡县治所所在城镇有了一定的发展。

　　隋唐时期是中国历史上继秦汉之后的又一个大一统封建盛世,尤其是隋唐两朝都建都长安,这在一定程度上促进了西北和西南地区的经济与城镇发展。隋代在西北地区征服东突厥和西突厥、在西部征服党项部落和吐谷浑后分设郡县,西南则在招降爨氏后,在其地分置恭州、协州、昆州等三州。唐代是中国封建社会的鼎盛时期,极盛时疆域西达安西,南至越南南部,北抵贝加尔湖。安西都护府领有龟兹、毗、疏勒、焉耆四镇,其最远都督府为波斯都督府,辖境直达今伊朗东部。[①] 据《新唐书·地理志》记载,西北的陇右道辖 60 县,西南的剑南道辖 189 个县。此外,还在西南、西北边境和少数民族地区设置了 856 个羁縻府、羁縻州。其中,属关内道的有羁縻府 29 个、羁縻州 90 个;属陇右道的有羁縻府 51 个、羁縻州 198 个;属剑南道的有羁縻州 261 个,党项州 24 个。[②] 这些府、州、县治作为当地的政治、军事、经济中心无疑促进了唐代西部城镇的发展。唐代时,南诏的都城太和城(今云南大理市太和村西,后迁往羊苴咩城——今大理古城)以及拓东城(781 年改为鄯阐城,作为陪都)、吐蕃都城逻些城(今拉萨)也逐步发展成为西南地区的政治、经济、文化中心。丝绸之路的重新打通促使天水、陇西、临夏、金城(今兰州)、武威、张掖、酒泉、敦煌等

---

① 马敏、王玉德:《中国西部开发的历史审视》,湖北人民出版社,2001,第 156—157 页。

② 庄林德、张京祥:《中国城市发展与建设史》,东南大学出版社,2002,第 39—47 页。

商业城镇得到极大发展。而长安作为隋、唐两大帝国的京城,是当时东方乃至世界文明的中心,人口超过百万。

忽必烈统一中国后在全国置 11 行省,辖西部地区的主要有陕西行省、四川行省、甘肃行省、云南行省,此外还设宣政院辖今西藏、青海、川西、蒙古地区。元代的行省下辖路、府、州、县。元代行省制度的建立,使得中国城市建制的行政层级体系一直延续至今。这一时期虽然西部地区城市有所发展,但随着经济重心的南移,中国城市发展逐步形成"东部超过西部、南方超越北方"的城市发展格局。朱明王朝于 1368 年取代大元以后为加强北部及西北统治,在西北地区推广卫所制度、设置军事重镇,同时通驿道、施屯垦、设互市,使西北地区的经济有所发展,进而促进了西北城镇的发展,出现了许多商业贸易型城镇,如迪化(今乌鲁木齐)、喀什噶尔、伊犁、哈密、阿克苏、西宁、归绥(呼和浩特)等成为内地商人、外蕃贸易的重镇。[①] 在西南地区,经由大兴屯田、移民开发,使西南地区经济发展与中原地区差距缩小,西南地区除了原有政治军事中心城镇得到较大发展外,银、铜、锡矿的开采、冶炼和贸易还兴起了一批手工业及商业城镇。云南的东川、武定等府,因产锡、银、铅矿,城镇规模得到显著发展;贵州毕节为"黔滇两省铜运总汇处,市集甚盛";四川打箭炉(康定)为入藏必经之地,商务称盛,常年贸易不下数千金而有"小成都"之称;拉萨也成为西藏最大的政治、经济、文化中心。明清时期,西安也一度有了较大发展,成为西北地区的政治、经济、文化中心,在军事、交通上也具有重要地位。成都也继续保持西南地区的政治、经济、文化中心地位。从总体上来比较,明清时期南方及沿海地区无论是城

---

① 庄林德、张京祥:《中国城市发展与建设史》,东南大学出版社,2002,第 122—123 页。

镇数量、发展规模还是发展速度都远远超过西部地区。

从先秦直至鸦片战争前的数千年时间里,中国西部地区的城镇获得了显著发展,尤其是期间的封建盛世时期,西部地区的城镇发展更是曾经一度繁荣,出现了长安这样的人口逾百万的国际性大都市,也发展出了成都这样的区域性中心城市,还出现了丝绸之路上的天水、金城(今兰州)、武威、张掖、酒泉、敦煌等丝路商业城镇,以及迪化(今乌鲁木齐)、喀什噶尔、伊犁、哈密、阿克苏、西宁、归绥(呼和浩特)等商业贸易型城镇。在明清时期还出现了云南东川、武定、贵州毕节等矿业型城镇。然而,由于自给自足的小农经济的局限以及中国封建时代特定的政治军事局势,西部城镇为数甚多的则是政治军事中心型城镇。此外,西部城镇的发展与王朝兴衰一样有着极强的周期性,在封建盛世时期,城市发展呈现出一派繁荣景象,但到王朝晚期,盛世时代积累发展起来的城市屡次遭到战火摧毁,陷入了"发展——繁荣——衰落——再发展——再繁荣——再衰落"的周期性恶性循环之中。每逢封建王朝改朝换代,城市总要经历一次大破坏,而当新建王朝的"盛世"之时,城市又从废墟中逐步得到恢复与发展,中国封建社会2000多年的城市发展史就是这样一部兴衰交替的历史(宁越敏,1994)。同时,中国西部早期城市的功能较为简单,绝大多数为政治中心和军事中心,虽然也有一些生产及商业功能,但最主要还是依附于政治军事功能的,城市的生产功能及商业功能基本处于发展的初期。中国自秦代开始实施的郡县制构成了全国至上而下的行政中心体系,城市尤其是西部的城市大多是按政治军事功能要求设置的。[①] 因而,从整体上来说,整个奴隶制及封建时代,构成西部城镇主体的是政治军事中心型城镇,而商业型、生产型

①　孙志刚:《城市功能论》,经济管理出版社,1998,第44—45页。

城镇数量和规模都极为有限。

3.2.2 晚清"开埠"及"洋务运动"时期西部近代城镇的产生与发展

3.2.2.1 近代"开埠"时期西部商贸与生产型城镇的发展

1840 年后,列强的入侵使得中国的政治、经济、社会、文化性质开始发生变化,也在客观上开启了中国近代城市发展的步伐。从 1842 年中英《南京条约》签订、清政府被迫开放广州、厦门、福州、宁波、上海为通商口岸始,西方列强通过一系列不平等条约强迫清政府开放了多处通商口岸,到 30 年代开放广东中山港止,晚清及民国政府通过签订条约形式被迫开放的口岸和主动自行开放的口岸达到 104 个,再加上胶州湾、旅顺口和大连湾、威海卫、广州湾等四个租借地和香港、澳门两块殖民地,可供外国人通商贸易的口岸达到 110 多个,除了山西、贵州、陕西、青海、宁夏等少数省份,中国绝大部分的省份都有了多个通商口岸。[①] 清末及民国初年西部地区先后开放的通商口岸约 24 个,占总共 110 个的 22% 左右(表 3—2—1)。

中国西部通商口岸的开放使得外国资本主义进一步渗透到中国西部内陆地区,这种外力的契入,在客观上使西部地区开始接受了一些近代西方文明,西部口岸城市在资本主义冲击下封建政治、经济、社会、文化制度的转型及解体也在一定程度上促进了开埠通商城市的早期近现代化进程。由于西方列强把通商口岸作为向中国倾销商品、输出资本、掠夺原材料的基地,西部地区通商口岸的开放催生了一些近代生产及商贸型城市的产生与发展。

---

① 吴松弟:《通商口岸与近代的城市和区域发展——从港口—腹地的角度》,《郑州大学学报(哲学社会科学版)》2006 年第 6 期,第 5—8 页。

表 3-2-1　清末民初中国西部"约开商埠"与"自开商埠"地区分布概况

地区	通商口岸	开埠时间	开埠依据	备注
广西	龙州	1887	法约	1889 年设置海关
	北海	1876	英约	光绪三年(1877)三月十八日开关
	梧州	1897	英约	光绪二十三年(1897)五月初五日开关
	南宁	1898	自开	光绪三十二年(1906)十一月十七日开关
云南	大理府	1876	英约	
	蒙自	1887	法约	1889 年设置海关
	思茅	1895	法约	1896 年设置海关
	河口(蛮耗改)	1895	法约	光绪二十三年(1897)六月初二日开关
	腾越(变允改)	1897	英约	光绪二十八年(1902)四月初一日开关
	昆明	1905	自开	1905 年 9 月滇督丁振铎奏请自开,1910 年 4 月 29 日开埠
四川	重庆	1890	英约	光绪十七年(1891)正月二十一日开关
	万县	1902	英约	
西藏	亚东	1893	英约	1894 年设置海关
	江孜	1905	英约	宣统元年(1909)三月二十二日开关
	噶大克	1905	英约	宣统元年(1909)三月二十二日开关
新疆	伊犁	1851	俄约	
	塔尔巴哈台		俄约	
	喀什葛尔	1860	俄约	
	乌鲁木齐	1881	俄约	1881 年 2 月中俄《改订条约》及《改订陆路通商章程》和附件《俄商前往中国贸易过单卡伦单》约开
	哈密	1881	俄约	
	古城(今奇台)	1881	俄约	
	吐鲁番	1881	俄约	
甘肃	嘉峪关	1882	俄约	1885 年设置海关
内蒙古(绥远、热河)	归化(呼和浩特)	1914	自开	1914 年 2 月 2 日北洋政府令开
	赤峰	1914	自开	1914 年 2 月 2 日北洋政府令开,张时杰及赤县知事按章筹办
	包头	1921	自开	1921 年北洋政府呈准
蒙古	恰克图	雍正五年	俄约	
	库伦	1860	俄约	
	蒙古各盟	1862	俄约	
	科布多	1881	俄约	
	乌里雅苏台	1881	俄约	

　　资料来源:①中国第二历史档案馆:《1921 年前中国已开商埠》,《历史档案》1984 年第 2 期,第 54~63 页。②徐柳凡:《清末民初自开商埠探析》,《南开学报》1996 年第 5 期,第 19~24 页。③杨天宏:《口岸开放与社会变革——近代中国自

开商埠研究》,中华书局,2002,第25—26、112—113、395页。④戴鞍钢:《近代中国西部内陆边疆通商口岸论析》,《复旦学报(社会科学版)》2005年第4期,第71—79。经过整理。

　　开埠以后,虽然西部部分通商口岸城市(如重庆、昆明等)获得了较为明显的发展,但由于清末及民国初年"约开商埠"及"自开商埠"主要集中在东南沿海、长江中下游沿岸及东北地区,西部地区开埠城市数量本就极为有限,因而对整个西部地区的城市发展的影响也就极其有限。地处中国内陆的西部城镇开辟为通商口岸后,所在省区的对外贸易虽有不同程度的增长,但与东部沿海地区相比较差距悬殊,在全国进出口贸易总值中所占比重也极低(表3—2—2、表3—2—3)。

表3—2—2　中国各贸易口岸在全国对外贸易总值

中所占比重(1870—1913年)(%)

年份	上海	广州	天津	汉口	大连	其他口岸
1870	63.6	13.4	1.5	1.7		19.8
1880	57.8	9.9	3.4	4.8		24.1
1890	45.9	12.0	3.0	2.7		36.4
1900	53.6	8.5	1.3	1.8		34.8
1905	53.2	9.2	6.1	5.2	1.8	24.5
1910	43.6	10.1	4.4	4.3	4.5	33.0
1913	42.6	8.9	6.0	5.2	5.9	31.4

　　资料来源:①郑友揆:《中国的对外贸易和工业发展》,上海社会科学院出版社,1984,第29。②戴鞍钢:《近代中国西部内陆边疆通商口岸论析》,《复旦学报(社会科学版)》2005年第4期,第75。经过整理。

表3—2—3　主要口岸在中国各商埠输出入贸易总值中所占比重(1936年)(%)

口岸	输出	输入	口岸	输出	输入
上海	39.1	36.2	胶州	8.1	2.6
汉口	16.7	10.1	广州	3.2	8.4
天津	4.9	9.3			

　　资料来源:①章有义:《明清及近代农业史论集》,中国农业出版社,1997,第223页。②戴鞍钢:《近代中国西部内陆边疆通商口岸论析》,《复旦学报(社会科学版)》2005年第4期,第75页。经过整理。

从表3-2-2可以看出,在1910年前的绝大部分年代里,上海一埠的外贸额就占到全国外贸总值的50%以上,加上广州、天津,总计约占全国外贸总值的三分之二以上。表3-2-3也显示,在1936年各埠输出输入贸易总值中,上海、汉口、天津、胶州、广州五通商口岸的输出贸易占各埠输出总值的72%,输入贸易占各埠输入贸易总值的66.6%,而上海一埠即分别约占两者的三分之一和五分之二,遥居各通商口岸榜首。而西南蒙自、思茅、腾越各埠,即使连同广西的梧州、南宁、北海、龙州等在内,总计仅占输出总值的1.5%和输入总值的4.2%[①]。东部因拥有相对较好的经济基础、物产状况和交通条件,成为列强、清政府及民国政府着意经营的地区,上海、天津、广州和香港,分居华东、华北、华南进出口贸易枢纽港地位,城市因此得到较快发展。而西部各通商口岸,除了重庆因是长江流域市场网络上游地区的中转枢纽港、维系川、滇、云、贵诸商货的转运,进出口贸易额较大外,其他各开埠口岸大多处于经济相对落后、交通闭塞的内陆边远地区,列强更多的是把它们作为殖民侵略的据点而非商贸经营的重镇。[②]　再则,"约开商埠"深入到西部内陆地区及边疆地区以后,西方列强的廉价剩余产品更容易倾销到西部纵深,这加剧了小农经济的破产,使得西部农村发展更为凋敝、农业发展更为艰难、农民生活更为困苦,进一步破坏了西部城市自我发展的农业基础和自我积累能力,造成东西部已经拉大的城市发展差距进一步扩大。

3.2.2.2　"洋务运动"时期西部工矿型城镇的产生与发展

两次鸦片战争的失败以及太平天国运动的沉重打击使得清

---

① 章有义:《明清及近代农业史论集》,中国农业出版社,1997,第224页。

② 戴鞍钢:《近代中国西部内陆边疆通商口岸论析》,《复旦学报(社会科学版)》2005年第4期,第71—79页。

王朝在 19 世纪 60 年代面临着自入主中原以来最严重的统治危机,"内忧外患"的双重困境促使清政府内一批有识之士在"中体西用"思想指导下,开启了晚清持续时间近 35 年的"洋务运动"。"洋务运动"推动的近代中国国家资本主义和民族资本主义的产生与发展在一定程度上促进了中国近代工矿城市的产生与发展。

以 1861 年曾国藩创办安庆内军械所为起点,在 19 世纪 60—20 世纪 70 年代洋务运动的第一阶段,洋务派以"自强"为旗号创办了一系列官办军事工业。据统计,从 1865 年到 1894 年,洋务派在全国总共创办了 21 个近代军工局厂(表 3—2—4)。西部地区则有左宗棠在西安创办的西安机器局、在兰州创办了兰州机器局,丁宝桢在成都创办的四川机器局,岑毓英在昆明创办了云南机器局等。在创办军事工业的过程中,创办者遇到了诸如经费紧张、军事工业所需原材料、燃料供应困难、近代电信和交通运输业难以支持等困境。同时,洋务派也认识到西方的强大不仅有"坚船利炮",还拥有雄厚的经济实力。从 19 世纪 70 年代开始,洋务派以"求富"为旗号创办了一大批近代新式民用工业及其交通运输业。到中日甲午战争为止,洋务派共创办了 27 个民用工业,经费约 2964 万元,工人人数在 25500—29500 人之间(表 3—2—5)。在此期间,洋务派在西部地区创办的新式民用工业主要有潘露、潘霨在贵州青溪创办的贵州青溪铁厂、唐炯在云南东川创办的云南铜矿、左宗棠在甘肃兰州创办的兰州机器织呢局等。在洋务派官办新式军事工业以及官办、官商督办近代民用工业的刺激下,中国民族资本主义诞生并在全国兴办了一批近代民营工业,这些民营工业主要集中在船舶修造业、缫丝业、轧花业、棉纺织业、采矿业、航运业等行业。据许涤新、吴承明(1990)统计[1],中日甲午战争前,在船舶修造业、缫丝业、轧花和棉

纺织业、火柴业等轻工业中,全国先后创办了145家民营企业,创业资本约有5391690两,雇工人数约为54740人;在采矿业中约有22家民营企业,资本约在280万两,雇工人数约为13500人。其中西部地区有叶正邦于1880年创办的广西富川贺县煤矿、谢光绮于1889年创办的广西贵县天平寨银矿等①。

表3-2-4　洋务运动时期西部官办军事工业区域分布及其概况(1865—1894年)

地区	所在城市	局(厂)名	设立年	创办人	主要产品
西部地区	西安	西安机器局	1869	左宗棠	子弹、火药
	兰州	兰州机器局	1872	左宗棠	子弹、火药
	成都	四川机器局	1877	丁宝桢	枪、炮、子弹、火药
	昆明	云南机器局	1884	岑毓英	子弹、火药
全国合计		21			

资料来源:①张国辉《洋务运动与中国近代企业》,中国社会科学出版社,1979,第24。②许涤新、吴承明:《中国资本主义发展史·第2卷》,人民出版社,1990,第341—342页。③赵德馨主编、马敏、朱英等著:《中国经济通史·第八卷(下册)》,湖南人民出版社,2002,第155—156页。经过整理。

表3-2-5　洋务派在西部地区创办的近代民用工业分布概况(1865—1894年)

地区	企业名	开办年	创办人	经营形式	工人数	经费(银元)
西部地区	贵州青溪铁厂	1886	潘露、潘霨	官督商办	300—500	417000
	云南铜矿	1887	唐炯	官督商办	1500—2400	不详
	兰州机器织呢局	1887	左宗棠	官办	不详	139000
全国合计	27				25500—29500	29637880

资料来源:①许涤新、吴承明:《中国资本主义发展史·第2卷》,人民出版社,1990,第380—381页。②赵德馨主编、马敏、朱英等著:《中国经济通史·第八卷(下册)》,湖南人民出版社,2002,第173—175页。经过整理。

　　洋务派在西部创办的近代军事及民用工业第一次把机器大

---

　　①　夏东元:《洋务运动史》,华东师范大学出版社,1992,第253、271页。

工业生产方式引入到西部地区,使得西部城市发展开始获得近现代生产型产业的发展要素,尤其是洋务派创办的近代军事和民用工业集中的兰州、西安、成都、昆明等城市的发展注入了代表先进生产力发展方向的机器大工业生产要素,奠定了近代西部生产型城市发展的基础。因而,洋务运动的兴起在一定程度上促进了西部城市由传统向近代发展的转型,促进了城市生产功能的产生与发展。

洋务运动的兴起虽然在一定程度上促进了地处西部的兰州、西安、成都、昆明等工矿、生产型城市的产生与发展,但是,由于晚清政府一直视"海防"甚于"塞防",再加上东部沿海及长江中下游沿岸地区自然、经济条件的相对优越性,洋务派创办的近代军事工业主要集中在东部沿海及长江中下游沿岸地区,在统计的 21 个近代军工局厂中,西部地区只占 4 个(表 3-2-4)。而在这仅有的 4 个洋务军工局厂中,左宗棠是把西安机器局移到兰州后建立兰州机器局,而兰州机器局则在西北战事结束、左宗棠调离陕甘后停止生产。洋务派创办的 27 个民用工业也大部分集中在上海、福州、武汉等通商口岸城市,西部省区只有 3 个(表 3-2-5)。而在洋务运动刺激下发展起来的民族资本主义工矿业,据孙毓棠(1957)先生的统计[1],1872—1894 年间,全国私人资本主义工矿企业约 75 家,其中上海一地集中了 38 家,广东 13 家,两地合计占总数的 68%,其他则大多数集中在浙江、福建等沿海地区,内陆城市分布极少;与产业分布相对应,近代产业工人也主要集中在东部少数几个通商口岸城市,1894 年,上海、汉口、广州、天津等四大城市工人数占全国的比重依次为 46.4%、

---

① 孙毓棠:《中国近代工业史资料·第 1 辑(下册)》,科学出版社,1957,第 1166—1169、1202 页。

17.1%、13.2%、5.4%,四城市合计占全国产业工人数的82.1%。因此,洋务运动在为西部城市发展引入新的生产要素的同时,也进一步加剧了中国城市发展的地区差距。此外,帝国主义在华企业也主要集中在东中部的上海、天津、汉口等少数几个通商口岸以及东北地区,这也加剧了中国城市发展的地区差距。据美国学者施坚雅的研究[①],1893年中国(不含东北地区)城镇人口2350万人,城市化水平为6.6%,在8个城市区域(不含东北地区)中,长江下游区为10.6%,岭南区为8.7%,东南沿海区为6.4%,西北区为5.4%,长江中游区为4.7%,云贵区最低,为4.5%;施坚雅认为:"在扬子江下游区和岭南区,城市人口大部分集中在该区最大的一些城市中,东南沿海和扬子江中游只有适当的集中,云贵区落到另一'极端',它的城市人口集中在小城镇中,而大城市比预计的人口要少。"

3.2.2.3　清末"新政"时期西部近代城镇的发展

1894年,甲午战争中清政府的战败、北洋水师的全军覆没宣告了洋务派以"自强"、"求富"为目标、历时30余年的"洋务运动"破产。随后,维新派于1898年发动的"维新变法"在封建顽固派的政变下仅实施103日而被废除。1900年,列强组成八国联军再次对中国实施联合入侵,并掀起了瓜分中国的狂潮。在内外压力下,清政府被迫于1901年宣布实施"新政"。甲午战败的耻辱刺激了国人投资实业的热情,清末新政的实施也在一定程度上为民商投资新式工业创造了有利条件,在此期间内,中国西部地区的近代工矿业也获得了较为显著的发展(表3—2—6)。

---

① 施坚雅:《十九世纪中国的区域城市化》,《城市史研究》1989年第1期,第110页。

表 3－2－6　西部地区 1895—1913 年创办的厂矿企业及其分布(单位:千元)

地区	省份	厂矿数	厂矿占企业总数的%	资本额	资本额占总资本额的%
西部地区	四川	19	3.46	2248	1.87
	陕西	1	0.18	405	0.34
	广西	5	0.91	1424	1.18
	云南	5	0.91	1671	1.39
	甘肃	1	0.18	559	0.46
	贵州	1	0.18	79	0.07
	新疆	1	0.18	349	0.29
全国总计		549	100.00	120288	100.00

资料来源:①汪敬虞:《中国近代工业史资料·第 2 辑(下册)》,科学出版社,1957,第 869—919 页。②赵德馨主编、马敏、朱英等著:《中国经济通史·第八卷(下册)》,湖南人民出版社,2002,第 304—305 页。经过整理。

从表 3－2－6 可以看出,甲午战后到 1913 年间,四川设立的工矿企业数达到了 19 家,资本额达到了 224.8 万元,近代工业获得了较为显著的发展,这在相当程度上支持了四川城市的发展。但同期东部沿海及中部地区发展速度更快,上海(83)、广州(16)、武汉(28)、杭州(13)、无锡(12)、天津(17)、北京(18)六城市设立的工矿企业数就集中了 187 家,占厂矿总数的 34.1%,资本额6032.3万元,占总资本额的 50.1%[①]。地处西部的广西、陕西、云南、甘肃、贵州、新疆等省区工矿企业数总共只有 14 家,占厂矿总数的 2.54%,资本额448.7 万元,仅占总资本额的 3.73%。工矿企业及其资本额的这种地区分布差距进一步扩大了西部与东部城市发展的差距。

3.2.3　民国初年及抗战时期西部生产型城镇的短暂黄金发展

3.2.3.1　民国成立至抗战时期西部城市的发展

1912 年中华民国(亚洲第一个共和国)的成立极大地刺激了

---

① 　汪敬虞:《中国近代工业史资料·第 2 辑(下册)》,科学出版社,1957,第 654 页。

中国民族资产阶级"实业兴国"的热情、促进了中国民族资本主义的发展。第一次世界大战期间（1914—1918）欧美列强忙于战事无暇东顾，也为中国民族资本主义的发展创造了一个短暂的春天。1929 年，张学良"东北易帜"，南京国民政府实现了中国形式上的完全统一后也开始了轰轰烈烈的"国民经济建设运动"。九·一八事变以后，迫于日本在华北的步步紧逼，国民政府开始考虑在西部地区建设一个稳固而又有相当经济基础的后方基地，于 1932 年国民党四届二中全会通过了由邵力子提出的《开发西北案》，并在行政院设立了"西北拓殖委员会"，以石油、纺织、煤铁等工业以及交通运输业为重点，开始了"开发西北"运动。国民政府30 年代初的"开发西北"运动对西北地区工业、农业和畜牧业的发展起了极大的促进作用，尤其是交通运输业成就最为显著。1930—1937 年间先后完成了陇海铁路灵潼段（灵宝至潼关）、潼西段（潼关至西安）、西宝段（西安至宝鸡）建设，1935 年完成了西汉公路（西安至汉中）建设。陇海铁路西延入陕对于西北经济的发展有着重要促进作用。西北军阀"三马"在青海、宁夏、甘肃，杨增新、金树仁、盛世才在新疆，冯玉祥在陕西也开始了经济建设。西南地区的桂、川、滇、黔等省区也有所发展。到 1936 年前后，西部地区的城市发展达到了一个新的水平（表 3—2—7、表 3—2—8）。

　　虽然民国初年的经济发展和国民政府的"开发西北"运动在一定程度上促进了西部城市的发展，但从表 3—2—7、表 3—2—8来看，在沈汝生先生（1936）统计的 193 个 5 万人口以上城市中，地处西部的西南区、黄河上游区、西北边陲区无论是城市数量、城市规模还是城市密度都大大低于东部、中部及东北区，中国城市分布"东密西疏"的格局并没有得到根本改变。

表 3—2—7　1935—1936 年中国 5 万人口以上城市的区域分布

	100 万人口以上城市数	50—100 万人口城市数	20—50 万人口城市数	10—20 万人口城市数	5—10 万人口城市数	合计
东北区	0	1	3	8	7	19
黄河下游区	2	1	4	7	28	42
长江下游区	2	1	6	16	30	55
东南沿海区	0	1	3	6	12	22
珠江下游区	1	1	0	2	7	11
西南区	0	0	3	3	14	20
黄河上游区	0	0	0	5	12	17
西北边陲区	0	0	0	1	6	7
合计	5	5	19	48	116	193

资料来源:沈汝生:《中国都市之分布》,《地理学报》1936 年第 1 期,第 915—936 页。经过整理。

表 3—2—8　1935—1936 年中国各区域城市密度

	面积	城市数	每城市平均所有面积（平方公里）	5 万人口以上城市人口合计	总人口	百分比
东北区	1250277	19	65804	3201095	30008000	10.6
黄河下游区	542314	42	12917	7247689	110124000	6.5
长江下游区	774946	55	14090	11110877	127745000	8.7
东南沿海区	281446	22	12793	3136226	43986000	7.1
珠江下游区	396720	11	36065	3000879	37975000	7.9
西南区	978697	20	48935	2221989	74001000	3.0
黄河上游区	723793	17	42576	1505895	31306000	4.8
西北边陲区	6225365	7	889338	501000	12667000	4.0
合计	11173558	193	57894	31925650	467812000	6.8

资料来源:沈汝生:《中国都市之分布》,《地理学报》1936 年第 1 期,第 915—936 页。经过整理。

3.2.3.2　抗战"东企西迁"时期西部城镇的发展

1937 年全面抗战爆发以后,华北、华东、华中、华南广大地区相继沦陷,国民政府为保存抗战实力不得不将东部沿海大批居民及企业迁往西南、西北大后方,并将都城由南京迁往重庆。抗战时期,内迁的工厂主要以四川为中心,兼及西南和西北其他省区。内迁的工厂除了以国防工业和有关国计民生的大型机器工业、化学工业、冶炼、医疗等军需工业为主外,大量民营工业也迁入西南西北内陆(表3-2-9)。据统计,到1940年底,由国民政府资助内迁的厂矿共约450家,其中迁入四川的厂矿达254家,占总量的54.7%。而其中迁往陪都重庆的著名重工业工厂企业就有共约100多家;迁入陕西42家,占9%;迁入云南、贵州两省区共39家,占9.5%。[①] 在动员及组织大规模厂矿内迁的同时,国民政府从1938—1943年还编制了《西南西北工业建设计划草案》,规定新的工业基地以四川、云南、贵州为主,确定了以四川酉阳龙潭镇为中心建立汽车修配、炼油工业中心;以四川万县、涪陵为中心建立水电、榨油工业区;以四川沱江及岷江流域为中心建立化学工业区;以云南昆明为中心建立电力、纺织及机械工业区;以四川重庆为中心建立综合性工业区等八个工业中心。"东厂西迁"以及国民政府实施的"西南西北工业建设计划"使得西部地区工业在短短的几年时间内获得飞速发展。

表3-2-9 抗战时期民营工厂的内迁及其省区分布(1940年)

最后迁往地	四川	湖南	广西	陕西	其他省区	合计	内迁工厂数(B)	内迁技工数(B)
内迁工厂数(A)	250	121	25	42	14	452		
冶炼	1	—	—	—	—	1	1	360
机械	103	50	14	8	6	181	181	5986
电器	18	6	1	—	—	25	29	744
化学	40	9	2	3	6	60	56	1408

---

① 朱英、石柏林:《近代中国经济政策演变史稿》,湖北人民出版社,1998,第476—477页。

（续表）

最后迁往地	四川	湖南	广西	陕西	其他省区	合计	内迁工厂数(B)	内迁技工数(B)
纺织	28	53	3	19	—	103	97	1688
饮食品	10	1	1	8	1	21	22	580
文教用品	32	1	3	—	1	37	37	635
杂项工业	14	—	1	3	—	18	17	404
矿业	4	1	—	1	—	6	8	377
内迁工厂数(B)	254	121	23	27	23	448		
内迁技工数(B)	8105	2777	532	432	318	12164		

资料来源:许涤新、吴承明:《中国资本主义发展史·第3卷》,人民出版社,1990,第535页。

抗战时期大批工业的内迁以及国民政府的"西南西北工业建设计划"对西部尤其是对西南地区经济发展产生了深远的影响。大工业内迁所带来的产业、技术、资本、市场转移为西部地区经济发展创造了前所未有的良好条件和机遇。机械工业、化学工业、电气工业、纺织工业、饮食加工业、教育文化用品工业以及大量军工、重化工业内迁以后,西部省区以内迁工厂为核心,逐步建立了自己的近代化工厂,建立起相对独立而完整的兵工生产体系,内迁工厂及西部自我发展起来的近代企业使西部地区迅速发展起以重工业为主导的制造业工业体系。此外,大批高校的内迁则促进了西部地区教育、科技与文化的发展。[①] 抗战时期的"东企西迁"、西部省区企业的发展、西部地区制造业工业体系的建立成为西部城市发展的强大动力,促使西部地区城市得到迅速发展。陪都重庆、四川省会成都、陕西省会西安、甘肃省会兰州等都得到了很大发展。如重庆的工矿企业增至1945年的1690家,占当时国统区工厂总数的三分之一,为战前的16

---

① 如北京大学、清华大学与南开大学西迁昆明组建了国立西南联合大学,中央大学、复旦大学、山东大学、武汉大学、东北大学等31所高校迁往四川,浙江大学迁到贵州遵义等。

倍,厂矿职工 10 多万人,人口从 1937 年的 47.39 万人增加到 1946 年的 124.56 万人,为战前的 2.6 倍。[①] 成都的人口则由 1939 年的 30.9 万增加到 1945 年的 71 万;陕西宝鸡市的人口由 7000—8000 人增至 11 万;昆明则由 10 余万增至 40 多万[②]。工厂较集中的四川万县、南充等城市人口增至 10 余万人;四川泸州得到扩建;因开采石油,甘肃玉门发展成为一个新的城市。

1945 年抗战胜利以后,大批内迁的工商企业返迁东部、大批高校也东归复校、政府机关及事业单位返回原籍、国民政府的建设重点旋即也转向了东部地区,因战时而迅速发展起来的西部城市在战后迅速走向了衰落或萎缩。如重庆市的城市人口由 1946 年的 124 万减少到 1948 年的 98 万,净减少 26 万多人;成都、西安、兰州等城市人口均有不同程度减少。

3.2.4 新中国"156 项"与"三线"建设时期西部现代城镇的快速发展

3.2.4.1 "156 项"建设时期中国西部现代城镇的发展

旧中国以轻工业为主的现代工业在国民经济中只占极少比例,且集中在沿海的少数几个大城市。1949 年,中国现代工业产值只占国民经济总产值的 10% 左右。据推算,1949 年西部地区的工业产值仅占当时全国国民经济总产值的 1% 左右,占西部地区国民经济总产值的 5% 上下。[③]"一五"期间,为了奠基新中国的工业经济基础,中国选择了优先发展重工业的赶超型经济发展战略,以期通过发展钢铁工业、机器制造工业、电力工业、

---

① 靳润成:《中国城市化之路》,学林出版社,1999,第 137 页。

② 庄林德、张京祥:《中国城市发展与建设史》,东南大学出版社,2002,第 201 页。

③ 廖元和:《中国西部工业化进程研究》,重庆出版社,2000,第 86 页。

燃料工业、有色金属工业、基本化学工业等能源重化工业及制造业来建立现代工业基础。而这期间的重工业建设又以前苏联援建的156项重点项目和中国自行设计的限额以上694个项目为主体。在前苏联援建的156项重点项目中，有51个放在了西南和西北地区（表3—2—10）。在中国自行设计的限额以上694个重大项目中，则有472个安排在了工业基础极为薄弱的内地，占66%，其中西北地区安排了153个，占总数的22%。① 为与重大项目建设相配套，同时也为了改变西部地区的极度闭塞状态，国家还对西部地区的交通运输进行了大力投资。1956年建成了连接陕西、甘肃、四川三省、全长680公里的宝成铁路；1954年建成了全长2255公里的川藏公路；随后建成了全长2100公里、平均海拔4000米的青藏公路；此外还修建了新藏、天山公路等西部交通大动脉。

据董志凯、吴江（2004）研究：②"156项"实际实施150项，分布在17个省区市，其中辽宁、陕西各24项，各占实际实施总数的16%，黑龙江22项，占14.7%；山西15项，占10%；吉林和河南各10项，分别占6.7%；甘肃8项，占5.3%；四川6项，占4%；河北、内蒙古各5项，分别占3.3%；北京、云南、湖南、江西各4项，分别占2.7%；湖北3项，安徽、新疆各1项，占0.7%，涉及西部6各省区（重庆不单列）。除此之外，在中国自行设计的694个限额以上大中型工程建设项目中，甘肃安排了119项，四川安排了16项。

① 董辅礽主编：《中华人民共和国经济史》，经济科学出版社，1999，第561页。
② 董志凯、吴江：《新中国工业的奠基石——156项建设研究（1950—2000）》，广东省出版集团、广东经济出版社，2004，第413页。

表3－2－10 "156项"在西部省区及其城市的布局

省区	城市	具体项目	计划安排投资		实际安排投资	
			绝对数（万元）	相对数%	绝对数（万元）	相对数%
陕西	西安	14项:西安热电站(一、二期)、西安开关整流器厂、西安电力电容厂、西安绝缘材料厂、西安高压电瓷厂、陕西113厂、陕西114厂、陕西248厂、陕西786厂、陕西803厂、陕西804厂、陕西843厂、陕西844厂、陕西804厂。	105129	57.5	93880	54.8
	兴平	4项:陕西212厂、陕西422厂、陕西408厂、陕西514厂。	20423	11.2	19006	11.1
	宝鸡	2项:陕西782厂、陕西115厂。	7394	4.0	6643	5.9
	户县	2项:陕西845厂、户县热电站。	36440	19.9	36761	21.4
	铜川	1项:铜川王石凹立井。	5640	3.1	8372	4.9
	渭南	1项:陕西853厂。	7718	4.2	6741	3.9
小计	6	24(全部是新建项目)	182744	100.0	171403	100.0
四川	成都	5项:成都热电站、四川715厂、四川719厂、四川784厂、四川788厂。	25492	89.3	18521	83.9
	重庆	1项:重庆电站。	3064	10.7	3561	16.1
小计	2	6(全部是新建项目)	28556	100.0	22082	100.0
甘肃*	兰州	6项:兰州热电站、兰州石油机械厂、兰州炼油化工机械厂、兰州炼油厂、兰州氮肥厂、兰州合成橡胶厂。	89646	61.1	86602	62.0
	白银	1项:白银有色金属公司。	40531	27.6	44697	32.0
	郝家川	1项:甘肃805厂。	16437	11.2	8437	6.0
小计	3	8	146614	100.0	139736	100.0
内蒙古	包头市	5项:包头钢铁公司、包头四道沙河热电站、包头宋家河热电站、内蒙古617厂、内蒙古447厂。	160897	100.0	159003	100.0
小计	1	5	160897	100.0	159003	100.0
云南	个旧	2项:个旧电站(一、二期)、云南锡业公司。	33283	57.7	30417	54.7
	东川	1项:东川矿务局。	19398	33.6	20300	36.5
	会泽	1项:会泽铅锌矿。	5000	8.7	4885	8.8
小计	3	4(全部是新建项目)	57681	100.0	55602	100.0

（续表）

省区	城市	具体项目	计划安排投资		实际安排投资	
			绝对数（万元）	相对数%	绝对数（万元）	相对数%
新疆	乌鲁木齐	1项：乌鲁木齐热电站。	3270	100.0	3275	100.0
小计	1	1（新建项目）	3270	100.0	3275	100.0
西部合计	16	48				

资料来源：董志凯、吴江：《新中国工业的奠基石——156项建设研究（1950—2000）》，广东省出版集团、广东经济出版社，2004，第426—493页。经过整理。

*注：一种说法认为，"156项"在甘肃安排了16项，包括兰州炼油厂、兰州石油化工机器厂、兰州化肥厂、兰州橡胶厂、白银有色金属公司、兰州沙井驿砖瓦厂、永登水泥厂、西固热电厂、银光化学仪器厂（805厂）、国营404厂、国营504厂、长风机器厂、万里机电厂、西固水厂、新兰仪表厂、刘家峡水电站。转引至董志凯、吴江：《新中国工业的奠基石——156项建设研究（1950—2000）》，广东省出版集团、广东经济出版社，2004，第459页。

从1952—1962年，布局在陕西的24项全部建成，陕西的工业结构初具体系，航空航天、电子工业、兵器工业成为国家基地之一，纺织工业成为当时中国一个新的纺织工业基地、石油化工、电力、煤炭、建筑材料等基础工业有了较大发展。甘肃的8项于1955、1956年陆续开工，1967年全部建成，以石油化工、有色金属、电力机械制造为支柱的工业体系初步形成。四川的6个项目于1952年陆续开工，1960年全部建成，在此期间，四川还建成和开始兴建了西南无线电器材厂（后改名宏明无线电器材厂）、锦江电机厂、新兴仪器厂、四川化肥厂、乐山磷肥厂、成都机车厂、江油水泥厂以及中国第二座现代化精密机具制造厂——成都量具刃具厂，建设和扩建了重庆特殊钢厂、綦江铁矿、重庆水泥厂、重庆电机厂、綦江齿轮厂、重庆机床厂等。[①] 一系列重大项目的建成投产、一系列配套项目的建成以及铁路和公路交通大动脉的贯通极

[①] 董志凯，吴江.新中国工业的奠基石——156项建设研究（1950—2000），广东省出版集团，广东经济出版社，2004：第468页。

大地促进了西部现代工业的迅速崛起。在现代工业发展的支撑
下,西部现代城市也获得了极大发展,并初步形成了以重庆、西
安、成都、兰州、包头、昆明、贵阳、柳州等中心城市为核心的新兴
工业基地和现代城市体系。

3.2.4.2　"三线"建设时期中国西部现代城镇的快速发展

　　进入20世纪60年代以后,中国周边安全环境日益严峻,基于
国家战备安全考虑,毛泽东于1964年初步而较为系统地提出了要
加快"三线"建设的战略构想。当时根据各地区战略位置的不同,
也考虑经济的合理布局,将川、黔、滇、陕、甘、青、宁的全部或大部
分地区以及豫、鄂、湘、晋等省的西部地区划为三线地区(其中四
川、贵州、云南的全部或大部分以及湘西、鄂西为西南"三线",陕
西、甘肃、宁夏、青海的全部或大部分加上豫西和晋西地区为西北
"三线")。此外,为加强各地独立作战能力还要求各地区建立独
立的工业体系。1965年,国家计委根据中共中央提出的"三线"建
设战略目标,对1965年和"三五"、"四五"、"五五"期间的建设项目
和综合规划分别作了安排,提出了"三线"建设重点行业安排及项
目布局的总体方案(表3—2—11)。

表3—2—11　"三线"建设的重点行业安排及其区域布局

重点行业	区域布局
交通运输	拟修建川黔线、贵昆线、襄渝线、湘黔线、成昆线、青藏线等十条铁路干线;修建和改造一批公路干线;整治和开发金沙江、嘉陵江、赣江等航道,改扩建一批港口。
能源工业	重点安排建设贵州六盘水、陕西渭北煤炭基地,新建和扩建四川渡口、宁夏石嘴山、河南平顶山、山西云冈和高阳等一大批大中型煤矿;建设四川龚咀和映秀湾、甘肃刘家峡、青海龙羊峡、湖北葛洲坝等水电基地,新建和扩建四川豆坝、云南小龙潭、陕西秦岭等火电站以及相应的输变电设施。

中国西部城市群落空间重构及其核心支撑

（续表）

重点行业	区域布局
钢铁工业	新建四川攀枝花钢铁工业基地,扩建重庆、昆明、武汉钢铁公司和重庆、贵阳、西宁特殊钢厂等。
机械工业	重点安排建设湖北第二汽车制造厂、四川和陕西重型汽车制造厂;在成都、重庆、昆明、宝鸡、汉中、天水、西宁等地新建和扩建精密机床厂;在重庆、贵阳、甘肃等地新建仪表厂、轴承厂和磨料磨具厂。
有色金属工业	重点建设贵州、郑州、兰州和青铜峡铝工业基地,湖南铅、锌、锑、钨冶炼厂等。
石油化学工业	重点开发湖北江汉油田、河南南阳油田和陕甘宁地区的长庆油田;在四川、贵州、云南、湖北建设大中型磷矿和磷化工厂;在青海建设钾肥厂。
轻工业	重点安排新建重庆、云南、湖南维尼纶厂;新建和扩建一批造纸、制糖、钟表、轻纺机械厂。

资料来源:马敏、马玉德:《中国西部开发的历史审视》,湖北人民出版社,2001,第414—415页。

　　"三线"建设从1954年下半年开始谋划部署、1965年全面展开,从1965年到1978年间,国家在"三线"建设上投入了2000多亿元资金,建成全民所有制企业29000多个,其中大中型骨干企业和科研院所逾2000个(家),形成了45个以重大产品为主的专业生产与科研基地和30多个各具特色的新兴工业城市。[1]在西部地区基本建成了以国防科技工业为重点,交通、煤炭、电力、钢铁、有色金属工业为基础,机械、电子、化工为先导,包括能源工业、宇航工业、飞机制造业、电子工业、重型机械制造业、有色金属业、核工业、压延加工业、仪器仪表业等在内的门类比较齐全的现代工业体系。在新兴工业基地和现代交通运输网络的支撑下,西部地区的现代城市体系得到显著发展,发展形成了一

[1]　胡长顺:《今后一个时期我国地区经济政策的选择》,《宏观经济管理》1996年第1期,第19页。

大批新兴工业（交通枢纽）城市，如陕西西安、宝鸡、咸阳、渭南、汉中等城市，甘肃的兰州、酒泉、白银、金川、天水等城市，宁夏的银川、石咀山、乌海等城市，青海的西宁、格尔木等城市，新疆的乌鲁木齐、吐鲁番、库尔勒等城市，四川的重庆、成都、绵阳、德阳、攀枝花、西昌、万县、达州、泸州、自贡、宜宾、内江等城市，贵州的贵阳、安顺、六盘水、都匀、遵义等城市，云南的昆明、曲靖、玉溪等城市。

除了"156项"建设和"三线"建设时期国家加大对西部地区重点产业布局的倾斜以外，为了巩固边疆、建设边疆、发展边疆，中央在西部边疆的新疆、内蒙古、云南等省区设置了生产建设兵团，尤其是新疆生产建设兵团对西北边疆的开发成效最为显著，至1994年新疆生产建设兵团成立40周年时，兴办了钢铁、机械、煤炭、电力、水泥、化工、造纸、棉纺、毛纺、皮革、制糖、化肥、食品加工等各种工矿企业1249个。[①] 生产建设兵团工农业生产的发展，推动了西部边疆地区部分城市的产生与快速发展，如新疆的克拉玛依市、石河子市、塔里木市，云南的景洪市等。

3.2.5 改革开放以来中国西部现代城市的发展

3.2.5.1 改革开放初期西部城市的缓慢发展

中国的改革发轫于中部安徽的农村，中国的开放起步于东部沿海的深圳、珠海、汕头、厦门等城市。1977—1978年，国家以200多亿美元外汇两次引进的47个主要成套项目中24个布局在东部、中部12个、西部11个，这标志着国家开始实施向沿海倾斜的经济发展战略。从1978年始，中国基于梯度推移理论划分了三大

---

① 王恩茂：《在新疆生产建设兵团成立四十周年庆祝大会上的讲话》，《党的文献》1996年第2期，第33—35页。

地带,以追求效率为优先、开始实施重点倾向东部沿海地区的非均衡发展战略,推行了从农村到城市的梯次改革进程,形成了从沿海经济特区、沿海开放城市、沿海经济技术开发区、沿江及沿边开放,再到内地的梯度对外开放格局。

在1978—1999年间,国家经济建设的重心转向沿海地区,加大了对东部沿海地区的投资力度、赋予东部地区更大的经济发展自主权,再加上东部沿海地区较好的经济基础以及更为便利的对外交通运输条件,东部地区的外向型经济获得了飞速发展。在经济飞速发展的支撑下,东部地区无论是城市数量还是城市规模都有了极大增长,而此期间的西部地区,在"西部顾全东部发展大局"的战略考量下,国家迅速并大量地减少了对西部地区的投资力度,国家重大项目安排也倾向了东部地区。"三线"建设时期发展起来的一批"山、洞、散"型大中型骨干企业迁出西部迁往东部,再加上随着国有企业改革向广度和深度推进,西部原有的一批国营大中型企业转制、停产或破产,这进一步削弱了西部地区经济发展动力,在此期间的20余年里,西部经济发展与东部的差距越拉越大,与经济发展相适应的是,东西部城市发展差距也越拉越大了。2000年全国城市化水平为36.22%,设市城市663个,建制镇17892个,而西部地区城市化率仅28.22%,设市城市160个,建制镇5562个。

3.2.5.2 西部大开发以来西部城市发展的新时期

在20世纪与21世纪之交,中国中央政府为推动西部发展、缩小东西发展差距提出了西部大开发的战略决策。针对西部地区生态环境脆弱、基础设施落后、内生发展能力不足、引进外资存在诸多困境、资源优势转化为经济优势能力缺乏的发展背景,在西部大开发实施之初,中央政府主导型的大规模倾斜投资便成为了国家实施西部大开发的重要战略举措。自 1999 年提出西部大开发以来,一大批工程项目相继投工,部分项目已相继建成,以重大工程项目导引西部开发的格局初步形成并开始影响西部发展的大局。在国家重大项目投资的带动下,西部经济获得了显著发展、交通通信条件获得明显改善,在产业发展和基础设施改进的推动下,西部城市也获得了显著发展,城市发展进入到一个新的历史时期(表 3-2-12)。

表 3-2-12　西部总人口、市镇人口以及城镇个数变化情况及
与全国比较(人口:万人)

年份	西部地区					全国				
	总人口	市镇人口	城市化率%	市(个数)	镇(个数)	总人口	市镇人口	城市化率%	市(个数)	镇(个数)
2000	35531	10026	28.22	160	5562	126583	45844	36.22	663	17892
2003	—	—		170	7088	129227	52376	40.53	660	20226
2005	35945	12423	34.56	171	6883	130756	56157	42.99	661	19522
2007	36298	13415	36.96	166	6814	132129	59379	44.94	655	19249

资料来源:相关年份《中国统计年鉴》经过整理。2000 年建制镇个数来源于 2005 年建设部村镇建设统计年报,建设部课题组:《新时期小城镇发展研究》,中国建筑工业出版社,2007,第 23 页。

3.3　中国西部城市群体发展的历史特征

从中国西部城市发展的历史进程来看,其与世界城市化进程有着极大的差异,因而有其独特性。正是由于中国西部城市发展历史路径的独特性,这又使得中国西部城市的发展进程具有鲜明的个性。

3.3.1　中国西部城市群体发展历史进程的国际比较

由于世界各地在地理、历史、文化、制度发展上的差别,各地

的城市发展在其特定历史时期都会在经济基础、制度机制、城市功能、城市规模、城乡关系等方面表现出自身的特性。同时,西欧国家、北美国家、南美国家、亚洲新兴工业化国家或地区在其城市发展进程上有着不同的经历,因而具有一定的代表性,欲探求中国西部城市发展历史进程的特点,可把其与上述国家和地区作一比较(表3—3—1)。

3.3.2 中国西部城市群体发展的历史特征

从中国西部城市群体发展的历史进程及其与西欧国家、北美国家、南美国家、亚洲新兴工业化国家或地区城市发展历史进程的比较来看(表3—3—1),中国西部城市群体的发展经历的是一个特殊的历史进程,因而有其固有的发展历史特征。

表3—3—1 中国西部城市发展历史进程的国际比较

历 史时 期	比较内容	中国西部	西欧国家
城市产生	—	距今4070—2875年间的三星堆古城面积至少已达4平方公里。	大约在公元前500年左右,希腊独立城邦开始兴起,出现城邦城市。
奴隶制时代的城市发展	经济基础	奴隶制生产方式,剩余产品极为有限。	奴隶制生产方式,地中海沿岸一部分以贸易为基础的城市得到较快发展。
	制度基础	奴隶制统治与管理。	奴隶制统治与管理,但由希腊城邦发展而来的城市具有民主治理和民主管理的传统。
	城市功能	主要是进行政治统治和驻军、大多为政治中心及军事中心。	以政治中心及军事中心为主,但有相当部分城市具有贸易功能。
	城市规模	城市数量和城市规模都极为有限。	城市数量和城市规模极为有限。
	城乡关系	城乡分割,是统治与被统治、管理与被管理的关系。	除了统治与被统治、管理与被管理的关系外,城乡之间具有较为密切的贸易关系。

(续表)

历史时期	比较内容	中国西部	西欧国家
封建时代的城市发展	经济基础	自给自足自然经济占绝对统治地位,晚期出现资本主义萌芽,但未能自行发展到资本主义阶段。	封建领主经济占统治地位,但城市工商业比较活跃,城市手工工厂及商贸业逐步发展到资本主义阶段。
	制度基础	封建专制主义势力极为强大。	封建专制主义势力未能深入到社会各个阶层,传统市民阶层力量较强。
	城市功能	以政治、军事功能为主,除少数城市外大多数经济功能较弱。	因政治、军事功能不甚强大,经济功能较为明显。
	城市规模	政治、军事中心型城市数量多、规模大,长安等少数几个大城市规模逾百万,成为当时世界规模最大、最繁荣的城市。	无论是政治中心还是经济中心,数量不多、规模不大。
	城乡关系	城乡政治关系大大强于经济联系。	城乡政治关系不强,经济联系也有限。

表 3—3—1 (续表 1)中国西部城市发展历史进程的国际比较

历史时期	比较内容	中国西部	西欧国家	北美国家
工业革命至二战结束期间资本主义城市的发展(中国西部时间段为鸦片战争至中华人民共和国成立)	经济基础	在外国资本主义的入侵下,封建自然经济开始解体但仍然占主导地位,近代资本主义工商业有所发展但带有浓厚的半殖民地半封建色彩。	工业化从轻工业开始,后发展到重化工业化;资本主义机器大工业逐步取代工场手工业成为城市发展的经济基础。	工业化从轻工业化发展到重化工业化;初始资本主义工商业和奴隶制种植园经济同时并存,后资本主义机器大工业发展成为城市的经济基础。
	制度基础	封建制度影响根深蒂固,半殖民地半封建社会制度逐步输入与强化。	资本主义民主政治制度,市场经济为基础的经济调节制度。	资本主义民主政治制度,市场经济为基础的经济调节制度。
	城市功能	封建统治集团的政治军事中心,欧美列强侵略中国内陆、倾销剩余产品、掠夺廉价原材料的据点。	要素集聚与扩散的空间载体。	要素集聚与扩散的空间载体。

（续表）

历史时期	比较内容	中国西部	西欧国家	北美国家
	城市规模	重庆等通商口岸城市畸形快速发展,其他城市则日趋衰落。	城市数量和城市规模快速增长,城市化水平迅速提高,完成了城市化进程。	城市数量和城市规模快速增长,城市化水平迅速提高,完成了城市化进程。
	城乡关系	除少数通商口岸城市外,大多城市衰落,农村凋敝。	要素在城乡之间优化流动,城乡差距缩小、趋于协调发展与一体发展。	要素在城乡之间优化流动,城乡差距缩小、趋于协调发展与一体发展。

表 3-3-1 （续表 2)中国西部城市发展历史进程的国际比较

历史时期	比较内容	中国西部	西欧国家	北美国家	拉美国家	亚洲新兴工业化国家和地区
	经济基础	"156 项"及"三线"建设时期依靠国家倾斜投资,建立起现代制造业工业体系,重工业优先发展,轻工业及农业发展滞后。未能赶上发达国家的两次产业全球大转移。	经过两次国际产业转移后,大城市以第三产业为主导,中小城市以制造业为支柱。	经过两次国际产业转移后,大城市以第三产业为主导,中小城市以制造业为支柱。	以资源开发和工业发展优先,逐步建立起本国的工业基础,但独立性不强,对发达国家有着较强的依附性。	通过两次承接发达国家的产业转移,以轻纺工业为第一波次、重化工业为第二波次,逐步实现了工业化。
	制度基础	1949—1992 期间以计划调节为主,1992 年以后逐步过渡到市场调节为主。	资本主义政治制度、市场经济制度更加完善。	资本主义政治制度、市场经济制度更加完善。	资本主义政治制度不稳定、市场经济制度需要完善。	政治上逐渐向资本主义民主制度过渡,经济上以市场调节为主,但政府力量比较强大。
	城市功能	要素集聚功能得到发展和强化,但要素向农村扩散的功能极其有限。	要素集聚与扩散的空间载体。	要素集聚与扩散的空间载体。	要素集聚功能大于要素向农村扩散功能。	经过初期的要素集聚发展后,现已发展到要素从城市回流、反哺农村阶段。

（续表）

历史时期	比较内容	中国西部	西欧国家	北美国家	拉美国家	亚洲新兴工业化国家和地区
	城市规模	城市数量有限、规模结构不优化,还未完成城市化任务。	进入高度城市化阶段,并出现城市郊区化和逆城市化。	进入高度城市化阶段,并出现城市郊区化和分散化。	城市规模大,城市人口比重高,出现了"城市病"问题	城市规模和城市数量快速增加,已经实现城市化任务。
	城乡关系	城乡二元结构突出。	城乡良性互动发展及一体化发展。	城乡良性互动发展及一体化发展。	二元结构突出,现加大了治理力度。	城乡差别不甚显著,进入城乡协调发展阶段。

3.3.2.1　城市发展基础薄弱

在奴隶制时代,城市主要是作为奴隶主的政治统治和军事防卫中心而存在与发展,城市的生产与贸易等经济功能极为有限。到了封建时代,中国西部的城市有了极大发展,尤其是汉、隋、唐三代的长安城,作为中国历史上封建盛世时期的国都,商业贸易极为繁荣,成为当时世界最大、最繁华的国际性大都市。但是,除长安以及极少数几个区域性城市(如成都)以外,封建时代的西部城市绝大部分仍然还是作为政治统治和军事防卫中心而存在与发展,自给自足的小农经济难以支撑城市的发展和繁荣,士、农、工、商的阶层等级划分也严重阻碍了封建城市工商业的发展。时至宋代,中国经济重心东移、南移,西部城市随西部经济的衰落也逐渐衰落了,中国南方及东部沿海地区城市则有了相当的发展。

进入近代以后,西欧、北美国家在资本主义工商业发展的推动下,城市迅速发展,并逐步完成了城市化的历史任务。在鸦片战争以后,中国的东部地区在列强迫其开放通商口岸、洋务派创办近代军事及民用工业、民族资本主义产生与发展的推动下,日益被纳入到世界资本主义的体系当中,通商口岸城市和港口城市有了显著发展。而同期的中国西部地区,除了重庆一地之外,绝大多数"约开商埠"是列强作为侵略中国内陆腹地的据点,而不是作为对外商贸的中心而存在,清政府及民国初年"自开商埠"的经济效应也极为有限。洋务派在西部创办的仅有几个近代军事工业及其民用工矿企业也未能成长与发展壮大。因此,近代中国西部部分城市的发展虽然被注入了某些资本主义因素,但并未能成长为资本主义城市,封建城镇依然是西部城镇的主体。抗战时期,西部城市获得了难得的发展机遇,因而得到极大的发展,但随着抗战的胜利、内迁的厂矿、机构、机关、学校回迁东部原籍后,因战时发展起来的西部城市随即衰落和萎缩。

新中国成立以后,尤其是"156项"和"三线"建设时期,国家加大了对西部重大项目的投放力度和重点投资的倾斜,中国西部城市发展第一次获得了较为完整意义上的现代工业体系的支撑,一大批特色生产型城市得以产生与快速发展,但随着国家推进改革开放、把经济建设重点转向沿海地区以后,依靠外力推动的西部城市发展几乎陷入了停滞。因此,从城市发展的历史进程来看,中国西部城市发展明显受制于现代经济基础薄弱的制约,城市发展的现代经济基础薄弱严重地制约着中国西部城市数量的增长和城市规模的扩展,也严重制约着西部城市的性质与发展转型。

3.3.2.2 城市布点区域集中

从中国西部城市群体发展历史来看,西北的关中地区、河西走廊,西南的四川盆地是中国西部开发较早的地区,再加上这几个地区自然条件相对优越、农业生产基础较好,因此长期作为西部的经济中心而地位极其重要。在封建时代,西北的关中、西南的四川盆地一直是中原王朝经略的重点地区,退可以卫中原、进可以图西北、西南,西北的关中和西南的四川盆地经济相对发达,城市规模相对较大,城市数量相对较多。在近代,西北的关中和西南的四川盆地地区仍是中国西北、西南的政治、经济中心。抗战时期则成为中国的大后方。新中国成立以后,西北的关中和西南的四川盆地地区更是"156项"和"三线"建设的重点布局区域。因此,从历史来看,中国西部的城市群体发展就有集中布局的传统。时至今日,西北的关中地区和西南的四川盆地地区依然是中国西部城市发展的相对密集区域,而滇、黔、藏、青等省区,无论是史上还是如今,城市分布一直稀疏。

3.3.2.3　城市建设政府推进

抗战时期,无论是"东企西迁",还是国民政府实施的"西南西北工业建设计划"都是一种战时建设方略,因而带有强烈的政府主导推进色彩。相应地,这一时期中国西部城市的战时发展无疑依靠的是政府行政力量予以推进的。新中国成立以后,在高度集中的计划经济体制下,"156项"和"三线"建设部分项目在西部地区的布局则是在国家指令性计划安排下依靠中央政府的倾斜性投资安排建设的。1978—1999年间,中国的对外开放是从沿海向内陆梯度推进的,国家投资也倾向了东部沿海地区,时至今日,中国西部无论是市场经济观念、市场经济体制还是市场调节能力都远逊于东部地区,就是始于1999年的西部大开发,中央政府对西部的运作更多依靠的还是政府政策的推动。因而,中国西部城市及城市群体的发展具有浓厚的政府推进色彩,市场推进的力量还极为薄弱。

3.3.2.4　城市循环相对封闭

在封建时代,在自给自足的小农经济体制下,整个社会的开放程度都极为有限,因而,其城市与城市之间、城市与农村之间的政治联系甚于经济联系。进入近代以后,由于中国西部资本主义因素的力量极为有限,其城—城之间、城—乡之间的政治联系依然甚于经济联系。新中国成立以后,虽然经过"156 项"和"三线"建设时期的倾斜性投资,西部城市的生产职能大大增强,但由于在进行"156 项"和"三线"建设时,中央政府更多考虑的是国家安全和地区均衡发展,在安排"156 项"时便难以考虑地区与地区之间、城市与城市之间、产业与产业之间的分工与联系。尤其是"三线"建设更强调"山、洞、散"布局,在"三线"地区安排的一系列产业没有,也难以考虑到产业的分工与联系,各个厂矿企业独立设置机构、企业办社会而与当地几乎难有产业联系及社会经济联系,这样建立起来的工矿城市固然与当地社会少有关联。再加上重工业化推进战略的影响,城乡二元结构极为顽固突出。因此,在计划推动下建立与发展起来的西部城市,其城市之间经济联系不强、城市内部的产业之间关联度不够、城乡之间互相分割、多层二元结构凸现,因而城市内部社会经济循环与城市群体间的社会经济循环都相对封闭。

通过对城市发展历史进程的考察,可以看出,中国西部城市群体发展经历了一条特殊的发展路径,因而具有其独特的历史特性。在中国封建社会的初期和中期,中国西部城市的发展曾经一度处于中国乃至世界城市发展的领先水平,到封建社会中后期,中国西部城市的发展开始落后于东部地区城市发展水平,及至差距越拉越大。近代以后,西部城市一度有所发展(如开埠城市及抗战时期西部城市的发展),但与全国乃至世界城市发展的差距不但未能缩小,反而越拉越大。建国以后,"156 项"及"三线"建设时期的倾斜性投资推动了中国西部城市及城市群体的飞速发展、与东部地区城市发展差距也迅速缩小,但改革开放以后,东西部城市及城市群体发展差距旋即迅速扩大及至如今。总体来说,近代以来尤其是建国到现在,中国西部城市在获得显著发展的同时,面临的问题依然突出。因此,客观地评价中国西部城市及城市群体发展的现状、分析其存在的问题与困境是制定正确的城市及城市群体发展战略与发展政策、科学规划城市及城市群体发展未来的重要基础与前提。

第四章 中国西部城市群体发展的特殊困境及其破解策略

　　经由特殊历史路径发展起来的中国西部城市群体不仅具有其自身历史特征,而且还影响着西部城市发展的现状。就西部城市发展现状来看,数量不足、质量低下、结构失衡、功能缺失是其发展面临的主要困境。针对特殊困境提出破解策略是新时期中国西部城市及城市群体发展的重大课题。

4.1　中国西部城市群体发展的现状分析

4.1.1　中国西部城市数量与城市密度分析

　　城市发育程度是区域经济发展水平的一个标志性指标。从设市城市数量来看,2007 年全国设市城市 655 座,[①]其中东部十一省市设市城市 263 座,中部八省设市城市 226 座,西部十二省区市设市城市 166 座,西部地区设市城市比重(25.34%)远远低于其面

---

　　① 只包括中国大陆 31 个省(自治区、直辖市),香港、澳门和台湾省缺相关数据本文未予统计,本文所指东部地区包括辽宁、河北、北京、天津、山东、江苏、上海、浙江、福建、广东和海南等 11 个省(直辖市);中部地区包括黑龙江、吉林、山西、河南、湖北、湖南、安徽和江西等 8 个省;西部地区包括内蒙古、新疆、青海、甘肃、宁夏、陕西、云南、贵州、四川、重庆、广西和西藏等 12 个省(自治区、直辖市),下同。

积占全国的比重(71.5%)和人口占全国的比重(27.47%);从城市密度来看,全国平均为 1.46 万平方公里一座设市城市,其中东部十一省市城市密度为 0.4 万平方公里一座设市城市,中部八省城市密度为 0.74 万平方公里一座设市城市,西部十二省区市城市密度为 4.14 万平方公里一座设市城市,西部地区城市密度远远低于东部、中部及全国平均水平(表 4-1-1)。中国城市发展呈现出明显的由东南沿海向中西部内陆梯度递减的客观规律。

表 4-1-1　中国西部设市城市数量及其与东中部地区的比较(2007 年)

	国土面积		人口			设市城市		
	国土面积(万平方公里)	占全国比重(%)	人口数量(万人)	占全国比重(%)	城市化水平(%)	设市城市数量(座)	占全国比重(%)	设市城市密度(万平方公里/座设市城市)
全国	960	100.0	132129	100.0	44.94	655	100.0	1.46
东部	106.2	11.1	51774	39.18	55.35	263	40.15	0.40
中部	167.0	17.4	41847	31.67	41.61	226	34.50	0.74
西部	686.8	71.5	36298	27.47	36.96	166	25.35	4.14

资料来源:《中国城市统计年鉴 2008》,《中国统计年鉴 2008》,经过整理。
注:全国总人口包括现役军人数,分地区数字中未包括。

4.1.2　中国西部城市化水平分析

4.1.2.1　城市化水平与经济发展水平比较

从世界城市化进程的经验数据来看,一国(区域)的城市化水平是与其经济发展水平同步的。霍利期·钱纳里(H. Chenery)在《发展的型式:1950—1970》一书中,[1]基于世界 100 多个国家经验数据的综合分析,得出了在一般发展状况下的平均城市化水平,即常谓的"发展模型"。汪冬梅(2005)把中国城市化水平与钱纳里的"发展模型"进行了比较,得出了中国的城市化水平与世界平

---

① [美]霍利期·钱纳里等著,李新华等译:《发展的型式:1950—1970》,经济科学出版社,1988,第 32 页。

均水平存在较大偏差的结论。① 如果把中国西部城市化水平与钱纳里的"发展模型"进行比较(表 4-1-2),也可以看出中国西部地区的城市化水平与世界平均水平也存在较大的偏差,即西部的城市化水平低于其经济发展水平。

4.1.2.2　城市化水平与工业化水平比较

工业化与城市化是世界上国土面积较大的国家和地区发展过程中所必须经历的发展阶段。一方面,工业化是城市化的经济内涵和经济基础,正是由于专业制造者和专业农民以及不同制造业之间的高水平分工才促使了城市的形成和发展;另一方面,城市化是工业化的空间表现形式和主体空间依托,城市的形成和发展使得生产者折中规模经济与产品多样化这一矛盾的空间变大,并进一步促进了生产者的集聚。

从城市化水平与工业化水平的比较来看,中国西部地区的城市化水平滞后于工业化水平。2000 年西部地区城市化水平为28.22%,工业化水平为 32.98%,城市化与工业化偏差系数为－0.14;2005 年西部地区城市化水平为 34.56%,工业化水平为35.35%,城市化与工业化偏差系数为－0.02;2007 年西部地区城市化水平为 36.96%,工业化水平为 39.29%,城市化与工业化偏差系数为－0.06。② 如果把中国西部地区的工业化及城市化水平与钱纳里"发展模型"中的工业化及城市化水平进行比较,可以看出,在相同工业化水平下,中国西部地区的城市化水平与钱纳里"发展模型"中的一般城市化水平也存在较大的偏差(表 4-1-3)。

---

① 汪冬梅:《中国城市化问题研究》,中国经济出版社,2005,第 98—99 页。
② 资料来源于相关年份《中国统计年鉴》,经过整理。注:城市化与工业化偏差系数＝城市化率÷工业化率－1。

表4-1-2 中国西部城市化水平与钱纳里"发展模型"中的一般城市化水平比较

人均GNP($)		300	400	500	700	800	1000	>1000
"发展模型"中城市化水平(%)		43.9	49.0	52.7	58.0	60.1	63.4	65.8
中国	城市化水平(%)	24.52	26.37	28.14	29.37	33.35	37.66	40.53
	偏差(%)	19.38	22.63	24.56	28.63	26.75	25.74	25.27
西部	城市化水平(%)	—	—	—	—	—	—	34.56
	偏差(%)	—	—	—	—	—	—	31.24

资料来源:①[美]霍利期·钱纳里等著,李新华等译:《发展的型式:1950—1970》,经济科学出版社,1988,第32页。②《中国统计年鉴1978—2000》。③汪冬梅:《中国城市化问题研究》,中国经济出版社,2005,第99页。经过整理。

注:①据汪冬梅(2005)测算,中国人均GNP($):1970年为109.0、1978年为219、1986年为302.8、1991年为404.8、1993年为504.5、1996年为694.3。②根据作者测算,中国人均GNP1998年约为803.8、2001年约为1023、2003年约为1263.8美元。③中国西部的人均GNP数据用人均GDP数据进行近似替代,根据相关年份人民币对美元汇率(年平均价),西部地区人均GDP(美元)1996年为424.1、1998年为498、2003年为751.1、2004年为931.4、2005年为1133,本表采用最接近"发展模型"时的人均GNP(中国)或人均GDP(西部)所对应的城市化水平。

表4-1-3 工业化与城市化的关系:"发展模型"与中国西部对比

人均GNP($)		300	400	500	800	1000	>1000
钱纳里"发展模型"	城市化水平(%)	43.9	49.0	52.7	60.1	63.4	65.8
	工业份额GNP%	25.1	27.6	29.4	33.1	34.7	37.9
	偏差	18.8	21.4	23.3	27.0	28.7	27.9
中国	城市化水平(%)	24.52	26.37	28.14	33.35	37.66	40.53
	工业化水平(%)	38.9	37.4	40.8	40.3	39.7	45.3
	偏差	−14.38	−11.03	−12.66	−6.95	−2.04	−4.77
中国西部	城市化水平(%)	—	—	—	—	—	34.56
	工业化水平(%)	—	—	—	—	—	35.35
	偏差	—	—	—	—	—	−0.79

资料来源及注释同表4-1-2。

4.1.2.3 城市化水平与非农化水平比较

从西方发达国家城市化进程的推动产业来看,西方国家城市化起飞阶段主要是在工业化的推动下完成的,工业化是城市化的产业基础和主要推动力量。随着经济的发展,产业结构逐步调整升级,发达国家相继把劳动密集型轻纺工业和资本密集型能源重化工业向发展中国家和新兴工业化国家或地区转移,第三产业逐步成为当今发达资本主义国家城市发展的主要产业基础,因此,发达资本主义国家的城市化水平是与其非农化水平相适应的。而从中国西部地区城市化水平和非农化水平的比较来看,其城市化水平也滞后于非农化水平的发展(表4—1—4)。

表4—1—4 中国西部城市化水平与非农产业产值比率的比较

年份	全国			西部		
	非农产业产值比率(%)(1)	城市化水平(%)(2)	(2)/(1)	非农产业产值比率(%)(1)	城市化水平(%)(2)	(2)/(1)
2000	85.17	36.22	0.43	77.74	28.22	0.36
2005	87.40	42.99	0.49	82.31	34.56	0.42
2007	84.13	44.94	0.53	88.70	36.96	0.42

资料来源:①相关年份《中国统计年鉴》;②汪冬梅:《中国城市化问题研究》,中国经济出版社,2005,第103—104页。经过整理。

4.1.3 中国西部城市群体的综合竞争力分析

4.1.3.1 中国西部城市综合实力及其区域比较

城市综合实力是城市发展水平,尤其是城市发展质量的一个重要表征。国家统计局城市社会经济调查司应用该司和中国统计学会城市统计专业分会课题组研制的城市综合实力比较评价指标体系,对2006年中国大陆286个地级及以上城市(未包含拉萨)的综合实力进行了评估。该指标体系包括人口与劳动力发展、经济发展、社会发展、基础设施、生态环境建设与保护等5个一级指标、19个二级指标、51个指标层,从横向看,其反映了城市在各领域的现实状况,从纵向看,其反映了城市发展的态势。[①] 评估

① 国家统计局城市社会经济调查司:《中国城市统计年鉴2007》,中国统计出版社,2008,第17—26页。

结果显示,2006年全国城市综合实力分布依然呈现"东强西弱"格局,东部地区城市的综合实力显著强于西部城市综合实力。从全国百强城市的区域分布来看,东部87个地级及以上城市中有56个进入百强城市,进入比例为64.4％;西部84个地级及以上城市中只有19个进入百强城市,进入比例为22.6％(表4-1-5)。由于百强城市在数量上占全部286个地级及以上城市总数的34.7％,因而基本上代表了各地区的城市发展水平和发展趋势。西部只有22.6％的地级及以上城市进入全国百强城市,这说明西部城市的综合实力在整体上与全国平均水平存在较大差距,而与东部地区城市相比,综合实力的整体差距则更大。

表4-1-5　全国百强地级及以上城市的区域分布(2006年)

	地级及以上城市总数	百强地级及以上城市数	进入百强地级及以上城市的比重	非百强地级及以上城市的比重
东部地区	87	56	64.4	31
中部地区	81	15	18.5	66
西部地区	84	19	22.6	65
东北地区	34	10	29.4	24
合计	286	100	34.7	186

资料来源:国家统计局城市社会经济调查司:《中国城市统计年鉴2007》,中国统计出版社,2008,第20页。

4.1.3.2　中国西部城市综合竞争力及其区域比较

城市综合竞争力是城市发展水平的主要表征之一,作为一个综合性概念,城市综合竞争力在市场占有率、经济增长率、综合生产率、生产效率、生活水平、经济结构等方面反映了一个城市的发展状况。中国社会科学院倪鹏飞(2008)应用相关指标体系从增长竞争力(城市经济增长速度)、规模竞争力(城市综合市场占有率)、效率竞争力(城市综合生产率)、效益竞争力(城市综合资源环境节约)、结构竞争力(城市产业高级化程度)、质量竞争力(城市综合人均收入)等六个方面对全国城市综合竞争力进行了评估。从评估结果来看,2007年度中国城市综合竞争力在区域分布上依然沿袭"东强西弱"的总体格局,在综合竞争力前200名城市当中,西部只有32座城市入围(表4-1-6)。在城市综合竞争力排序前50名的城市中,西部只有成都市(22位)、重庆市(39位)、西安市(43位)、呼和浩特市(44位)等4座城市入围。从城市综合竞争力进入全国前200名的西部32座城市来看,无论是单项指标还是综合竞争力,西部城市的整体水平都不高,大多处于中等偏下水平。

从城市的发展现状来看,无论是城市数量、城市密度、城市化水平,还是城市综合实力,西部城市发展都与全国平均水平存在较大差距,这种差距的存在既有历史的原因,也有西部城市自身发展的问题。因此,深入分析西部城市发展面临的困境,并提出针对性的发展策略是推动西部城市、城市群体及西部整体经济发展的客观需要。

表4-1-6 中国大陆综合竞争力进入前200名的城市区域分布(2007年)

区域	各省区市入围前200名的城市个数	区域合计
东北地区	黑龙江(2)、吉林(4)、辽宁(11)	17
环渤海地区	北京(1)、天津(1)、河北(11)、山东(15)	28
东南地区	江苏(13)、上海(1)、浙江(11)、福建(9)、广东(20)、海南(1)	55
中部地区	山西(7)、河南(16)、江西(7)、安徽(12)、湖南(11)、湖北(6)	59
西北地区	内蒙古(6)、甘肃(2)、新疆(1)、陕西(4)、青海(1)、宁夏(1)	15
西南地区	重庆(1)、四川(6)、贵州(3)、云南(2)、广西(5)	17

资料来源:倪鹏飞主编:《中国城市竞争力报告No.6》,社会科学文献出版社,2008,第92—180页。

注:西藏自治区城市数据不全,未予统计分析。

4.2　中国西部城市群体发展的特殊困境

由于其特殊的城市发展历史进程,中国西部城市发展面临着城市数量不足、城市质量低下、城市结构失衡以及城市功能衰竭等现实问题,其特殊的历史路径及其现实问题又在更深层面影响西部城市的进一步发展,其中最典型的就是西部城市的进一步发展面临着制度空间、经济基础、结构体系、城乡关系的多重困境与复杂因素制约的。

4.2.1　制度困境:制度安排缺陷

制度作为经济增长的内生要素之一,在影响区域经济增长的同时也对区域城市发展产生极大影响。从西部城市群体发展的特殊历史进程来看,奴隶制时代与奴隶制经济基础及生产关系相适应的奴隶制政治体制及其相关制度安排、封建时代与小农经济相适应的封建政治体制及其相关制度安排固然不能推动奴隶制城市和封建城市的大规模发展而把整个社会从农村社会引向城市社会。进入近代以来,半殖民地半封建社会的社会经济制度及相关制度安排也难以促成西部工业化发展进而推动西部城市化的实现。1949年后,计划经济体制下的相关制度安排在一定时期内推动了西部城市的快速发展,但也产生了诸多的问题,尤其是在改革开放以后中国制度整体转型的过程中,西部制度转型的滞后更是进一步影响着西部城市的发展现状乃至后续发展。

4.2.1.1　制度及其功能

19世纪末20世纪初,以凡勃伦(Thorstein B Veblen)、康芒斯(John Rogers Commons)、米契尔(Wesley C. Mitchell)等为代表的制度经济学派对制度问题作了初步研究,20世纪50年代以来,在对新古典经济学的批判中兴起的产权学派和新制度经济学派吸收了新古典经济学的基本前提假设,并把交易费用纳入其分析模型,力图揭示制度功能及其对资源配置和经济增长所起的作用。新制度经济学派把制度因素纳入分析模型并反过来解释制度变迁,形成了以诺斯(Douglass C. North)为代表的较为完整的制度及制度变迁理论。

对于"制度"一词,制度经济学者从不同角度进行了界定。制度经济学研究的集大成者科斯(Ronald. H. Coase)认为,制度是一系列产权安排和调整的规则或"组织形式"。诺斯(Douglass C. North)认为制度是为约束在谋求财富或本人效用最大化中个人行为而制定的一组规章、依循程序和伦理道德行为准则。[①] 而舒尔茨(Theodore W. Schultz)则把制度定义为一种行为规则,这些规则涉及社会、政治及经济行为。[②] 因此,从一般的解释来看,制度是规则、执行机制和组织,是一种包括个人之间相互影响的行为准则和执行规则的组织,涉及社会、政治及经济行为。从作用方式的角度论,制度影响人类选择是通过影响信息和资源的可获得性、通过塑造动力或阻力以及通过建立社会交易的基本规则而实现的。[③] 在制度的分类上,从地位或重要性的角度,新制度经济学派把制度区分为"制度环境"和"制度安排",更一般的分类方法是从形式上把制度分为正式制度和非正式制度两种类型。正式制度是指人们有意识创造的,并在国家或组织强制力作用下实施

---

① [美]道格拉斯·C. 诺斯著,历以平译:《经济史上的结构和变迁》,商务印书馆,2005,第227—228页。

② [美]R. 科斯、A. 阿尔钦等著,刘守英等译:《财产权利与制度变迁》,上海三联书店、上海人民出版社,1994,第251—265页。

③ 赵曦:《中国西藏区域经济发展研究》,中国社会科学出版社,2005,第104—105页。

的一系列规则。诺斯(1993)认为,正式制度包括政治(及司法)规则、经济规则和合约。政治规则可广泛地定义为政治团体的等级结构,以及它的基本决策结构和支配议事日程的明晰特征;经济规则用于界定产权,即关于财产使用、从中获取收入的权利束,以及转让一种资产或资源的能力;合约则包含着对交换中一个具体决议的具体特定条款。非正式制度则是人们在长期的社会经济生活中无意识形成、具有持久生命力、世代沿袭相传并主要在社会舆论指导和社会成员自律等非强制性约束下实施的制度,非正式制度主要包括价值观念、伦理规范、道德观念、风俗习惯、意识形态等。

从内涵来看,制度都是围绕个人和组织提出来并作用于一定社会的个人和组织的,制度通过作用于个人或组织进而对整个社会产生作用与影响。也就是说,制度有其特定的作用和影响功能。汪冬梅(2005)认为制度最基本的功能是激励和约束,一项制度安排的功能在于:给制度内部成员提供一种在制度安排外部不可获得的利益,防止外部成员对内部成员的侵害并协调社会组织之间的利益冲突,防止组织内部成员的机会主义行为或"搭便车"行为,为使内部成员形成稳定的制度预期和提供一个持续的激励机制创造条件,并在上述因素的基础上降低组织内部和组织之间的交易费用。制度的主要作用是通过激励和约束机制降低交易成本、服务经济活动、提高经济效率、促进经济发展。林毅夫认为,制度提供了安全(对确定性)与经济(规模经济与外部效果内部化)两方面的功能服务。张春霖认为制度提供了资源配置功能和行为动力功能。安筱鹏、韩增林(2006)[1]综合各家研究后,把制

---

① 安筱鹏、韩增林:《城市区域协调发展的制度变迁与组织创新》,经济科学出版社,2006,第132—133页。

度的功能概括为:降低交易成本、为经济提供服务、为合作创造条件、提供了激励机制、提供保险机制、约束行为主体等功能。

任何一种制度的激励和约束效率都是在一定的环境、一定的阶段、针对一定的对象发生绩效的,因而,制度的效率是相对的。同时,社会经济是发展变化的,任何一项制度也有其自身产生、发展、衰亡的历史过程,一项制度的绩效是有其特定的生命周期的。因此,社会经济的发展及制度本身生命周期的轮回客观上要求对制度进行与时俱进的变革与创新,推动制度的变迁。制度变迁则是指制度诸要素或结构随时间推移、环境变化而发生改变,是制度的交接、转换和更替的过程。制度变迁具有"路径依赖"(Path Dependence)特征,"人们过去作出的选择决定了他们现在可能的选择"①。因此,制度变迁的成功实施,既取决于制度本身、制度变迁推动者的组织和实施能力,又受到初始路径选择的影响。

4.2.1.2 制度对城市发展的作用机制

城市发展既是经济发展到一定阶段的必然产物和经济发展水平的主要表征,也是推动现代经济发展的主要动力,而作为影响经济增长的内生要素之一的制度及其制度变迁,在影响经济发展的同时必然对城市发展产生影响。如前所述,西方发达国家的城市化是在工业化的推动下完成的,而发达国家的工业化则是在建立了完善的市场经济制度框架后发展起来的,因而西方发达国家的城市化理论中缺乏制度建构的相关论述。因此,西方发达国家的城市化理论到了正处于社会转型期的中国就显得有些先天

---

① [美]道格拉斯·C.诺斯著,杭行译:《制度、制度变迁与经济绩效》,上海三联书店,1993,第128页。

不足。[①]

　　如果把城市发展定义为社会生产力的发展和社会生产方式的变革而引起的产业向城镇聚集、人口向城镇集中、城市物质文明和社会文化不断扩散、区域产业结构不断升级转换、社会结构不断重组的一种过程与状态,那么制度对城市发展的影响可以分解为以下几个方面。从城市发展的经济基础来看,制度通过影响社会生产力的发展和社会生产方式的变革进而影响城市发展的经济基础,也就是制度通过影响经济发展而影响城市发展的经济基础。刘易斯(W. Arthur Lewis,1955)认为制度是促进还是限制经济增长,要看它对人们的努力是否加以保护,要看它为专业化的发展提供多少机会和允许有多大的活动自由。[②] 从要素流动的角度看,制度通过影响产业向城镇的聚集、人口向城镇集中进而影响城市发展的速度与规模。从社会文化发展的视角考虑,制度则通过影响城市物质文明和社会文化的扩散以及社会结构的重组进而影响城市发展的社会文化环境。从结构转换的视角考虑,制度则会通过影响经济结构、社会结构的变迁进而影响城市结构的调整和城乡关系的变革。

　　从微观角度看,城市化是个人及家庭、资源及要素向城市迁移、企业和产业向城市地域集中的状态与过程。因此,制度安排通过限定个体的选择集合影响个体的城市化行为,进而影响城市化进程。随着个人及企业的集中,个人与个人之间、个人与组织之间、组织与组织之间的交易活动变得更为复杂和频繁,因而,制度安排通过影响交易成本制约着城市发展成本,进而对城市规

---

　　① 赵新平、周一星:《改革开放以来中国城市化道路及城市化理论评述》,中国社会科学 2002 年第 2 期,第 132—138 页。

　　② [英]阿瑟·刘易斯著,周师铭等译:《经济增长理论》,商务印书馆,1983,第 63 页。

模、城市形态产生影响。从要素流动和资源配置的角度考察,城市化是一个要素不断流动、要素趋于集中以及要素优化配置的过程。因此,制度作为一种激励与约束机制通过影响要素的流动与配置效率进而制约城市化的进程。同时,城市作为人类社会发展的一种状态和过程,必然会与其周围的自然地理环境、社会文化环境、经济发展环境和政治制度环境相融合,因此,一定的制度安排通过影响城市发展环境,进而从"外生"方面影响城市发展进程。除了正式的制度安排影响城市发展以外,非正式制度安排也对城市发展产生影响。城市发展是社会经济发展的一个缩影,而制度作为影响经济社会发展的重要因素之一,其对城市发展也是多方面、深层次,并以制度自身的丰富性影响着城市发展的方方面面,形成影响城市发展的制度体系。

4.2.1.3　中国西部城市群体发展的制度困境:制度安排缺陷

奴隶制时代和封建时代的政治经济制度安排固然不可能在中国西部催生出现代意义的城市与城市化,进入近代以后,由于中国半殖民地半封建社会的特殊政治经济制度环境,资本主义未能得到充分发展,因而当时的制度环境和制度安排也未能从整体上推动西部城市的近代化和现代化进程。从新中国成立到改革开放之前的近 30 年时间里,中国实行的是高度集中的指令性政治经济制度,中央政府通过计划和户口制度严格而有效地控制城市化速度,以实现低成本的工业化(Chan K W and Zhang L,1999)。[1] 在传统的户口制度中,政府在教育、住房、劳动就业及其他社会福利方面全力支持城市人口或非农业人口,这是一种典型

---

[1]　Chan K W, Zhang L. The hukou system and rural-urban migration in China: processes and changes[J]. China Quarterly, 1999(160): pp. 18—55.

的国家主导型城市化(Shen J，Wong K Y and Feng Z，2002)。[①] 这种城市发展制度安排对于在基本没有现代工业、城市化水平为10％左右的建国初期建立国家的制造业基础、建立独立完整的工业及国民经济体系有着历史性的作用和贡献，并使新中国在短期内依靠自己的力量累积起工业化和城市化的经济基础。但是，这种城市发展模式又不可避免地带来了一系列的问题，尤其是使得城市的进一步发展面临着严峻的制度安排缺陷。

(1)经济运行制度缺陷：市场体制不完善及市场机制的固有缺陷

从西方发达国家城市化的历史进程来看，市场经济条件下的城市化虽然在发展进程中也出现了一些问题，但却成功地达成了经济工业化与人口城市化的同步实现，且在市场经济条件下的城市化进程效率也相对较高。与西方发达国家不同，新中国的经济建设及工业化进程是在高度集中的计划经济体制下推进的，在当时特定历史条件下的这种资源配置方式对于促进西部现代工业及现代城市的发展有着强大的推动作用，然时过境迁之后的弊端也越来越凸显。1978年开始，中国开始了市场化改革进程，时至今日，改革开放已进行了30余年，从总体上说市场经济体制已在中国大地初步建立。但由于中国城市的改革开放是由东部沿海向西部内陆梯度推进的，因此西部地区的改革开放存在明显的滞后效应。这种滞后效应在经济运行制度上则明显地显现出西部地区的城市发展不仅受到传统计划体制根深蒂固的影响，同时还面临着市场体制不完善及市场机制固有缺陷的多重制约。

---

① Shen J, Wong K Y, Feng Z. State sponsored and spontaneous urbanization in the Pearl River Delta of South China(1980－1998)[J]. Urban Geography，2002，23(7)：pp. 674－694.

西部城市发展的市场经济制度缺陷包含有两层意思。一是由于市场经济体制改革不到位、传统计划经济体制余留效应而引起的市场体制缺陷,这包括市场体系不完善、市场经济主体缺位、市场监管体系滞后等。这种市场缺陷与西方成熟市场经济体制国家的市场缺陷有着本质的区别。二是市场体制本身的缺陷,也就是即使在西方成熟市场经济体制国家也存在的市场经济制度本身的功能性缺陷,如市场主体利益与国家及地方整体利益的冲突、不能解决经济活动的外部性、难以解决效率和公平等。① 除此之外,市场环境的不善、市场观念的淡薄以及非市场经济意识等在影响西部经济发展的同时也对西部城市及城市群体的发展产生明显制约作用。

(2)总体制度安排缺陷:城市偏向和农村忽略

新中国成立以后,中国西部的城市化和工业化虽然都获得了前所未有的发展,但与中国整体发展情况一样,城市化滞后于工业化的问题依然十分突出。中国西部城市化和工业化发展的多重背离在很大程度上根源于中国长期以来的双重偏离制度,即"工业、城市偏向"和"农村、农业忽略"。"工业、城市偏向"和"农村、农业忽略"的双重偏离制度最根本的就是长期单向的工业发展对农业剩余的无限索取,即一方面是工业对农业剩余的单向无限索取而并没有适时地反哺农业,另一方面是工业只对农业剩余资本的单向无限索取而并没有相应地在索取农业剩余资本的同时吸纳农村人口成为城市市民。工业对农业剩余的单向无限索取而并没有适时地反哺农业其最终结果是导致农村、农业的衰落,农村、农业的衰落则使得城市、工业的发展严重缺乏厚实的农村市场以及缺乏城市化和工业化

---

① 安筱鹏、韩增林:《城市区域协调发展的制度变迁与组织创新》,经济科学出版社,2006,第159—164页。

发展要素,进而使得城市、工业发展缺乏可持续性。工业只对农业剩余资本的单向无限索取而并没有相应地在索取农业剩余资本的同时吸纳农村人口成为市民使得城市化严重滞后于工业化,城市化严重滞后于工业化使得工业发展缺乏极具聚集效应和扩散效应的空间载体,进而使得工业发展缺乏富有地方化经济效应和城市化经济效应的主体空间依托。

中国长期以来的双重偏离制度最根本的影响就是使得城市化要素严重不足,城市化要素缺乏使得城市发展缓慢,城市发展缓慢进而使得工业的可持续发展缺乏优势的空间载体。因此,只有通过破除制度障碍、增加制度供给、拓展制度空间才能从制度层面促进城市和城市网络的发展。在当前来说,拓展制度空间在制度根源上需要破除"工业、城市偏向"和"农村、农业忽略"的双重偏离制度,在制度表象上需要改革城乡二元的户籍制度、劳动就业制度、教育制度和社会保障制度。进入新世纪以来,国家持续加大了"工业反哺农业、城市支持农村"的力度,这种制度安排在东部沿海经济发达地区已经取得了明显成效。但在广大的西部地区,由于工业发展和城市发展本身实力就不足,又何以切实实施"工业反哺农业、城市支持农村"呢?也就是说,除个别地区(如成都、重庆等大城市)外,西部地区本身就很"弱质"的工业和城市是不具备"工业反哺农业、城市支持农村"的实力的,如果不顾实际勉强而为之,一则农业和农村由于得不到足够的工业和城市反哺并不能从根本上解决其发展面临的困境,二则工业和城市则因有限的实力分割一部分出去支持农业和农村后自身发展又面临着更大困境,其结果是不但农业和农村发展不起来,工业和城市发展也受到削弱,形成所谓的"贫血者献血效应",不但救不了别的病人,自己反而成为病人,导致"双输"。因此,就广大的西部地区来说,要真正逆转"工业、城市偏向"和"农村、农业忽略"的双重偏离制度、实施"工业反哺农业、城市支持农村"不仅需要制度上的安排和保障,更需要中央政府的制度安排倾斜和发达地区的对口支持扶助。

(3)产业布局制度安排缺陷:政府指令布局与地方关联缺失

产业发展尤其是工业的发展是城市发展的核心支撑之一。新中国成立到 1978 年的近 30 年时间里,国家基于区域平衡发展和国家战略安全的考量,加大了对西部地区产业发展的投入力度,尤其是"156 项"、中国自行设计的限额以上 694 个重大项目以及"三线"建设时期一大批重大项目在西部的建成投产极大地改变了西部现代制造业严重缺失的发展格局,支撑了西部一大批特色生产型城市的兴起。然而,这些重大项目的布局是由国家指令性计划安排的,在缺乏市场机制作用的情况下,这些重大产业项目的安排则难以考虑到企业与企业、产业与产业之间的配套和关联,即使国家在布局时考虑了企业与企业、产业与产业之间的配套和关联,但在当时的体制下也难以获得相应的绩效。同时,由于当时的各国有企业分属于不同的部门,这种部门主管的条块状、纵向化产业布局难免使得分属不同部门的企业之间产生分割,而难以实现关联发展,因而,企业与企业、产业与产业之间的前向关联、后向关联及其旁侧关联都极为有限。在当时的计划经济体制下,企业的所有制性质主要以国有企业和集体企业为主,但国有企业却有中央企业、省级企业、地方企业等不同层级,在纵向布局企业和产业的制度背景下,不仅不同层级所属企业之间缺乏关联,就是同一级别的企业之间因为条块布局也缺乏关联,企业与企业之间各自为政极大地增加了交易费用。企业及产业之间的分割发展既增加了交易成本、影响到知识溢出,也影响到整个区域的地方化经济效应和城市化经济效应。这种非关联性产业布局与发展在影响经济发展速度、规模和质量的同时,也影响到城市发展的速度和效率,使得城市与城市之间各自分割发展而互不关联。

改革开放后的 1978—1999 年间近 20 年的时间里,国家经济建设的重心转移到了东部地区,再加上国家对外开放是从东部沿海向西部内陆梯度推进的,西部的市场经济制度建设无疑因此而滞后。再加上西部整体经济发展水平与东部差距越拉越大,东西部城市发展水平差距也显著拉大了。2000 年始,国家开始实施西部大开发战略,但是以政策推动的西部开发在产业布局上依然带有浓厚的国家计划色彩。例如,通过投资重点工程改善西部发展的基础设施、培育西部发展的支撑产业、增强西部发展的持续后劲是国家推进西部大开发战略的重要内容和实施路径之一,但这些重点工程的安排,尤其是一些产业项目的建设,在很大程度上还是在计划安排的思维下启动和运营的。

(4)要素流动制度安排缺陷:城市无限索取与有限回流农村

从新中国成立到 1978 年的近 30 年时间里,与全国一样,西部地区实施的是城乡分割的二元制度。在城市发展上,城乡二元制度集中体现在资本积累制度、户籍制度、劳动就业制度、社会保障制度、土地流转制度等制度安排上。在资本积累上,国家通过农产品价格剪刀差等一系列制度安排把农业剩余转移到工业上,完成了工业发展的资本原始积累,推动了工业的快速发展及工业化的迅速实现。在西方国家工业化及城市化进程中,伴随资本向工业的集中,农村人口相应地流向城市,因此工业化的完成相应地带动了城市化的实现。但在中国,农业剩余资本向工业集中的过程中,由于国家通过户籍制度、劳动就业制度、社会保障制度、土地流转制度等一系列非对等性的制度安排,严格地限制农村人口向城市的迁移。因而,中国以及中国西部地区工业化任务的完成并没有、也不可能相应地带动城市化的实现,也就形成了城市化滞后于工业化的发展现状。

中国西部城市群落空间重构及其核心支撑

改革开放以后,国家通过一系列的制度松绑,在城市预期收入和城市实际收入都远远高于农村的收入势差下,规模庞大的农村剩余劳动力开始流向城市,实现了非农就业。1.2亿-1.5亿农村剩余劳动力的城市非农就业为城市发展乃至中国整体经济的持续高速发展作出了巨大贡献。然而农民工就业性质的变化并没有实现其身份性质的转变,在户籍制度和社会保障制度城乡二元分割下,农民工就业非农化并没有实现福利市民化。在城市农民工没有享有城市居民的各项社会福利保障的情况下,现有的以常住人口为统计口径的城市化率实际上是一种"虚假城市化",按享有城市市民福利人口为口径统计的城市化水平将大大低于以常住人口为统计口径的城市化水平。虽然如今有部分地区试行取消城乡户口差别,实施统一的户口登记制度,但在解决城市农民工的一系列社会保障问题之前,这一户籍制度改革想必难有实质意义。

改革开放以前,国家通过工农产品的价格剪刀差把农村剩余资本集中到工业和城市,改革开放以后,国家通过放松人口流动又把农村劳动力吸引到工业和城市就业,此外,国家还通过土地征用制度把农村集体土地用作工业和城市用地。时至今日,作为农村和农业生产要素的农村资本、劳动力、土地三要素依然在向城市净流出,只要是资本、劳动力、土地三要素持续从农村净流出,城乡差距的持续扩大则不可避免,城乡差距的持续扩大无疑将进一步制约着城市的持续健康发展。

(5)城市设置制度安排缺陷:行政审批设置与行政级别强化

与中国的政治经济体制相适应,中国的城市设置有着较为严格的门槛、需要履行较为严格的行政审批程序。在城市设置的审批上,直辖市需经全国人大批准方可建制,而地级市、县级市则需由国务院主管部门审批。在城市的设置标准上曾经多次修订,尤其是在1978年以前的近30年时间里大多实施的是控制城市发展规模的城市发展制度。如1955年国务院首次颁布的市镇建制及城乡划分标准的规定提高了市镇设置的标准,把一些有发展潜力,但当时发展水平仍然较低的市镇排除在了国家管理的市镇建设之外,使得这一阶段的城市化发展速度放慢。1963年,基于当时国民经济恢复需要,中共中央、国务院在《关于调整市镇建制,缩小城市郊区的指示》中又进一步提高了市镇设置的标准,包括西部在内的全国市镇数、城镇规模、城镇人口数量进一步大幅度下降。1984年国务院对设镇标准做了下调,1986年,国务院又下调了设市标准,1993年国务院颁布了一整套设市的指标体系,1999年12月,国家统计局印发了《关于统计上划分城乡的规定(试行)的通知》,对"市区"和"镇区"做了具体的规定。[1] 虽然从80年代以来,国务院逐步下调了市镇的设置标准,但行政审批制度的存在及其不同层级城市设置审批的多样性难以规范,这难免对市镇的发展产生消极影响。

除了市镇设置的行政审批外,中国城市还有着较为严格的行政级别。从城市的行政级别来看,除了设市城市分为直辖市、副省级城市、地级市以及县级市等四个级别外,另还有镇的建制。各级城市依其行政级别享有相应的权限,直辖市、副省级城市、地级市下辖区、县级市及县,这使得高一级城市与下辖市县争夺资本、资源的情况屡有发生,高一级城市利用下辖市县的权限把资源集中于城区发展,使得下级市县区域发展受限。尤其是地级市利用权限把下辖县及县级市的财政资源集中于市辖区的发展,这虽然促进了市辖区的发展,但却造成了下辖县及县级市发展能力的萎缩,在总体上影响了区域城市发展水平,同时也影响到区域

---

① 郁鸿胜:《崛起之路:城市群发展与制度创新》,湖南人民出版社,2005,第44—45页。

的总体发展。此外,由于副省级城市、地级市、县级市、镇的管理权限不同(尤其是经济管理权限的不同),随着城市经济规模的扩张,镇要求升县级市、县级市要求升地级市、地级市要求升副省级城市,客观上造成一种攀比升级的竞争格局。[①] 这种竞争虽有一定积极作用,但消极影响也难以避免。

4.2.2 经济困境:经济基础薄弱

城市发展在实质上是经济的发展,这不仅在于经济发展,尤其是现代第二产业和现代服务业的发展是现代城市发展的物质基础,也在于经济发展是城市发展的物质表征。因此,分析区域城市发展的经济基础及其面临的问题是研究城市发展的一个重要组成部分。

4.2.2.1 城市发展的经济基础

从城市产生的历史来看,农业剩余产品的出现是城市产生的前提经济基础,而从发达国家现代城市发展的历史进程来看,在城市化初期和中期阶段,工业化是现代城市发展的强大动力及其强力经济基础,尤其是在工业化与城市化互动机制的作用下,无论是工业化还是城市化都会获得良性持续发展。在城市化后期或者是后城市化阶段,现代服务业则成为现代城市发展的主要经济基础。

从城市发展的经济基础视角考虑,城市发展是一、二、三产业发展协同推动的结果,第一产业的发展为城市发展及城市化提供劳动力、产品、资本和市场贡献,第二产业的发展,尤其是工业化是城市发展及第一波城市化浪潮的根本动力和重要经济基础,第三产业的发展和高级化则是城市发展及第二波城市化浪潮的重要推动力及城市结构优化与转型的经济基础。反过来,城市发展又为第一产

---

① 刘君德、汪宇明:《制度与创新——中国城市制度的发展与改革新论》,东南大学出版社,2000,第 162 页。

业、第二产业和现代服务业发展创造了更好的空间环境。

4.2.2.2 中国西部城市发展的经济基础分析

世界城市发展的经验事实表明,不仅一、二、三产业的发展规模影响着城市发展的速度、规模与结构,而且三次产业结构、产业内部结构及产业群体化发展水平也对城市发展有着极大影响。

(1)中国西部农业和农村经济发展状况

近10年来,虽然西部12省区市的第一产业比重持续下降,但2006年其比重任然高达18.6%,远远高于全国平均水平。除了第一产业比重过高外,由于历史原因及自然条件的制约,西部农业与农村发展整体处于落后水平,尤其是西部农村居民家庭人均纯收入与全国平均水平还存在较大差距,自1990年以来,广西、贵州、云南、陕西、青海等省区农村居民家庭人均纯收入与全国平均水平的差距不但没有缩小,反而进一步扩大(表4-2-1)。西部农村的贫困及其与全国发展差距的扩展使得西部农业和农村的发展难以为西部城市的发展提供产品、资本和市场等贡献,进而在一定程度上制约了西部城市的发展速度和发展规模,成为西部城市发展滞后的重要经济根源之一。

表4-2-1 主要年份西部农村居民家庭人均纯收入及其变动(单位:元)

地 区	1990年		1995年		2000年		2007年	
	农村居民人均纯收入	为全国平均水平的%	农村居民人均纯收入	为全国平均水平的%	农村居民人均纯收入	为全国平均水平的%	农村居民人均纯收入	为全国平均水平的%
全 国	686.3	100	1578	100	2253.4	100	4140.36	100
内蒙古	607.15	88.47	1208.4	76.59	2038.21	90.45	3953.10	95.48
广 西	639.45	93.17	1446.1	91.66	1864.51	82.74	3224.05	77.87
重 庆	—	—	—	—	1892.44	83.98	3509.29	84.76
四 川	557.76	81.27	1158.3	73.41	1903.6	84.48	3546.69	85.66
贵 州	435.14	63.4	1086.6	68.87	1374.16	60.98	2373.99	57.34
云 南	540.86	78.81	1011	64.08	1478.6	65.62	2634.09	63.62
西 藏	649.71	94.67	1200.3	76.08	1330.81	59.06	2788.20	67.34

（续表）

地 区	1990 年		1995 年		2000 年		2007 年	
	农村居民人均纯收入	为全国平均水平的%	农村居民人均纯收入	为全国平均水平的%	农村居民人均纯收入	为全国平均水平的%	农村居民人均纯收入	为全国平均水平的%
陕 西	530.8	77.34	962.89	61.03	1443.86	64.07	2644.69	63.88
甘 肃	430.98	62.8	880.34	55.8	1428.68	63.4	2328.92	56.24
青 海	559.78	81.56	1029.8	65.27	1490.49	66.14	2683.78	64.82
宁 夏	578.13	84.24	998.75	63.3	1724.3	76.52	3180.84	76.82
新 疆	683.47	99.59	1136.5	72.03	1618.08	71.81	3182.97	76.88

资料来源：相关年份《中国统计年鉴》，经过整理。

（2）中国西部工业发展水平分析

西方发达国家在城市化初期及中期阶段，工业化是推动城市化进程的根本动力，工业、非农产业对城市化的拉动效应极为明显。在新中国奠基的工业基础上，经过改革开放 30 余年的发展，中国的基本经济国情已经从农业经济大国逐步转变为名副其实的工业经济大国，2000 年中国第二产业占 GDP 的比重达到 45.9%，2007 年中国第二产业占 GDP 的比重则上升到 48.6%，不仅远远高于 2000 年发达国家 28.6% 的比例，而且也高于 2000 年发展中国家 33.4% 的比例，第二产业对经济增长的贡献率从 1990 年的 41.0% 提升到 2007 年的 54.1%，[①]中国经济增长表现出工业化引导的强劲趋势。根据中国社科院陈佳贵等（2007）的研究结论，从区域差异来看，2005 年东部 10 省市的工业化综合指数已经达到 78，进入工业化后期的前半阶段，东北 3 省的工业化综合指数为 45，进入工业化中期的前半阶段，中部 6 省的工业化综合指数为 30，西部 12 省区市的工业化综合指数仅 25，西部在整体上尚处于工业化初期的后半阶段（表 4—2—2）。

---

① 中华人民共和国统计局编：《中国统计年鉴 2008》，中国统计出版社，2008，第 38、48 页。

表4－2－2　西部工业化阶段与全国及其他区域的比较（2005年）

		全国	四大板块	七大经济区	31省区市
后工业化阶段（五）					上海(100)、北京(100)
工业化后期（四）	后半阶段			长三角(85)、珠三角(800)	天津(96)、广东(83)
	前半阶段		东部(78)	环渤海(70)	浙江(79)、江苏(78)、山东(66)
工业化中期（三）	后半阶段	全国(50)			辽宁(63)、福建(56)
	前半阶段		东北(45)	东北三省(45)	山西(45)、吉林(39)、内蒙古(39)、湖北(38)、河北(38)、黑龙江(37)、宁夏(34)、重庆(34)
工业化初期（二）	后半阶段		中部(30)、西部(25)	中部6省(30)、大西北(26)、大西南(24)	陕西(30)、青海(30)、湖南(28)、河南(28)、新疆(26)、安徽(26)、江西(26)、四川(25)、甘肃(21)、云南(21)、广西(19)、海南(17)
	前半阶段				贵州(13)
前工业化阶段（一）					西藏(0)

资料来源：陈佳贵、黄群慧、钟宏武、王延中等：《中国工业化进程报告（1995—2005年）》，社会科学文献出版社，2007，第38—48页。注：括号内数值为工业化综合指数。

　　从工业化综合指数来看，西部整体处于工业化初期的后半阶段。从分省区综合指数来看，西部地区的多数省区市处于工业化初期的后半阶段，贵州处于工业化初期的前半阶段，西藏处于前工业化阶段。无论是西部整体工业化水平还是省区工业化水平与全国平均水平都存在较大差距，与东部，尤其是长三角、珠三角地区的差距更大（表4－2－2）。

上述比较是基于 2005 年数据的静态比较，从 1995—2005 年 10 年间的动态比较来看，西部地区的工业化进程、工业化速度与东部地区也存在较大差距（表 4-2-3）。这种发展进程和发展速度上的差距造成了西部工业化发展水平与东部地区未来发展差距的进一步扩大。

表 4-2-3　西部工业化速度与全国及其他区域的比较(1995—2005 年)

地区	工业化进程（工业化水平综合指数）			工业化速度（工业化水平综合指数年均增长）						工业化加速度（"十五"平均速度减去"九五"平均速度）		
	1995	2000	2005	1995~2005		1995~2000		2001~2005		加速度	趋势	排名
				速度	排名	速度	排名	速度	排名			
全国	18	26	50	3.2	—	1.6	—	4.8	—	3.2	加速	—
东部	32	44	78	4.6	1	2.4	1	6.8	1	4.4	加速	1
中部	6	13	30	2.4	—	1.4	2	3.4	2	2.0	加速	3
西部	5	9	25	2.0	3	0.8	4	3.2	3	2.4	加速	2
东北	27	35	45	1.8	4	1.5	2	2.1	4	0.6	加速	4
内蒙	5	13	39	3.4	1	1.6	13	5.2	5	3.6	加速	3
广西	2	4	19	1.7	22	0.4	26	3	19	2.6	加速	10
重庆	—	15	34	—	—	—	—	3.8	9	—	—	—
四川	4	8	25	2.1	19	0.8	22	3.4	15	2.6	加速	11
贵州	4	6	13	0.9	25	0.4	27	1.4	27	1	加速	21
云南	15	13	21	0.6	27	-0.4	28	1.6	25	2	加速	15
西藏	0	0	0	—	—	—	—	—	—	0	不变	26
陕西	10	14	30	2	20	0.8	23	3.2	16	2.4	加速	13
甘肃	15	11	21	0.6	26	-0.8	29	2	23	2.8	加速	9
宁夏	11	15	34	2.3	16	0.8	21	3.8	10	3	加速	8
青海	7	15	30	2.3	16	1.6	15			1.4	加速	20
新疆	9	17	26	1.7	21	1.6	16	1.8	24	0.2	加速	25

资料来源：陈佳贵、黄群慧、钟宏武、王延中等：《中国工业化进程报告 (1995—2005 年)》，社会科学文献出版社，2007，第 38—48 页。

工业化是城市化的根本经济基础，从西部地区工业化发展水平、发展进程、发展速度及其与全国和东部地区的比较分析来看，工业化发展水平和发展速度上的差距在根本上造成了城市化发展水平及发展进程的东西部差距，这也成为中国西部城市发展的严重经济制约。

(3)中国西部第三产业发展水平分析

第三产业的发展和高级化既是工业化发展的必然结果,也是工业化进一步发展的产业环境与基础。同时,第三产业既是城市化发展的必然结果,也是城市化发展第二次浪潮的产业基础。从1993—2006年西部各省区市第三产业增加值占GDP比重与全国平均水平的比较分析来看,其与全国平均水平差距不大,且部分省区市第三产业比重还高于同期全国平均水平(表4-2-4)。在西部一些省区市总体经济发展相对全国平均水平落后、第二产业发展水平有限、第一产业比重较高的情况下,部分省区市第三产业增加值比重却达到,甚至是超过了全国平均水平,这不是产业结构高级化的表现,而是第三产业"虚高"的问题。

表4-2-4　西部省区市与全国第三产业增加值及占GDP
构成的比较(单位:亿元;%)

地区	1993		2000		2006	
	增加值	占GDP构成	增加值	占GDP构成	增加值	占GDP构成
全 国	11915.7	33.7	38714.0	39.0	82972.0	39.4
内蒙古	184.39	34.3	605.74	39.3	1814.42	37.9
广 西	305.00	35.0	808.58	38.5	1917.47	39.7
重 庆	181.53	32.8	694.46	43.3	1564.79	44.8
四 川	456.32	30.7	1549.51	39.4	3267.14	37.8
贵 州	129.25	31.0	367.52	35.7	908.05	39.8
云 南	266.25	34.0	746.14	37.1	1544.31	38.5
西 藏	13.63	36.4	54.37	48.6	160.01	55.0
陕 西	232.47	34.3	763.20	42.3	1594.76	35.3
甘 肃	124.85	33.5	437.13	41.5	900.16	39.5
青 海	39.34	35.9	114.73	43.5	240.78	37.5
宁 夏	38.04	36.4	127.56	43.2	281.39	39.6
新 疆	163.33	33.0	537.80	39.5	1058.16	34.7

资料来源:《中国第三产业统计年鉴2007》,经过整理。

第三产业在更广义的范围内又被称之为服务业。根据吕政等(2006)^①的研究,国外学者一般把服务业划分为生产性服务业和消费性服务业。如 Browing、Singelman(1975)等人对服务业的功能性分类进行了研究,提出了生产性服务业(Producer Services)的概念,并认为生产性服务业包括金融、保险、法律、工商服务、经纪等具有知识密集和为客户提供专门性服务的行业。Howells、Green(1986)则认为生产性服务业包括金融、保险、银行和其他商业服务业(如广告和市场研究),以及职业和科学服务(如会计与法律服务)、研发服务等为其他公司提供的服务。Hansen(1990,1994)则从功能方面对生产性服务业进行了定义,认为生产性服务业具有促进货物生产或为其他服务的投入而发挥中间作用的功能,生产性服务业既包括为上游生产活动服务的部门(如研发),也包括为下游部门服务的部门(如市场)。中国《十一五规划纲要》则将生产性服务业分为交通运输业、现代物流业、金融服务业、信息服务业和商业服务业等行业部门。从发达国家服务业的发展水平来看,其普遍存在两个"70%现象",即服务业增加值占 GDP 比重的 70%,生产性服务业占全部服务业比重的70%。^② 中国西部相关省区市的第三产业除了在整体发展上存在"虚高"的问题外,在第三产业内部结构上也存在一定问题,尤其是生产性服务业发展与全国平均水平比较还存在较大差距。

沈志群、倪鹏飞(2008)应用中国 1993—2004 年生产性服务业数据定量分析对比了各区域生产性服务业的发展。其分析结果表明,从总体上看,生产性服务业的发展水平呈现出从东部沿海向西部内陆由高到低递减的趋势。从行业来看,交通运输和仓储

---

① 吕政、刘勇、王钦:《中国生产性服务业发展的战略选择——基于产业互动的研究视角》,《中国工业经济》2006 年第 8 期,第 5 页。

② 何德旭主编:《中国服务业发展报告 No.6》,社会科学文献出版社,2008,第 9 页。

业呈现出东北部沿海和南部省份的弧加点状分布,金融保险业表现为东部沿海区域内孤立点状分布,房地产业则大多集中在财富积累最多、最快的区域。而从分省区市的生产性服务业竞争力排名来看,西部相关省区市基本处于全国靠后的位置,西部相关省区市的生产性服务业发展水平与东部沿海省区相比存在较大差距(表4—2—5)。

表4—2—5 西部省区市生产性服务业竞争力排名情况(2005年)

省区市	总排名	运输、仓储及邮电通信业综合排名	金融保险业综合排名	房地产业综合排名
四川	10	16	7	7
内蒙古	16	10	27	26
重庆	20	20	15	14
陕西	21	19	18	22
广西	22	22	23	17
云南	23	24	12	18
新疆	25	25	17	28
甘肃	26	26	26	25
贵州	27	27	20	23
青海	28	30	31	30
宁夏	29	28	24	29
西藏	31	31	30	31

资料来源:沈态群、倪鹏飞:《中国区域生产性服务业竞争力比较研究》,收录于何德旭主编:《中国服务业发展报告 No.6》,社会科学文献出版社,2008,第141—142页。

4.2.2.3 中国西部城市群体发展的经济困境:经济基础薄弱

从中国西部城市发展的经济基础分析来看,西部城市群体的发展不仅面临着农业和农村发展落后的制约、工业发展水平的低下以及工业结构的不合理更是严重制约着西部城市的发展,此外,第三产业的"虚高"、生产性服务业发展滞后不仅影响着中国西部工业发展,还制约着西部城市的发展。

(1)农业发展"弱质"及农村贫困面大

中国农业生产条件较为优越的三大平原主要分布在东北、华北及长江中下游地区,而面积广大的西部地区除了成都平原、关中地区、河西走廊等少数平原地区外,地形主要以山地为主,此外还分布着面积广大的沙漠、戈壁、喀斯特等地形地貌以及人类难以生存的高寒山区。因此,现代农业主要集中在东中部农业生产条件较好的地区,西部地区现代农业生产方式只占较少比重,而绝大部分农业生产还属于传统农业耕作方式,甚至部分地区还处于原始的"刀耕火种"阶段。中国西部农业发展受自然条件限制,再加上各种各样的原因,西部地区农业发展水平整体低下。由于农业生产能力的不足,再加上恶劣的自然条件,西部农村的贫困面积广大,贫困人口众多。据《中国农村贫困监测报告 2007》统计:[①]2006 年全国农村绝对贫困人口为 2148 万人,贫困发生率为 2.3%,农村低收入人口为 3550 万,低收入人口占乡村人口的比重为 3.7%,但从贫困人口的区域分布来看,东、中、西、东北地区绝对贫困人口数量分别为 112 万、560 万、1370 万、107 万人,贫困发生率分别为 0.3%、2.0%、4.8%、1.9%,低收入人口分别为 226 万、1041 万、2196 万、87 万人,低收入人口占乡村人口的比重分别为 0.7%、3.7%、7.7%、1.5%。从分省来看,西部省区的贫困发生率也相对较高,青海省贫困发生率为 10.9%,内蒙古、贵州、云南、陕西、甘肃五省区贫困发生率在 5%—10% 之间。从低收入人口占乡村人口的比重来看,贵州、云南、陕西、甘肃、新疆等省区低收入人口占乡村人口的比重仍在 10% 以上。如前所析,农业的发展承担着为工业和城市发展提供产品、劳动力、资本及市场等四

---

① 国家统计局农村社会经济调查司:《中国农村贫困监测报告 2007》,中国统计出版社,2008,第 7—8 页。

大贡献。由于中国西部农业和农村发展的落后,农村除了能为城市和工业发展提供近乎无限供给的劳动力以外,难以提供更多的剩余农产品、资本及市场贡献。因此,西部农业和农村发展的落后对西部城市的发展有着显著影响和制约。

(2)工业发展水平有限及工业结构不合理

从西部地区工业发展水平的分析来看,其工业整体发展水平的低下必然使得其城市发展缺乏强大的产业推动力。工业发展规模不足,使得城市难以提供充分的就业岗位以吸引农村剩余劳动力于城市就业,而农村剩余劳动力不能迁往城镇就业,则农村居民的消费水平难以提高,这又反过来制约着工业发展所需的农村市场潜力的扩展,进而陷入一种"工业与农业、城市与乡村"普遍发展滞后的"循环累积"困境。此外,在工业结构方面,由于能源重化工业占有较大比重,而能源重化工业又属于资本密集型产业,在可投入资本有限的情况下,能源重化工业所需投入资本的增加势必又影响着对其他产业的投资。同时,由于原有产业布局时没有考虑产业之间的关联,基于亨德森的规模经济理论,把毫无关联的产业布局在同一地域并不能产生溢出效应,因而,其地方化经济效应和城市化经济效应也难以获得。再者,现代城市群是在产业群的支撑下发展起来的,西部大型企业集团、产业集群及产业群体发展能力的不足更是在产业基础层面制约着西部城市的群体状发展。

(3)第三产业"虚高"及生产性服务业发展滞后

从中国西部第三产业发展水平及其与全国的比较分析来看,西部地区在整体经济发展水平相对落后的背景下,部分省区第三产业比重却高于全国平均水平。第一产业比重较高、第二产业比重相对较低,再加上第三产业的"虚高",这一方面是西部区域与城市产业结构不合理的表现,另一方面也会进一步影响西部地区产业结构的升级和优化,进而影响西部地区城市及城市群体的发展速度、发展质量和城市结构的优化。此外,西部地区在第三产业"虚高"的同时,生产性服务业发展却相对滞后,这不仅是第三产业内部产业结构不合理的问题,而且还进一步影响着第二产业的发展,进而影响西部区域内城市及城市群体的发展。

4.2.3 结构困境:城镇体系结构失衡

城市结构包含城市内部结构与城市外部结构,城市外部结构指的是区域内中心城市与所在区域内其他关联城市共同构成的城市空间系统,这个系统的重要特征便是该区域城市群体的空间关系和空间结构的问题。本研究主要分析的是城市群体的外部结构,而具体分析城市群体的外部结构时则主要分析的是西部区域内城市群体的等级规模结构、职能组合结构和地域空间结构。

4.2.3.1 中国西部城市群体的等级规模结构分析

(1)城市群体等级规模结构的测度指标

城市体系是一定地域空间内由一系列规模不等、职能各异的城市所组成的,不同地区、不同城市化水平下的城市体系具有不同的等级规模分布特征。规模结构可以反映出城市在不同规模级中的分布状况及城市人口集中或分散的程度,有助于认识城市体系发展所处的阶段以及该地区城市化进程的某些特点。[①] 城市规模分布的常用分析模型是首位律和位序—规模法则。杰斐逊(M. Jefferson,1939)将首位城市(primate city)与第二位城市的人口规模比称为首位度,提出了城市首位率理论。[②] 由于首位度在

---

① 赵静、焦华富、宣国富:《安徽省城市体系等级规模结构特征及其调整》,《长江流域资源与环境》2005 年第 5 期,第 556—560 页。

② Jefferson M. The law of the primate city[J]. Geographical Review, 1939(29): pp. 226—232.

一定程度上只代表了城市体系中城市人口在最大城市的集中程度,因而不免以偏概全,为了改进首位度两城市指数的过于简单化,有人提出了四城市指数和十一城市指数。[①]

四城市指数表述为:

$$S = P_1/(P_2 + P_3 + P_4)$$

十一城市指数表述为:

$$S = 2P_1/(P_2 + P_3 + \cdots + P_{11})$$

上述两式中, P_1, P_2, P_3, $\cdots$, P_{11} 分别为城市体系中按人口规模从大到小排序后,该位序城市的人口规模。

按照城市首位度原理,正常的四城市指数和十一城市指数都应该是1,而两城市指数应该是2,四城市指数和十一城市指数较之两城市指数更能全面地反映城市规模分布的特点。

城市分布的位序—规模法则最早由奥尔巴克(F. Auerbach, 1913)提出,奥尔巴克研究发现,5 个欧洲国家和美国的城市人口数据符合关系式 $P_i R_i = K$,[②]式中 P_i 为所有城市按人口规模从大到小排序后第 i 位城市的人口规模, R_i 为第 i 位城市的位序, K 为常数。其后,罗特卡(A. J. Lotka, 1925)发现美国城市分布符合 $P_i R_i^{0.93} = 5000000$ 关系式,式中 P_i 为所有城市按人口规模从大到小排序后第 i 位城市的人口, R_i 为第 i 位城市的位序。而辛格(H. W. Singer, 1936)则提出一般转换公式 $\lg R_i = \lg K - q \lg P_i$。[③]齐普夫(G. K. Zipf, 1949)在研究中发现,经济发达国家一体化的

① 许学强、周一星、宁越敏:《城市地理学》,高等教育出版社,1997,第 124 页。

② [英]保罗·切希尔等著,安虎森等译:《区域和城市经济学手册·第 3 卷·应用城市经济学》,经济科学出版社,2003,第 18—45 页。

③ Singer H W. The"Courbe does populations": a parallel to Pareto's law[J]. Economic Journal, 1936(46): pp. 254—263.

城市体系中的城市规模分布可用 $P_r = \dfrac{P_1}{r}$ 表示，[①]式中，P_r 为第 r 位城市的人口规模，P_1 为最大城市的人口规模，r 为城市位序。在城市分布的位序—规模分析中，现今应用较为广泛的是罗特卡模式的一般式 $P_i = \dfrac{P_1}{r^q}$ 及对数变换式 $LnP_i = LnP_1 - qLnr_i$。通过散点图可以对城市的规模等级作客观划分，然后进行 $y = a + bx$ 形式的回归分析，$|b|$ 值接近于 1 说明城市规模分布接近齐普夫的理想状态；$|b|$ 值大于 1 说明城市规模分布比较集中，大城市很突出，中心城市发育不够，城市首位度较高；$|b|$ 小于 1 说明城市人口比较分散，分布在各等级城市里，高位次城市规模不很突出，中小城市比较发育。当进行多年比较时，$|b|$ 变大说明城市规模分布趋于集中的力量大于分散的力量；$|b|$ 变小则说明分散的力量大于集中的力量。[②]

(2)中国西部城市群体的等级规模结构分析

城市人口规模和城市经济规模是衡量城市规模的两个主要指标，本研究选取 1990 年、1995 年、1999 年、2003 年西部设市城市市区非农业人口（P）与市区 GDP 数据[③]，拟从人口与经济两个指标应用城市首位度（两城市指数）、四城市指数、十一城市指数及罗特卡模式的对数变换式 $LnP_i = LnP_1 - qLnr_i$ 及 $LnGDP_i =$

---

① ［英］保罗·切希尔等著，安虎森等译：《区域和城市经济学手册·第3卷·应用城市经济学》，经济科学出版社，2003，第18—45页。

② 许学强、周一星、宁约敏：《城市地理学》，高等教育出版社，1997，第125—127页。

③ 数据来源于相关年份《中国城市统计年鉴》，其中地级及以上城市数据为市区数据，县级市为城关镇数据，下同。之所以选用《中国城市统计年鉴 1991、1996、2000、2004》的数据而不选用最近年份如《中国城市统计年鉴 2007》的数据，是因为《中国城市统计年鉴2007》对县级市"非农业人口"和"GDP值"两个指标是以全市（包括乡镇和农村）为统计口径的，而《中国城市统计年鉴 1991、1996、2000、2004》对县级市的城关镇进行了"非农业人口"和"GDP值"两个指标的统计，因而更能真实反映县级市的城市人口规模和经济规模。

$LnGDP_1 - qLnr_i$ 对西部城市位序—规模结构进行分析。

　　以人口与经济规模衡量的城市首位度反映了城市体系中人口与经济在最大城市的集中程度,该指标从另一个视角反映了城市体系的等级规模结构特征。首位度(二城市指数)接近2,四城市指数和十一城市指数接近1是城市等级规模结构的理想状态。表4—2—6给出了1990年、1995年、1999年、2003年西部城市的首位度指数。结果显示,西部城市首位度指数明显偏离理想值,这说明西部城市体系还没有出现第一位城市呈明显优势的首位分布,尤其是以经济规模衡量的城市首位度低于以人口规模衡量的城市首位度。首位度指数虽不能作为衡量城市规模结构是否合理的唯一指标,但首位城市发育不足表明西部还没有形成一个能引领整个西部经济发展的强大中心城市。从城市首位度指数的变动趋势来看,以市区非农业人口规模衡量的城市首位度无论是二城市指数、四城市指数,还是十一城市指数从1990年到2003年间都呈持续增大趋势,这说明西部城市以市区非农业人口衡量的第一位城市人口规模增速明显。但以市区经济规模(GDP)衡量的首位度指数变动趋势不明显。

表4—2—6　中国西部城市首位度及其变动

年份	指标	二城市指数	四城市指数	十一城市指数
1990	市区非农业人口规模	1.15712	0.46576	0.41108
	市区经济规模(GDP)	1.09857	0.41736	0.37382
1995	市区非农业人口规模	1.27379	0.50139	0.44432
	市区经济规模(GDP)	1.18481	0.48670	0.44605
1999	市区非农业人口规模	1.49607	0.59730	0.52700
	市区经济规模(GDP)	1.14891	0.45039	0.48491
2003	市辖区非农业人口规模	1.52725	0.60050	0.55381
	市辖区经济规模(GDP)	1.01426	0.44068	0.46887

资料来源:《中国城市统计年鉴》(1991、1996、2000、2004),经过整理。

　　西部城市首位度偏低,这在另一方面也说明中国西部存在多个规模相当的城市经济中心,即引领西部经济发展的是多中心城市格局,而不是单一中心城市引领整个西部经济发展,这从城市规模前 11 位的城市人口与经济规模也可以得出这一结论(表 4－2－7)。

应用罗特卡模式的对数变换式 $LnP_i = LnP_1 - qLnr_i$ 及 $LnGDP_i = LnGDP_1 - qLnr_i$,取 1990 年、1995 年、1999 年、2003 年中国西部设市城市市区非农业人口与市区 GDP 数据,应用 SPSS13.0 对中国西部城市群体的位序—规模结构进行一元线性回归分析。

表 4－2－7　中国西部城市规模前 11 位城市的人口与经济规模

年份	指标	城市及其规模
1990	市区非农业人口规模(万人)	重庆(226.68)、西安(195.9)、成都(171.33)、兰州(119.46)、昆明(112.89)、乌鲁木齐(104.69)、贵阳(101.86)、包头(98.35)、南宁(72.19)、呼和浩特(65.25)、柳州(60.93)
	市区经济规模(GDP)(亿元)	成都(99.19)、重庆(90.29)、西安(76.72)、昆明(70.65)、兰州(63.38)、乌鲁木齐(57.37)、贵阳(44.52)、包头(34.99)、南宁(34.76)、柳州(32.78)、玉溪(25.22)
1995	市区非农业人口规模(万人)	重庆(275.33)、西安(216.15)、成都(199.59)、兰州(133.39)、昆明(126.3)、乌鲁木齐(115.34)、贵阳(114.99)、包头(104.42)、南宁(86.31)、柳州(73.55)、呼和浩特(69.29)
	市区经济规模(GDP)(万元)	重庆(4194785)、成都(3540459)、西安(2601843)、昆明(2476543)、玉溪(1927338)、兰州(1823335)、乌鲁木齐(1684372)、包头(1219773)、南宁(1218406)、贵阳(1177100)、柳州(1139380)
1999	市区非农业人口规模(万人)	重庆(365.1)、西安(244.04)、成都(221.21)、昆明(146)、兰州(145.49)、贵阳(136.32)、乌鲁木齐(128.67)、包头(111.13)、南宁(96.12)、呼和浩特(78.37)、柳州(78.22)
	市区经济规模(GDP)(万元)	重庆(7184600)、成都(6253391)、西安(5136255)、昆明(4562374)、乌鲁木齐(2319720)、玉溪(2186376)、兰州(2182101)、南宁(1978768)、贵阳(1843555)、包头(1748616)、绵阳(1421395)

(续表)

年份	指标	城市及其规模
2003	市辖区非农业人口规模（万人）	重庆(441.16)、西安(288.86)、成都(281.4)、昆明(164.39)、兰州(162.76)、乌鲁木齐(142.03)、贵阳(141.09)、包头(130.63)、南宁(108.97)、西宁(88.71)、柳州(84.35)
	市辖区经济规模（GDP）（万元）	重庆（11606063）、成都（11442948）、西安（8585200）、昆明（6308339）、乌鲁木齐（4027222）、包头（3930444）、兰州（3793079）、贵阳（3205791）、南宁（3036343）、呼和浩特（2984984）、柳州（2192196）

资料来源:《中国城市统计年鉴》(1991、1996、2000、2004),经过整理。

1)对 1990 年中国西部城市体系的位序—规模结构进行回归分析。以市区非农业人口为指标的中国西部城市体系位序—规模结构的一元线性回归分析结果如图 4—2—1 所示。

基于双对数坐标图(图 4—2—1),从 1990 年以市区非农业人口规模为指标的西部城市体系位序—规模结构来看,虽然各等级规模城市都有连续分布,但中小城市比重较大,而大城市数量尤其是 50 万—100 万人口之间的大城市数量较少,这在一定程度上造成了城市体系结构的断层。

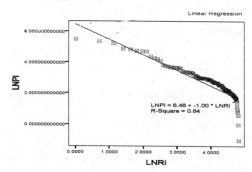

图 4—2—1　中国西部城市体系等级规模结构散点图
(1990 年市区非农业人口)

对经对数变换后的中国西部城市规模和位序进行 $y = a + bx$ 形式的回归分析,把最大城市作为一个普通样本参加回归,a 是误差平方和最小时回归线的截距,代表了最大城市的理论值。b 值反映了城市体系中城市人口的集中程度。从回归结果来看(表 4-2-8(a)、表 4-2-8(b)、表 4-2-8(c)),相关指数比较高,回归模型拟合优度较好,回归方程及系数通过显著性检验。

表 4-2-8(a)　回归模型拟合优度评价及 Durbin-Watson 检验结果

[Model Summary(b)]

Model	R	R Square	Adjusted R Square	Std. Error of the Estimate	Durbin-Watson
1	.919(a)	.845	.844	.402550120229412	.113

a Predictors:(Constant),LNRi

b Dependent Variable:LNPi

表 4-2-8(b)　方差分析表[ANOVA(b)]

Model		Sum of Squares	df	Mean Square	F	Sig.
1	Regression	105.912	1	105.912	653.589	.000(a)
	Residual	19.446	120	.162		
	Total	125.357	121			

a Predictors:(Constant),LNRi

b Dependent Variable:LNPi

表 4-2-8(c)　回归系数估计及其显著性检验

Coefficients^a

Model	Unstandardized Coefficients		Standardized Coefficients	t	Sig.
	B	Std. Error	Beta		
1　(Constant)	6.465	.154		41.965	.000
LNRi	.999	.039	.919	−25.555	.000

a. Dependent Variable:LNPi

根据回归结果,得到回归方程:

$$\mathrm{Ln}P_i = 6.465 - 0.999\mathrm{Ln}r_i$$

$$(41.965)(-25.565)$$

$$F = 653.589 \quad R^2 = 0.845 \quad R_a^2 = 0.844$$

基于同样原理及方法,以 1990 年市区 GDP 为指标对西部城市体系的位序—规模结构进行回归分析,得到回归分析的双对数散点图(图 4－2－2)及模型参数值(表 4－2－9(a)、表 4－2－9(b)、表 4－2－9(c))。

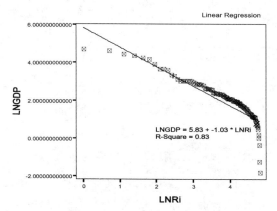

图 4－2－2　中国西部城市体系等级规模结构散点图

(1990 年市区 GDP)

表 4－2－9(a)　回归模型拟合优度评价及 Durbin-Watson 检验结果

Model Summary(b)

Model	R	R Square	Adjusted R Square	Std. Error of the Estimate	Durbin-Watson
1	.910(a)	.827	.826	.442101275937966	.087

a Predictors：(Constant),LNRi

b Dependent Variable：LNGDP

表 4－2－9(b)　方差分析表 ANOVA(b)

Model		Sum of Squares	df	Mean Square	F	Sig.
1	Regression	110.517	1	110.517	565.438	.000(a)
	Residual	23.064	118	.195		
	Total	133.580	119			

a Predictors：(Constant),LNRi

b Dependent Variable：LNGDP

表 4－2－9(c)回归系数估计及其显著性检验

Coefficients[a]

Model		Unstandardized Coefficients		Standardized Coefficients	t	Sig.
		B	Std. Error	Beta		
1	(Constant)	5.828	.170		34.274	.000
	LNRi	−1.030	.043	.910	−23.779	.000

a. Dependent Variable:LNGDP

根据回归参数值,得到回归方程:

$$LnGDP_i = 5.828 - 1.03Lnr_i$$

$$(34.274)(-23.779)$$

$$F = 565.438R^2 = 0.827R_a^2 = 0.826$$

2)基于同样的原理及分析方法,分别取 1995、1999、2003 年中国西部城市市区非农业人口与市区 GDP 数据,应用 SPSS13.0 对相应年份西部城市群体的位序—规模结构进行一元线性回归分析,得到双对数散点图(图 4－2－3、4－2－4、4－2－5、4－2－6、4－2－7、4－2－8),根据回归参数值,回归模型通过显著性检验后,得到回归方程(表 4－2－10)。

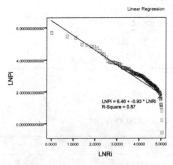

图 4－2－3　中国西部城市体系等级规模结构散点图(1995 年市区非农业人口)

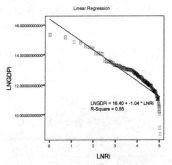

图 4－2－4　中国西部城市体系等级规模结构散点图(1995 年市区 GDP)

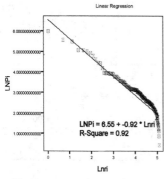

图 4—2—5 中国西部城市
体系等级规模结构散点图
(1999 年市区非农业人口)

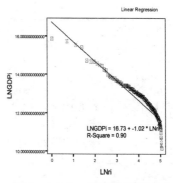

图 4—2—6 中国西部城市
体系等级规模结构散点图
(1999 年市区 GDP)

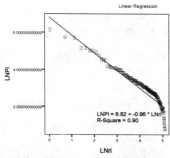

图 4—2—7 中国西部城市体
系等级规模结构散点图(2003
年市区非农业人口)

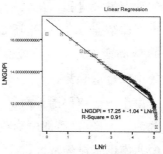

图 4—2—8 中国西部城市
体系等级规模结构散点图
(2003 年市区 GDP)

表 4—2—10 中国西部城市体系位序—规模结构及其变动

指标	年份	回归方程	方程及参数检验
市区非农业人口	1990	$\ln P_i = 6.465 - 0.999 \mathrm{Ln} r_i$ (41.965)(−25.565)	$F = 653.589$ $R_a^2 = 0.844$
	1995	$\ln P_i = 6.464 - 0.928 \mathrm{Ln} r_i$ (53.782)(−32.093)	$F = 1029.975$ $R_a^2 = 0.873$
	1999	$\ln P_i = 6.549 - 0.921 \mathrm{Ln} r_i$ (71.972)(−42.513)	$F = 1807.352$ $R_a^2 = 0.920$
	2003	$\ln P_i = 6.821 - 0.959 \mathrm{Ln} r_i$ (65.499)(−38.706)	$F = 1498.145$ $R_a^2 = 0.904$

中国西部城市群落空间重构及其核心支撑

（续表）

指标	年份	回归方程	方程及参数检验
市区 GDP	1990	$\text{LnGDP}_i = 5.828 - 1.03\text{Ln}r_i$ $(34.274)\ (-23.779)$	$F = 565.438$ $R_a^2 = 0.826$
	1995	$\text{LnGDP}_i = 16.399 - 1.039\text{Ln}r_i$ $(108.608)(-28.446)$	$F = 809.193$ $R_a^2 = 0.845$
	1999	$\text{LnGDP}_i = 16.727 - 1.021\text{Ln}r_i$ $(145.952)(-37.185)$	$F = 1382.744$ $R_a^2 = 0.900$
	2003	$\text{LnGDP}_i = 17.246 - 1.041\text{Ln}r_i$ $(158.133)(-40.363)$	$F = 1629.211$ $R_a^2 = 0.909$

把经由 SPP13.0 回归分析所得到的中国西部城市体系位序—规模回归方程进行对比（表4-2-10），可以看出西部城市体系的动态发展进程。从表4-2-10 中 $\text{Ln}r_i$ 的系数来看，无论是以市区非农业人口指标还是以市区 GDP 指标分析，从 1990—2003 年间西部地区城市规模分布总体上趋于稳定，没有出现明显的集中或分散趋势。

由于中国西部国土面积广大，而且在历史及传统上常把西部划分为三大经济区，即由滇黔桂三省区省会（首府）城市为中心组成的西南南贵昆经济区、地处长江上游的四川和重庆两省市的成都和重庆为中心组成的长江上游成渝经济区以及由西陇海—兰新沿线主要城市为中心组成的西北西陇海—兰新经济带，基于以上划分，现分别对其城市体系等级—规模结构进行分析。

（3）中国西南滇黔桂地区城市等级规模结构分析

取 1990 年、1995 年、1999 年、2003 年云南、贵州、广西三省区设市城市市区非农业人口与市区 GDP 数据，[①]对滇黔桂地区的城市首位度进行分析，获得二城市指数、四城市指数和十一城市指数（表4-2-11）。

---

① 数据来源于相关年份《中国城市统计年鉴》，地级及以上城市数据为市区数据，县级市为城关镇数据。

表 4—2—11 滇黔桂地区城市体系的城市首位度、

四城市指数、十一城市指数

年份	指标	城市首位度	四城市指数	十一城市指数
1990	市区非农业人口规模	1.10829	0.48042	0.54809
	市区经济规模(GDP)	1.58693	0.63047	0.60452
1995	市区非农业人口规模	1.09856	0.45952	0.51818
	市区经济规模(GDP)	1.28496	0.57290	0.57235
1999	市区非农业人口规模	1.07101	0.46997	0.54549
	市区经济规模(GDP)	2.08673	0.75930	0.80533
2003	市辖区非农业人口规模	1.16514	0.49158	0.55688
	市辖区经济规模(GDP)	1.96780	0.74794	0.77877

从滇黔桂地区城市体系的城市首位度指数来看,除了1990年和2003年以市区经济规模(GDP)测算的二城市指数达到或接近2、城市规模结构符合位序—规模法则外,其他年份无论是以市区非农人口还是市区经济规模(GDP)测算的城市首位度指数都明显偏离理想值。这说明西南滇黔桂三省区的城市体系结构不符合位序—规模法则。

应用罗特卡模式的对数变换式 $LnP_i = LnP_1 - qLnr_i$ 及 $LnGDP_i = LnGDP_1 - qLnr_i$,取 1990、1995、1999、2003 年西南滇黔桂三省区城市市区非农业人口与市区 GDP 数据,应用SPSS13.0 对其城市体系位序—规模结构进行回归分析,得到回归分析的双对数散点图(图 4—2—9 至图 4—2—16)及模型参数值,基于回归参数,得到回归方程(表 4—2—12)。

从滇黔桂三省区城市体系的双对数坐标图(图 4—2—9 至图 4—2—16)可以看出,无论是从以市区非农业人口规模为指标,还是以市区经济规模(GDP)为指标分析的城市体系位序—规模结构来看,虽然各等级规模城市都有连续分布,但中小城市比重较大,而大城市数量,尤其是 50 万—100 万人口之间的大城市数量较少,在一定程度上造成了城市体系结构的断层。

表 4—2—12 滇黔桂三省区城市体系位序—规模结构及其变动

指标	年份	回归方程	方程及参数检验
市区非农业人口	1990	$\text{Ln}P_i = 5.509 - 1.174\text{Ln}r_i$ $(17.521)(-10.027)$	$F = 100.540$ $R_a^2 = 0.763$
	1995	$\text{Ln}P_i = 5.502 - 1.026\text{Ln}r_i$ $(24.938)(-13.941)$	$F = 194.345$ $R_a^2 = 0.815$
	1999	$\text{Ln}P_i = 5.465 - 0.958\text{Ln}r_i$ $(41.297)(-22.002)$	$F = 484.068$ $R_a^2 = 0.913$
	2003	$\text{Ln}P_i = 5.612 - 0.953\text{Ln}r_i$ $(39.468)(-20.888)$	$F = 436.315$ $R_a^2 = 0.897$
市区经济规模(GDP)	1990	$\text{LnGDP}_i = 4.969 - 1.155\text{Ln}r_i$ $(16.432)(-10.256)$	$F = 105.175$ $R_a^2 = 0.771$
	1995	$\text{LnGDP}_i = 15.561 - 1.136\text{Ln}r_i$ $(59.888)(-13.111)$	$F = 171.899$ $R_a^2 = 0.795$
	1999	$\text{LnGDP}_i = 15.594 - 1.007\text{Ln}r_i$ $(128.353)(-25.190)$	$F = 634.531$ $R_a^2 = 0.932$
	2003	$\text{LnGDP}_i = 16.025 - 1.040\text{Ln}r_i$ $(129.056)(-26.100)$	$F = 681.232$ $R_a^2 = 0.932$

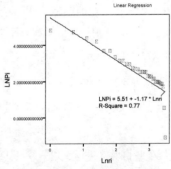 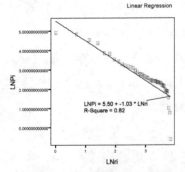

图 4—2—9 滇黔桂三省区城市体系等级规模结构散点图 (1990 市区非农业人口)

图 4—2—10 滇黔桂三省区城市体系等级规模结构散点图 (1995 市区非农业人口)

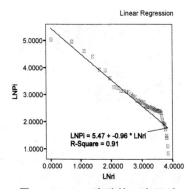

图 4－2－11　滇黔桂三省区城
市体系等级规模结构散点图
（1999 市区非农业人口）

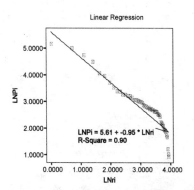

图 4－2－12　滇黔桂三省区城
市体系等级规模结构散点图
（2003 市区非农业人口）

把经由 SPP13.0 回归分析所得到的滇黔桂三省区城市体系
位序—规模回归方程进行对比（表 4－2－12），可以看出滇黔桂三
省区城市体系的动态发展进程。从表 4－2－12 中 Lnr_i 的系数来
看，无论是以市区非农业人口指标还是以市区 GDP 指标分析，从
1990—2003 年间滇黔桂三省区城市规模分布总体上呈现分散
趋势。

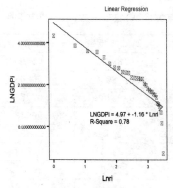

图 4－2－13　滇黔桂三省区
城市体系等级规模结构散点
图（1990 市区 GDP）

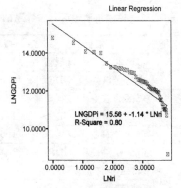

图 4－2－14　滇黔桂三省区
城市体系等级规模结构散点
图（1995 市区 GDP）

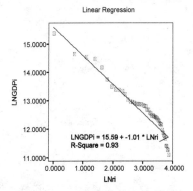

图 4-2-15 滇黔桂三省区城市体系等级规模结构散点图 (1999 市区 GDP)

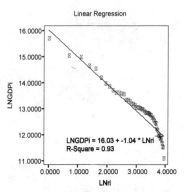

图 4-2-16 滇黔桂三省区城市体系等级规模结构散点图 (2003 市区 GDP)

(4)长江上游川渝地区城市等级规模结构分析

取 1990 年、1995 年、1999 年、2003 年四川与重庆二省市城市市区非农业人口与市区 GDP 数据,对川渝地区的城市首位度进行分析,获得二城市指数、四城市指数和十一城市指数(表 4-2-13)。

表 4-2-13 川渝地区城市体系的城市首位度、四城市指数、十一城市指数

年份	指标	二城市指数	四城市指数	十一城市指数
1990	市区非农业人口规模	1.32306	0.89881	1.06465
	市区经济规模(GDP)	1.09857	0.78047	0.90808
1995	市区非农业人口规模	1.37948	0.95178	1.07274
	市区经济规模(GDP)	1.18481	0.85115	0.99648
1999	市区非农业人口规模	1.65047	1.14989	1.28858
	市区经济规模(GDP)	1.14891	0.83631	1.05865
2003	市辖区非农业人口规模	1.56773	1.12993	1.30757
	市辖区经济规模(GDP)	1.01426	0.79710	1.05096

从川渝地区城市体系的城市首位度指数来看,二城市指数明显偏离位序—规模法则的理想值 2,而以市区非农业人口指标和

市区经济规模(GDP)指标测算的四城市指数和十一城市指数基本上符合位序—规模法则。

应用罗特卡模式的对数变换式 $LnP_i = LnP_1 - qLnr_i$ 及 $LnGDP_i = LnGDP_1 - qLnr_i$,取 1990、1995、1999、2003 年川渝两省市城市市区非农业人口与市区 GDP 数据,应用 SPSS13.0 对两省市城市体系的位序—规模结构进行回归分析,得到回归分析的双对数散点图(图 4-2-17 至图 4-2-24)及模型参数值,基于回归参数,得到回归方程(表 4-2-14)。

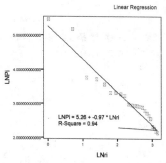

图 4-2-17　川渝地区城市体系等级规模结构散点图(1990 市区非农业人口)

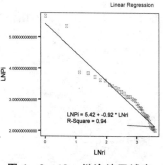

图 4-2-18　川渝地区城市体系等级规模结构散点图(1995 市区非农业人口)

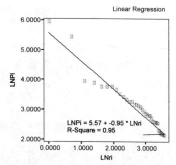

图 4-2-19　川渝地区城市体系等级规模结构散点图(1999 市区非农业人口)

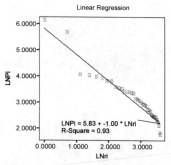

图 4-2-20　川渝地区城市体系等级规模结构散点图(2003 市区非农业人口)

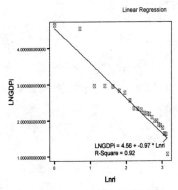

图4－2－21 川渝地区城市
体系等级规模结构散点图
（1990市区GDP）

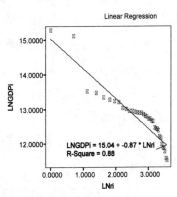

图4－2－22 川渝地区城市
体系等级规模结构散点图
（1995市区GDP）

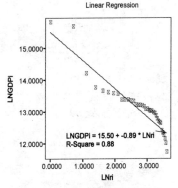

图4－2－23 川渝地区城市
体系等级规模结构散点图
（1999市区GDP）

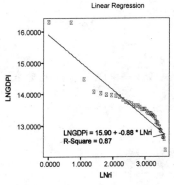

图4－2－24 川渝地区城市
体系等级规模结构散点图
（2003市区GDP）

　　从川渝地区城市群体位序—规模结构分析的双对数坐标图
（图4－2－17至图4－2－24）可以看出，无论是从以市区非农业
人口规模为指标还是以市区经济规模（GDP）为指标分析的城市
体系位序—规模结构来看，川渝地区城市体系的等级规模结构都

呈不连续分布。重庆、成都两市为超大城市,而大城市级别的城
市基本没有、尤其是 50 万—100 万人口大城市缺乏,造成了城市
体系结构的断层。此外,中小城市比重较大,城市经济实力也
不强。

把经由 SPP13.0 回归分析所得到的川渝两省市城市体系位
序—规模回归方程进行对比(表 4-2-14),可以看出川渝地区城
市体系的动态发展进程。从表 4-2-14 中 Lnr_i 的系数来看,在
1990—2003 年间,以市区非农业人口指标衡量的川渝地区城市规
模分布总体上呈现集中趋势,即人口有向大城市集中的趋势;而
以市区 GDP 指标分析的川渝地区城市规模分布无论是集中还是
分散的趋势都不明显。

表 4-2-14 川渝地区城市体系位序—规模结构及其变动

指标	年份	回归方程	方程及参数检验
市区非农业人口	1990	$LnP_i = 5.264 - 0.967Lnr_i$ $(40.225)(-17.629)$	$F = 310.774$ $R_a^2 = 0.934$
	1995	$LnP_i = 5.416 - 0.918Lnr_i$ $(50.297)(-23.807)$	$F = 566.758$ $R_a^2 = 0.942$
	1999	$LnP_i = 5.569 - 0.946Lnr_i$ $(51.595)(-24.468)$	$F = 598.670$ $R_a^2 = 0.945$
	2003	$LnP_i = 5.827 - 1.005Lnr_i$ $(45.631)(-22.157)$	$F = 490.933$ $R_a^2 = 0.932$
市区经济规模(GDP)	1990	$LnGDP_i = 4.557 - 0.970Lnr_i$ $(31.225)(-15.855)$	$F = 251.378$ $R_a^2 = 0.919$
	1995	$LnGDP_i = 15.037 - 0.8661Lnr_i$ $(99.366)(-15.829)$	$F = 250.554$ $R_a^2 = 0.880$
	1999	$LnGDP_i = 15.503 - 0.8881Lnr_i$ $(99.282)(-15.875)$	$F = 252.011$ $R_a^2 = 0.878$
	2003	$LnGDP_i = 15.903 - 0.879Lnr_i$ $(98.764)(-15.389)$	$F = 236.807$ $R_a^2 = 0.868$

(5)中国西北蒙陕甘青宁新地区城市等级规模结构分析

　　取 1990 年、1995 年、1999 年、2003 年西北地区蒙陕甘青宁新六省区设市城市市区非农业人口与市区 GDP 数据,对西北地区蒙陕甘青宁新六省区城市首位度进行分析,获得二城市指数、四城市指数和十一城市指数(表 4—2—15)。

　　从西北六省区城市体系的城市首位度指数来看(表 4—2—15),除了 1999 年和 2003 年以市区经济规模(GDP)测度的二城市指数达到位序—规模法则的理想值 2 以外,其他各年份无论是以市区非农业人口规模还是以市区经济规模(GDP)指标测算的四城市指数和十一城市指数都明显偏离位序—规模法则的理想值 1,这说明这些年份西北地区蒙陕甘青宁新六省区的城市体系结构不符合位序—规模法则。

表 4—2—15　西北六省区城市体系的城市首位度、
四城市指数、十一城市指数

年份	指标	城市首位度	四城市指数	十一城市指数
1990	市区非农业人口规模	1.63988	0.60744	0.63162
	市区经济规模(GDP)	1.21048	0.49262	0.53841
1995	市区非农业人口规模	1.62044	0.61206	0.63314
	市区经济规模(GDP)	1.42697	0.55037	0.60381
1999	市区非农业人口规模	1.67737	0.63339	0.64928
	市区经济规模(GDP)	2.21417	0.82174	0.83829
2003	市辖区非农业人口规模	1.77476	0.66341	0.64802
	市辖区经济规模(GDP)	2.13179	0.73061	0.73680

　　应用罗特卡模式的对数变换式 $\mathrm{Ln}P_i = \mathrm{ln}P_1 - q\mathrm{Ln}r_i$ 及 $\mathrm{LnGDP}_i = \mathrm{LnGDP}_1 - q\mathrm{Ln}r_i$,取 1990 年、1995 年、1999 年、2003 年西北地区蒙陕甘青宁新六省区城市市区非农业人口与市区 GDP 数据,应用 SPSS13.0 对其城市位序—规模结构进行回归分析,得到回归分析的双对数散点图(图 4—2—25 至图 4—2—32)及模型参数值,基于回归参数值,得到回归方程(表 4—2—16)。

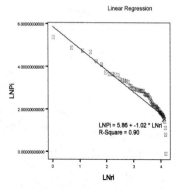

图4-2-25　西北地区城市体系等级规模结构散点图（1990市区非农业人口）

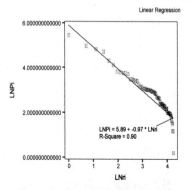

图4-2-26　西北地区城市体系等级规模结构散点图（1995市区非农业人口）

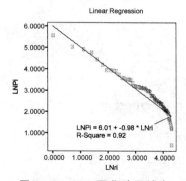

图4-2-27　西北地区城市体系等级规模结构散点图（1999市区非农业人口）

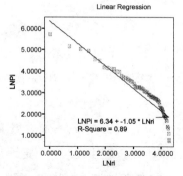

图4-2-28　西北地区城市体系等级规模结构散点图（2003市区非农业人口）

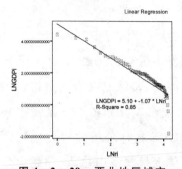

图4-2-29　西北地区城市体系等级规模结构散点图（1990市区GDP）

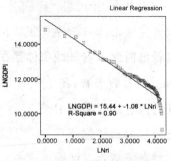

图4-2-30　西北地区城市体系等级规模结构散点图（1995市区GDP）

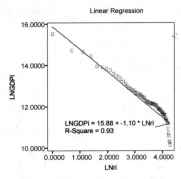

图 4－2－31 西北地区城市
体系等级规模结构散点图
（1999 市区 GDP）

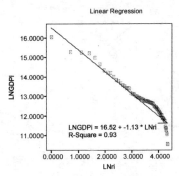

图 4－2－32 西北地区城市
体系等级规模结构散点图
（2003 市区 GDP）

从西北六省区城市体系的双对数坐标图（图 4－2－25 至图 4－2－32）可以看出，无论是从以市区非农业人口规模为指标还是以市区经济规模（GDP）为指标分析的城市体系位序—规模结构来看，西北六省区城市体系的等级规模结构基本上呈连续分布。但中小城市比重较大，而大城市数量尤其是 50 万—100 万人口的大城市数量较少，这在一定程度上造成了城市体系结构的断层。此外，中小城市、尤其是小城市的比重较大，城市经济实力也不强。

把经由 SPP13.0 回归分析所得到的西北地区蒙陕甘青宁新六省区城市体系位序—规模回归方程进行对比（表 4－2－16），可以看出西北六省区城市体系的动态发展进程。从表 4－2－16 中 Lnr_i 的系数来看，在 1990—2003 年间，以市区非农业人口指标测度的西北地区蒙陕甘青宁新六省区城市规模分布无论是集中还是分散的趋势都不明显；而以市区 GDP 指标分析的西北地区蒙陕甘青宁新六省区城市规模分布总体上呈现集中趋势，即超大城市、大城市的相对经济实力越来越强。

表 4－2－16　西北地区城市体系位序—规模结构及其变动

指标	年份	回归方程	方程及参数检验
市区非农业人口	1990	$\mathrm{Ln}P_i = 5.856 - 1.021\mathrm{Ln}r_i$ $(40.848)(-23.802)$	$F = 566.545$ $R_a^2 = 0.898$
	1995	$\mathrm{Ln}P_i = 5.888 - 0.975\mathrm{Ln}r_i$ $(44.534)(-25.067)$	$F = 628.367$ $R_a^2 = 0.902$
	1999	$\mathrm{Ln}P_i = 6.008 - 0.977\mathrm{Ln}r_i$ $(49.830)(-28.091)$	$F = 789.111$ $R_a^2 = 0.915$
	2003	$\mathrm{Ln}P_i = 6.343 - 1.048\mathrm{Ln}r_i$ $(42.508)(-24.169)$	$F = 584.160$ $R_a^2 = 0.891$
市区经济规模（GDP）	1990	$\mathrm{Ln}GDP_i = 5.101 - 1.065\mathrm{Ln}r_i$ $(27.084)(-18.917)$	$F = 357.849$ $R_a^2 = 0.848$
	1995	$\mathrm{Ln}GDP_i = 15.439 - 1.084\mathrm{Ln}r_i$ $(101.130)(-24.133)$	$F = 582.409$ $R_a^2 = 0.895$
	1999	$\mathrm{Ln}GDP_i = 15.877 - 1.098\mathrm{Ln}r_i$ $(124.919)(-29.710)$	$F = 882.658$ $R_a^2 = 0.925$
	2003	$\mathrm{Ln}GDP_i = 16.517 - 1.133\mathrm{Ln}r_i$ $(130.130)(-31.173)$	$F = 971.764$ $R_a^2 = 0.928$

4.2.3.2　中国西部城市群体的职能组合结构

城市体系的职能组合结构是城市体系空间结构的一个重要分析指标,对特定区域内城市体系职能组合结构的分析可以了解该地区各城市的主导产业和优势产业,以及区域内城市之间的分工与合作状况。

（1）城市职能组合结构的测度方法

城市职能是指某城市在国家或区域中所起的作用以及所承担的分工。在特定区域,基于城市职能的相似性和差异性分析城市与城市的分工,就可以得到城市体系的职能分类及其职能结构。在对城市职能进行分类的方法上,经历了一个从简单到复杂、从定性到定量、从单指标到多指标的过程。奥隆索(M. Auronsseau,1921)利用一般描述方法把城市职能分成行政、防务、文化、生产、交通和娱乐六大类,每一大类中又分成若干小类。哈里斯(C. D. Harris, 1943)利用统计描述方法,以城市最主要的活动作为分类依据,以从事该活动的人口比率作为分类标准,把美国 605 个 1 万人以上的城镇分为制造业城市、零售商业城市、批发商业城市、运输城市、矿业城市、教育城市、游乐休养城市、多职能城市、首府城市及其他城市等 10 类,因而把奥隆索的定性描述分析发展到定量描述分析阶段。纳尔逊(H. J. Nelson,1955)利用人口调查的劳动力职业统计资料来衡量每个城市每种职业所占比例与每种职业平均所占比例的差异(标准差),以此作为城镇分类的依据,把城市职能分为 9 类:制造业、零售业、专业服务、运输业、私人服务、公共行政、批发业、金融业、矿业等。纳尔逊的城市职能分类,可以表明一个城市有几个主导职能,也可以反映城市主导职能的专门化程度,却不能反映出在本城市的经济结构中所具有的地位(薛莹,2007)。

国内的孙盘寿(1984)利用纳尔逊城市职能分类方法对"西南三省城镇的职能类型"做了研究;周一星等(1988)在对城市职能的分类技术进行了多种尝试以后认为,主因素分析法不能对出于同一母体的结构性资料进行理想的分类;而纳尔逊方法用平均值加一个标准差作为确定主导职能的指标,标准偏高且不符合城市的基本部分随城市规模级的不同而有变动的基本原理;最终,周一星等人将多变量分析和统计分析相结合,先利用沃德误差法的聚类分析取得分类结果,再借助于纳尔逊统计分析的原理对划分出的城市组群进行特征概括和命名。近年来,薛莹(2007)采用聚类分析和纳尔逊统计分析相结合的方法,对江浙沪地区地级以上城市的城市职能分类进行了研究。① 高凌、姚士谋(2007)则先利

---

① 薛莹:《地级以上城市的城市职能分类——以江浙沪地区为例》,《长江流域资源与环境》2007 年第 6 期,第 695—699 页。

用穆尔(C. L. Moore)方法把就业职工分为基本就业职工和非基本就业职工,再采用麦克斯韦尔(J. W. Maxwell)的方法用专业部门、职能规模和职能强度三项指标确定城市的优势职能和突出职能,最后运用纳尔逊(H. J. Nelson)的城市职能统计分析方法确定城市的突出职能,以此反映城市的专门化程度。[①] 毛蒋兴等(2008)则以城市基本经济活动为基础,引入穆尔(C. L. Moore)回归分析、因子分析和聚类分析等多元统计分析方法对广西 14 个地级市进行了城市职能特征及分类研究。[②]

本研究综合周一星、薛莹、高凌、姚士谋、毛蒋兴等人的分析方法,对西部城市的职能分类进行研究。研究对象为 2006 年西部地区 84 个地级及以上城市(拉萨市由于缺乏相关统计数据未予分析),原始数据来源于《中国城市统计年鉴 2007》中西部地级及以上城市的市辖区非农业人口、就业人口及就业人口的行业构成等统计数据。《中国城市统计年鉴 2007》中对城市行业共分为农林牧渔业,采矿业,制造业,电力、燃气及水生产和供应业,建筑业,交通运输、仓储及邮政业,信息传输、计算机服务和软件业,批发和零售业,住宿餐饮业,金融业,房地产业,租赁和商业服务业,科学研究、技术服务和地质勘察业,水利、环境和公共设施管理业,居民服务和其他服务业,教育,卫生、社会保障和社会服务业,文化、体育和娱乐业,公共管理和社会组织等 19 个行业部门。本研究考虑到城市的非农职能特点,将农林牧渔业剔除,同时把批发和零售业、租赁和商业服务业合并为批发零售及商业服务业,把住宿餐饮业、居民服务和其他服务业合并为住宿餐饮及居民服

---

① 高凌、姚士谋、李昌峰:《中国省会城市功能的定位方法——以沈阳为例》,《经济地理》2007 年第 6 期,第 913—917 页。

② 毛蒋兴、欧阳东、严志强等:《基于多元统计分析的城市职能结构特征与分类研究——以广西为例》,《规划师》2008 年第 2 期,第 75—80 页。

务业,把科学研究、技术服务和地质勘察业,卫生、社会保障和社会服务业,文化、体育和娱乐业合并为科技、卫生服务与文体娱乐业,共 14 个行业部门。高凌(2007)、毛蒋兴(2008)曾利用陈忠暖(2001)[①]提出的"人口规模修正公式"[②]对城市人口规模进行了修正,经过试算发现该"人口规模修正公式"不适合对西部地级及以上城市人口规模进行修正,因而本研究中的西部地级及以上城市人口规模主要采用市辖区非农业人口指标来反映城市的规模。

(2)中国西部城市群体职能组合结构分析

首先,对西部 84 个地级及以上城市进行分组。基于《中国城市统计年鉴 2007》的统计数据,应用系统聚类分析方法对中国西部 84 个地级及以上城市人口规模进行系统聚类,在聚类分析的基础上进行归并[③],把西部 84 个地级及以上城市分成 9 个规模组(表 4—2—17)。从城市规模分组结构可以看出,除了西安、成都、重庆三城市勉强入组外,西部其他 81 个地级及以上城市基本是一个连续的规模结构,基本适用穆尔(C. L. Moore)回归分析方法确定各职能部门最小需要量。

其次,应用穆尔(C. L. Moore)回归分析方法确定各职能部门最小需要量,再以城市各部门的实际职工比重减去最小需要量,即获得各城市各部门的基本部分比重。穆尔(C. L. Moore)回归分析方法是穆尔(C. L. Moore)对 1970 年美国 333 个城市进行职能分类研究时应用的研究方法。穆尔(C. L. Moore)把城市按规

---

① 陈忠暖、杨士弘:《广东省城市职能分类探讨》,《华南师范大学学报(自然科学版)》2001 年第 3 期,第 27 页。

② 陈忠暖的人口规模修正公式为:$P = P_f + \Delta P(\Delta P > 0)$;$\Delta P = (P_c - P_f \times 70\%) \times 0.6$,式中,P 为城市规模人口,$P_f$ 为市区非农业人口,ΔP 为修正人口,P_c 为市区非农就业人口。

③ 先把全部 84 个城市聚类分成九类,把分别列为第 1、2、3 类的重庆、成都、西安合并为一类;再对第九类 43 个城市第二次聚类分析,分为三类。

模分成连续的 14 个等级,从每一个规模级的城市样本中找出每个部门的最小职工比重和中位城市的规模,然后将两者进行回归分析,利用回归方程可以求到任何规模城市某部门相应的最小需要量。[①] 其数学表达式为:

$$E_i = a_i + b_i \lg P$$

式中,E_i 是 i 部门 P 规模城市的最小需要量;a_i、b_i 为参数,a_i、b_i 用下式求出:

$$E_{ij} = a_i + b_i \lg P_j$$

式中,E_{ij} 是 j 规模城市中第 i 部门实际找到的最小职工比重;P_j 是第 j 规模级城市的人口中位数。

以各规模组中的中位城市人口作为自变量,以各规模组中各部门的最小职工比重值为因变量,利用西部地级及以上城市 2006 年相关数据,运用 SPSS13.0 引入回归分析方法进行回归拟合[②],通过比较确定系数(R^2)得到 14 个行业部门的最优拟合回归方程(表 4—2—18)。

利用表 4—2—18 的回归拟合方程,将各城市人口规模代入回归拟合方程,计算出各行业部门的最小需要量,再以城市各部门的实际职工比重减去最小需要量,即获得各城市各部门的基本部分比重。

再次,采用麦克斯韦尔(J. W. Maxwell)的城市职能分类方法,根据城市各部门基本部分比重确定城市的优势职能(Dominant Function),即把城市基本职工构成中比重最大的部门确定为该城市的优势职能。再采用纳尔逊(H. J. Nelson,1955)的城市职能分类方法,计算所有城市每个部门基本部分的职工百分比的算术平均值(Arithmetic Mean,A. M)和标准差(Standard Deviation,

---

①　许学强、周一星、宁越敏:《城市地理学》,高等教育出版社,1997,第 104—105 页。

②　郝黎仁等:《SPSS 实用统计分析》,中国水利水电出版社,2003,第 223—228 页。

S. D),以高于平均值(A. M)加一个标准差(S. D)的部门确定为该城市的突出职能。

最后,综合穆尔(C. L. Moore)回归分析、麦克斯韦尔(J. W. Maxwell)的城市职能分类、纳尔逊(H. J. Nelson,1955)的城市职能分类方法,获得中国西部地级及以上城市的职能组合结构(表4－2－19)。

表4－2－17　西部84个地级及以上城市规模分组及中位城市人口

组别	人口规模跨度（万人）	城市	中位城市及其人口规模（万人）
第1组	5.32—10.06	临沧市、丽江市、定西市、崇左市、思茅市、庆阳市、固原市	崇左市(8.83)
第2组	11.08—16.84	陇南市、河池市、昭通市、保山市、百色市、酒泉市、中卫市、玉溪市、防城港市、雅安市、贺州市、平凉市、商洛市、嘉峪关市、金昌市、来宾市、榆林市、鄂尔多斯市、吴忠市	雅安市(14.50)
第3组	18.43—25.21	张掖市、资阳市、钦州市、延安市、安康市、武威市、玉林市、安顺市、广安市、巴中市、达州市、呼伦贝尔市、乌兰察布市、曲靖市、贵港市、巴彦淖尔市、汉中市	广安市(22.27)
第4组	27.98—45.02	北海市、眉山市、梧州市、六盘水市、白银市、德阳市、广元市、克拉玛依市、内江市、宜宾市、石嘴山市、铜川市、遂宁市、渭南市、遵义市、乌海市、通辽市、泸州市、乐山市	宜宾市(34.99)
第5组	52.22—71.19	赤峰市、攀枝花市、宝鸡市、咸阳市、南充市(57.99)、自贡市(60.40)、天水市、绵阳市、桂林市、银川市	中位数(59.20)
第6组	84.23—90.98	呼和浩特市、柳州市、西宁市	柳州市(88.99)
第7组	114.80—130.81	包头市(114.80)、南宁市(130.81)	中位数(122.81)
第8组	151.30—172.31	贵阳市、乌鲁木齐市(157.66)、昆明市(172.07)、兰州市	中位数(164.87)
第9组	318.20—596.69	西安市、成都市、重庆市	成都市(380.28)

资料来源:《中国城市统计年鉴2007》,经过整理。

表 4—2—18　西部 84 个城市行业部门穆尔(C. L. Moore)回归拟合

行业部门	拟合曲线类型	R^2	F	Constant(a_i)	B(b_i)	回归拟合方程
采矿业 ①	Linear	0.288	2.830	−0.056	0.046	$E_{ij} = -0.056 + 0.046 \lg P_j$
制造业	Growth	0.977	298.620	−13.304	4.311	$E_{ij} = \exp(-13.304 + 4.311 \lg P_j)$
电力、燃气及水生产和供应业	Growth	0.938	106.761	−9.751	2.516	$E_{ij} = \exp(-9.751 + 2.516 \lg P_j)$
建筑业	Growth	0.915	75.579	−13.567	4.346	$E_{ij} = \exp(-13.567 + 4.346 \lg P_j)$
交通运输、仓储及邮政业	Growth	0.899	62.097	−11.150	3.264	$E_{ij} = \exp(-11.15 + 3.264 \lg P_j)$
信息传输、计算机服务和软件业	Linear	0.672	14.361	−0.034	0.027	$E_{ij} = -0.034 + 0.027 \lg P_j$
批发零售及商业服务业	Growth	0.966	201.784	−11.787	3.698	$\ln E_{ij} = -11.787 + 3.698 \lg P_j$
住宿餐饮及居民服务业	Growth	0.833	35.029	−12.521	3.874	$\ln E_{ij} = -12.521 + 3.874 \lg P_j$
科技、卫生服务与文体娱乐业	Growth	0.922	82.401	−10.008	2.881	$\ln E_{ij} = -10.008 + 2.881 \lg P_j$
金融业	Growth	0.974	263.249	−9.427	2.652	$\ln E_{ij} = -9.427 + 2.652 \lg P_j$
房地产业	Quadratic	0.931	40.679	0.091	−0.140 0.051	$E_{ij} = 0.091 - 0.14 \lg P_j + 0.051 \lg P_j^2$
水利、环境和公共设施管理业	Growth	0.761	22.249	−10.008	2.734	$\ln E_{ij} = -10.008 + 2.734 \lg P_j$
教育	Growth	0.877	49.821	−9.294	2.468	$\ln E_{ij} = -9.294 + 2.468 \lg P_j$
公共管理和社会组织	Power	0.946	122.447	0.001	4.136	$E_{ij} = 0.001 \times \lg P_j^{4.136}$

表 4—2—19　中国西部地级及以上城市职能组合结构

城市组别	城市	优势职能	突出职能
第九规模组	重庆市	制造业	
	成都市	制造业	
	西安市	制造业	

---

① 最小职工比重乘以 100，以扩大数值回归，其他行业用原始数据进行回归。e 取值 2.71828。

（续表）

城市组别	城市	优势职能	突出职能
第八规模组	兰州市	制造业	
	昆明市	制造业	交通运输业
	乌鲁木齐市	制造业	交通运输业
	贵阳市	制造业	建筑业；批发零售及商业服务业
第七规模组	南宁市	制造业	批发零售及商业服务业
	包头市	制造业	制造业
第六规模组	西宁市	制造业	交通运输、仓储及邮政业；科技、卫生服务与文体娱乐业
	柳州市	制造业	制造业；交通运输、仓储及邮政业
	呼和浩特市	制造业	科技、卫生服务与文体娱乐业
第五规模组	银川市	采矿业	采矿业；电力、燃气及水生产和供应业
	桂林市	制造业	住宿餐饮及居民服务业
	绵阳市	制造业	制造业；科技、卫生服务与文体娱乐业
	天水市	制造业	水利、环境和公共设施管理业
	自贡市	制造业	制造业
	南充市	建筑业	建筑业
	咸阳市	制造业	制造业
	宝鸡市	制造业	制造业；交通运输、仓储及邮政业
	攀枝花市	制造业	制造业
	赤峰市	采矿业	采矿业
第四规模组	乐山市	制造业	电力、燃气及水生产和供应业
	泸州市	建筑业	建筑业
	通辽市	建筑业	建筑业；电力、燃气及水生产和供应业
	乌海市	制造业	采矿业；建筑业
	遵义市	制造业	建筑业；房地产业
	渭南市	制造业	
	遂宁市	建筑业	建筑业；房地产业
	铜川市	采矿业	采矿业
	石嘴山市	制造业	制造业；电力、燃气及水生产和供应业
	宜宾市	制造业	制造业
	内江市	建筑业	建筑业
	克拉玛依市	采矿业	采矿业
	广元市	采矿业	采矿业
	德阳市	制造业	建筑业
	白银市	制造业	采矿业；制造业
	六盘水市	制造业	采矿业
	梧州市	制造业	房地产业
	眉山市	制造业	制造业；公共管理和社会组织
	北海市	制造业	住宿餐饮及居民服务业

（续表）

城市组别	城市	优势职能	突出职能
第三规模组	汉中市	制造业	住宿餐饮及居民服务业；房地产业；水利、环境和公共设施管理业
	巴彦淖尔市	公共管理和社会组织	水利、环境和公共设施管理业；金融业
	贵港市	教育	教育
	曲靖市	制造业	
	乌兰察布市	公共管理和社会组织	公共管理和社会组织；科技、卫生服务与文体娱乐业
	呼伦贝尔市	制造业	信息传输、计算机服务和软件业；批发零售及商业服务业；住宿餐饮及居民服务业；科技、卫生服务与文体娱乐业
	达州市	采矿业	采矿业
	巴中市	建筑业	建筑业；教育；房地产业
	广安市	教育	教育；公共管理和社会组织；电力、燃气及水生产和供应业；金融业
	安顺市	制造业	房地产业
	玉林市	制造业	信息传输、计算机服务和软件业；批发零售及商业服务业
	武威市	教育	水利、环境和公共设施管理业；批发零售及商业服务业；金融业
	安康市	公共管理和社会组织	公共管理和社会组织；教育；金融业；信息传输、计算机服务和软件业
	延安市	教育	批发零售及商业服务业
	钦州市	教育	教育
	资阳市	制造业	金融业
	张掖市	制造业	科技、卫生服务与文体娱乐业；金融业；电力、燃气及水生产和供应业
第二规模组	吴忠市	公共管理和社会组织	公共管理和社会组织；水利、环境和公共设施管理业
	鄂尔多斯市	制造业	水利、环境和公共设施管理业；电力、燃气及水生产和供应业
	榆林市	公共管理和社会组织	电力、燃气及水生产和供应业；水利、环境和公共设施管理业；科技、卫生服务与文体娱乐业；金融业

中国西部城市群落空间重构及其核心支撑

城市组别	城市	优势职能	突出职能
第二规模组	来宾市	教育	教育;电力、燃气及水生产和供应业
	金昌市	制造业	制造业
	嘉峪关市	制造业	制造业
	商洛市	教育	金融业;教育
	平凉市	采矿业	采矿业;房地产
	贺州市	教育	教育;电力、燃气及水生产和供应业
	雅安市	制造业	信息传输、计算机服务和软件业
	防城港市	交通运输、仓储及邮政业	交通运输、仓储及邮政业
	玉溪市	制造业	批发零售及商业服务业
	中卫市	制造业	制造业
	酒泉市	制造业	科技、卫生服务与文体娱乐业;金融业;住宿餐饮及居民服务业
	百色市	制造业	交通运输、仓储及邮政业;信息传输、计算机服务和软件业
	保山市	科技、卫生服务与文体娱乐业	科技、卫生服务与文体娱乐业
	昭通市	教育	信息传输、计算机服务和软件业;教育
	河池市	制造业	信息传输、计算机服务和软件业
	陇南市	教育	教育;公共管理和社会组织;金融业;电力、燃气及水生产和供应业
	固原市	教育	教育;公共管理和社会组织
	庆阳市	教育	公共管理和社会组织;教育;信息传输、计算机服务和软件业;水利、环境和公共设施管理业;科技、卫生服务与文体娱乐业
第一规模组	思茅市	制造业	制造业;信息传输、计算机服务和软件业
	崇左市	公共管理和社会组织	公共管理和社会组织;信息传输、计算机服务和软件业
	定西市	公共管理和社会组织	公共管理和社会组织;教育;电力、燃气及水生产和供应业
	丽江市	公共管理和社会组织	住宿餐饮及居民服务业;公共管理和社会组织;水利、环境和公共设施管理业;批发零售及商业服务业;信息传输、计算机服务和软件业
	临沧市	教育	教育;信息传输、计算机服务和软件业;交通运输、仓储及邮政业;住宿餐饮及居民服务业

从表 4－2－19 中国西部地级及以上城市的职能组合结构来看,第六、第七、第八、第九规模组的 12 个城市、也就是西部地区的大城市和超大城市都以制造业为优势职能。而第四、第五规模组的 29 个大中城市中,除了银川市、赤峰市、铜川市、克拉玛依市、广元市以采矿业为优势职能,南充市、泸州市、通辽市、遂宁市、内江市以建筑业为优势职能外,其他 19 个城市也以制造业为优势职能。在第一和第二规模组的 26 个小城市中,除了思茅市、河池市、百色市、酒泉市、中卫市、玉溪市、雅安市、嘉峪关市、金昌市、鄂尔多斯市以制造业为优势职能,平凉市以采矿业为优势职能外,其他 15 个城市都是以非制造业为优势职能。因此可以看出,中国西部超大城市、大中城市大多以制造业为优势职能,这必然会加剧各城市之间的竞争,而小城市大多又以非制造业为优势职能,这一方面反映了这些组别城市发展产业支撑的不足,另一方面又说明区域内的大中小城市产业分工不明确。

4.2.3.3　中国西部城市群体发展的结构困境:城镇体系结构失衡

从中国西部城市的体系结构分析来看,无论是等级规模结构、职能组合结构,还是地域空间结构都处于失衡状态。等级规模结构的失衡主要表现为重庆、成都、西安、兰州、包头、乌鲁木齐、昆明、贵阳、南宁等超大城市散布在各省区市独立发展,而这些超大城市周边的大城市发展却严重不足,这造成城市结构体系在大城市这一层级的严重断层,而中小城市由于规模有限又难以获得规模经济效应,因此导致整个城市集聚效应和扩散效应的低下。职能组合结构的失衡主要表现为绝大多数地级及以上城市职能趋同,还没有形成区域城市的合理分工,城市间分工的弱化又导致城市之间竞争激烈,难以获得城市发展的地方化经济效应和城市化经济效应。城市地域空间结构的失衡主要表现为中国西部数量和规模本就有限的城市群体又相对集中分布在成都平原、关中、环北部湾(广西)、滇中高原、天山北坡等面积较小的几个区域。而面积广大的青藏高原及其边缘地区城市数量很少,如西藏自治区只有两座设市城市(拉萨市和日喀则市),青海省只有三座设市城市(西宁市、格尔木市、德令哈市),川西的甘孜州和阿坝州、滇西北的迪庆州和怒江州则还没有设市城市。

4.3 中国西部城市群体发展特殊困境的破解策略

城市及城市群体发展的滞后不仅是西部经济发展落后的表现,也是其进一步发展的严重制约。在当前区域经济发展到以城市和城市群竞争的新时代,西部城市的发展不能再着眼于单一城市的发展,而必须把城市发展纳入到群体中予以考虑。但是,制度空间不足、经济基础薄弱、城市体系结构失衡是中国西部城市群体发展面临的最主要困境,这些困境的存在不仅限制了西部城市过去的发展也进一步制约着西部城市的未来发展。而在西部城市发展的制度安排、经济基础和城市体系空间结构等困境中,经济困境是根本,制度困境是藩篱,结构困境则集中了经济和制度的双重耦合。因此,要破解西部城市及城市群体发展的多重困境,需要从城市结构入手。

4.3.1 城市结构与城市功能

在结构与功能的相互关系上,辩证唯物主义认为两者是决定与反作用的关系。首先是系统的结构决定系统的功能,即在要素既定的条件下,一般来说有什么样的结构就决定了有什么样的功能,因而,优化结构就会产生最佳功能。此外,优化结构与功能之间存在着"容差功能",即在优化结构的条件下,可以容许要素存在一定程度的数量差和质量差,而不影响系统的功能。其次是功能反作用于结构,功能"耦合"(指系统与环境、子系统与子系统之间的功能输出互不适应)导致结构的变化。根据结构与功能的辩证关系原理,既然系统的结构决定着系统的功能,这要求我们在考察系统时必须注意系统的结构,并追求和建立优化的系统结构,使系统发挥出最佳的功能;既然系统的功能能以不同方式反作用于结构,我们也可以通过改变系统的输出功能来调整系统的结构,我们还可以从系统的功能来推知系统的内部结构。

　　结构—功能主义源于生物学中的有机体论。20世纪初人类学家拉德克利夫—布朗(A. R. Radcliffe-Brown)和马林诺夫斯基(Bronislaw Kaspar Malinowski)率先将结构功能的概念和方法引入社会科学,帕森斯(Talcott Parsons)、默顿(Robert King Merton)等社会学家进一步发展了这一方法,并将其应用于社会学的分析。结构方法和功能方法(结构功能方法)在现代科学认识中具有极其重要的作用,同时对于解决中国西部城市群体发展中的城市体系结构失衡有着极大的启示。既然结构决定功能,我们可以经由调整、优化西部城市体系结构来改善和促进西部城市的集聚和扩散功能,进而推动西部城市发展进程及整体城市化水平的提升。既然功能对结构具有反作用,我们在对西部城市体系结构进行调整优化的同时,对西部城市的部分功能进行改善和培育,以功能的改善和培育促进西部城市体系结构的优化,以城市体系结构的优化推动中国西部城市整体发展水平的提升。

4.3.2　困境破解:产业与制度支撑下的城市群落空间重构

　　基于结构与功能的相互关系原理,本文主要从结构与功能的相互作用入手,对西部城市及城市群体发展进行分析。针对于中国西部城市及城市群体等级规模结构、职能组合结构以及地域空间结构都处于失衡状态的严峻现实,我们可以通过对其城市体系进行空间重构,以促进城市功能的优化,进而推动西部城市发展水平的整体提升。同时,由于中国西部城市及城市群体发展还面临着经济基础薄弱、制度空间不足等根本性的制约问题,对西部城市体系进行空间重构时需要在产业与制度支撑下予以推进,在增强城市及城市群体发展的经济基础、扩展城市及城市群体发展的制度空间的支撑下,实现西部城市体系的空间重构,通过城市群落空间重构优化西部城市群体的空间结构,增强城市及城市群体引领区域发展的集聚功能和扩散功能,进而在促进城市及城市群体发展的同时,带动整个西部地区社会经济的全面发展。

针对中国西部城市群体发展中面临着经济基础薄弱、制度空间不足、城市体系结构失衡等多重困境,本研究从结构与功能的相互关系原理出发,提出在产业发展和制度安排等核心支撑下对中国西部城市群体进行空间重构、以城市群体结构的优化促进城市群体功能的发展进而推动西部城市群体整体发展水平提升的发展策略,但是,城市群体空间重构依据的理论基础是什么、城市群体空间重构选择怎样的空间组织形态、以什么来支撑这种新型城市群体空间组织形态的发展、新型城市群体空间组织形态的地域选择等核心问题将在以下的章节(第五、六、七章)中予以全面分析与研究。

第五章　中国西部城市群落空间重构的
理论基础及空间格局

　　针对中国西部城市群体发展的经济基础、制度安排及体系结构困境，设想的破解策略是在产业和制度支撑下对城市群落进行空间重构。在当今世界城市群体空间组织形态呈现都市圈、城市群和城市带发展的趋势下，西部城市群体的空间重构选择何种空间组织形态，这既是一个在理论上需要予以突破的重大研究课题，也是一个在实践上需要符合西部实际的核心发展问题。

5.1　城市群体空间组织形态发展趋势

　　针对当前中国以及中国西部城市发展的现状和世界城市发展的趋势，国内学术界和城市管理职能部门提出了城市群体空间组织形态发展的多种模式，这其中就有都市圈、城市群和城市带等。城市群体发展的各种形态作为一定的地域空间组织在宏观上可以分成"点状"、"面状"、"带状"三种典型形态，"点状"形态的大城市地域空间组织形式以"都市圈"（Metropolitan Region，MR）为代表，"面状"形态的大城市地域空间组织形式以"城市群"（Urban Agglomerations，UA）为典型，而城市带（Metropolitan Interlocking Region，MIR）则表现为"带状"形态的城市地域空间组织形式。①

5.1.1　都市圈

　　都市圈的思想起源于美国对都市区的界定。1960 年日本参照美国的都市区提出了都市圈的概念,认为都市圈是由一个以上的中心城市以及以一日为周期,可以接受中心城市中心地功能服务的周边地区共同构成的城市实体地域。国内的王建(1996)、张京祥(2001)、邹军(2003)等学者也从不同角度对城市圈进行了研究和界定②③④。袁家东(2006)认为都市圈是以中心城市职能的空间集聚与扩散为条件、由中心城市与多个周边城市和地区共同构成的、以城市日常生活圈的空间范围为界限的一个多核心的一体化城市实体地域。张伟(2003)则归纳了界定都市圈的几个主要标准:中心城市人口规模在 100 万以上,且邻近有 50 万人口以上城市;中心城市 GDP 中心度>45%;中心城市具跨省际的城市功能;外围地区到中心城市的通勤率不小于本身人口的 15%。⑤ 综合国内外对都市圈的研究成果,从纽约、东京、伦敦等国际性都市圈的形成与发展来看,地处平坦开阔的平原地区、位于区域的中心或门户经济区位、依托经济发达的广阔腹地、拥有便捷发达的城市交通、中心城市的强势集聚与扩散效应等是都市圈形成与发

---

　　①　袁家冬、周筠、黄伟:《我国都市圈理论研究与规划实践中的若干误区》,《地理研究》2006 年第 1 期,第 112—120 页。

　　②　课题组:《中国区域经济发展战略研究》,《管理世界》1996 年第 4 期,第 182—186 页。

　　③　张京祥、邹军、吴启焰等:《论都市圈地域空间的组织》,《城市规划》2001 年第 5 期,第 19—23 页。

　　④　邹军、王兴海、张伟等:《日本首都圈规划构想及其启示》,《国外城市规划》2003 年第 2 期,第 34—36 页。

　　⑤　张伟:《都市圈的概念、特征及其规划探讨》,《城市规划》2003 年第 6 期,第 47—50 页。

展的基本条件,而在中国西部的广大地区,除成渝、关中等面积不大的地区拥有较好的地形地势条件以外,其他区域既不具备发展都市圈的自然条件,也不具备发展都市圈的经济和区位条件,因此都市圈不是中国西部城市群体发展空间组织形态的理想选择。

5.1.2　城市群

城市群也是众多学者提出的中国城市群体发展的可选路经之一。姚士谋(2006)认为城市群是在特定的地域范围内具有相当数量的不同性质、类型和等级规模的城市依托一定的自然环境条件,以一个或两个特大或大城市作为地区经济的核心,借助现代化的交通工具和综合运输网的通达性以及高度发达的信息网络,发生发展着城市个体之间的内在联系,共同构成一个相对完整的城市"集合体"。顾朝林(1995)认为城市群是由若干个中心城市在各自的基础设施和具有个性的经济结构方面,发挥特有的经济社会功能而形成一个社会、经济、技术一体化的具有亲和力的有机网络。从目前国内公认的对城市群的界定来看,城市群是比都市圈在城市地域上更为广大、在城市数量上更为众多、在城市结构上更为完整和复杂、在城市功能上更为强大和完备的多层级城市的集聚。在中国西部多山地少平坝的自然地理条件、极其脆弱的生态环境状况、欠发达的经济发展水平、城市结构失衡和功能衰竭的现实条件下,并不具备大规模发展城市群的自然、生态和经济条件,因此,城市群也不是中国西部城市群体发展空间组织形态的理想选择。

5.1.3　城市带

城市带是由一组规模较大、地域相邻、彼此关联的城市沿要素或产品流通通道分布而形成的带状城市群,在空间上,城市带以交通干线为轴线、以城市为节点、以产业带为支撑形成一个有机联系的城市群体,并在地域上呈带形扩展,随着城市地域空间的不断扩展,在特定区域城市带就进一步发展成为城市连绵带或都市连绵区。① 基于对城市带概念和本质的界定,城市带是城市群在地域上、结构上和功能上进一步扩展的结果,在中国西部的广大地区难以具备城市带形成与发展的自然、生态和经济条件,因此,城市带也不是中国西部城市群体发展空间组织形态的理想选择。

从中国西部地区的自然、生态和经济条件来看,都市圈、城市群、城市带都不适合西部城市群体空间组织形态发展的客观实际。因此,中国西部地区城市群体空间组织形态的选择必须跳出原有思维,探求城市群体发展的新型空间组织形态。

5.2　中国西部城市群落空间重构的理论基础

空间经济学在垄断竞争基础上构建的城市与城市体系发展演化的"中心—外围"模型对 19 世纪美国城市及城市体系的发展演化进行了微观基础上的解释,但其城市体系分级演化的自组织模型却难以对中国西部城市及城市体系的发展演化进行具有说服力的分析解释。中国西部城市及城市体系的发展演化是在特定经济和制度背景下的"被组织"过程。而经扩展的空间经济学城市及城市体系的中心—外围模型对中国西部城市群落的空间重构具有重要的理论指导意义。

5.2.1　空间经济学中心—外围理论的发展

虽然早期的古典政治经济学家亚当·斯密在提出"绝对优势

---

① 戴宾:《城市群及其相关概念辨析》,《财经科学》2004 年第 6 期,第 101—103 页。

学说"、大卫·李嘉图(David Ricardo)在论述"比较优势学说"时都是基于一定的"空间区位"来进行特定产品生产的"绝对优势"与"比较优势"分析的,但是,真正把空间要素引入经济学领域进行研究的第一人应是农业区位论的创始者杜能(von Thünen)。杜能在其1826年出版的代表作《孤立国与农业和国民经济的关系》中,用抽象法或孤立化方法分析了因运输距离城市远近不同而产生地租差异、从而产生农业分带现象。杜能基于函数:R(利润)$= P$(价格)$- C$(成本)$- T$(运费),提出了土地均质假设下的孤立国(城市)周围各种农作物组合的合理分界线,并将围绕城市中心呈向心环带状分布的农业用地分为6个农业圈层,即著名的"杜能圈",杜能第一次提出了以城市为中心、以农村为外围的空间经济学中的(城市)中心—(农业)外围结构。

在杜能的"(城市)中心—(农业)外围"简单模型的基础上,沿不同方向演化、扩展出了不同的城市空间结构理论与模型。其中一个方向发展成为用来分析城市内部结构演化与空间格局的城市内部空间结构理论与模型,代表人物主要有阿隆索(William Alonso,1964)、伯吉斯(Ernest W. Burgess,1929)、胡佛(Edgar M. Hoover,1975)等;另一个方向发展成为用来分析城市外部(群体)结构演化与空间格局的城市外部(群体)空间结构理论与模型,代表人物主要有韦伯、克里斯泰勒、廖什、藤田昌九、克鲁格曼等。

韦伯运用杜能的研究方法,结合德国工业发展的实际,对德国1861年以来的工业区位、人口集聚和其他工业区位问题进行了综合研究,并于1909年出版了《工业区位论》一书。韦伯工业区位理论的核心内容是区位因子决定生产区位,将生产吸引到生产费用最小的地点,并最终确定了决定生产区位的三个一般区位因子:运费、劳动力和集聚。在分析集聚指向时,韦伯认为,一定量的生产集中在特定场所可以带来生产或销售成本的降低,当集聚节约额比运费(或劳动费用)指向带来的生产费用节约额大时,便产生集聚,一般而言,发生集聚指向可能性大的区域是多数厂商相互临近的区域。韦伯的工业区位论虽然主要分析的是工业布局选址问题,但实际上工业布局选址就已经论及了城市的产生问题。工业布局的原材料指向、劳动力指向和集聚指向实际上已经论及了三类不同城市的产生以及布局。因此,在集聚的作用力下,原先分散的工业生产会向特定区位集中,于是,在一定的区域空间内也就形成了以工业生产为主的城市和以农业生产为主的农村,在区域空间结构上便形成了以城市为中心、以农村为外围的中心—外围结构。

无论是杜能的农业区位论、还是韦伯的工业区位论,其研究的都是空间中的单一中心—外围结构,即以城市为中心、以农村为外围的单中心—外围结构。继杜能、韦伯之后,德国地理学家克里斯泰勒在其 1933 年出版的《德国南部的中心地原理》一书中提出了著名的中心地理论。克里斯泰勒的中心地理论认为,在一个区域内,城镇作为"中心地"向周围地区提供商品和服务,而提供的商品和服务受到"人口门槛"和"服务半径"的制约,中心地规模越小服务半径越小,该等级中心地数量就越多,而其提供的也是较低档次的商品和服务;相反,中心地规模越大,服务半径越大,该等级中心地的数量也就越少,除了提供较低档次的商品和服务外还能提供较高档次的商品和服务;高等级的中心地包含有多个低等级的中心地,在市场原则、交通原则和行政原则下,中心地等级序列的空间分布模式具有相似但并非完全相同的分布规律,在整个地区便会出现大小规模不等、呈等级状分布的城市体系。

与克里斯泰勒同时代的另一位德国学者廖什(Losch,1944)应用微观经济学的研究方法对城市体系进行了分析,其用工业市场区取代克里斯泰勒的聚落市场区,引入利润原则和空间经济思想对市场区体系与经济景观进行了深入探讨,形成了市场区位理论。廖什在"土地同质、消费者在空间上均匀分布、消费者对厂商产品的需求存在一定价格弹性"假设基础上,认为,由于运输费用产品价格随距离增大而提高,进而造成需求量的减少,因而在一个区域内便会形成以产地为中心、以最大销售距离为半径的市场空间。如果空间价格竞争可以保证所有的土地都由同质厂商来使用,那么整个空间经济将呈现出一个类似"蜂窝状"的六边形集合。同时廖什还认为,厂商在最小的范围内进行最大限度的集中生产有利于产生集聚经济,在各种市场区的集结点,随着需求量的增大,该集结点逐步发展成为一个大城市,所有的市场网又都交织在大城市周围,次一级的市场集结点便发展成为次一级的城市,依此规律循环累积,一个区域内往往会形成由中心城市、次级城市、周边居民区等构成的区域结构。在整个区域空间,便会形成一个多厂商、多产品的竞争经济中寻求最优的城市体系结构。

杜能和韦伯描述的区域空间结构是一种以城市为中心、以农村为外围的单中心—外围结构。而克里斯泰勒和廖什的中心地理论扩展了区域发展中的中心—外围结构,把单一的城市中心—农村外围结构扩展成为分层中心—外围结构,既包含杜能、韦伯式的以城市为中心、以农村为外围的单一中心—外围结构,又包含以大城市为中心、以中小城市为外围的城市层级体系中的分层中心—外围结构。

尽管区位理论拥有悠久的历史,但空间长久以来没有能够成功地纳入经济学主流。[①] 虽然空间经济学的理论渊源可以追溯到

---

① 梁琦:《空间经济学:过去、现在与未来》,《经济学季刊》2005 年第 4 期,第 1070 页。

杜能的农业区位论,但直到 20 世纪 90 年代初,以克鲁格曼(Paul Krugman)、藤田昌九(Masahisa Fujita)、安东尼·J. 维纳布尔斯(Anthony J. Venables)为代表的一批经济学家才真正把空间纳入经济学分析,并形成较为完整的空间经济学理论体系。空间经济学中有三个主体模型:区域模型、城市体系模型和国际模型,在其区域模型中对以城市为中心、以农村为外围的区域中心—外围结构的形成做了微观分析,阐述了城市形成的微观经济机制。在其城市体系模型中则对城市体系形成的机制和自组织过程的微观机理进行了分析,提出了城市体系中的中心—外围空间结构。

克鲁格曼(Paul Krugman)先是建立了一个基于张伯伦(Edward Chamberlinian)垄断竞争(chamberlinian monopolistic competition)企业行为的空间经济学微观模型,对城市形成的内在机理进行了解释。在此基础上,克鲁格曼在"杜能环"、"中央区位论"和夏林(Thomas Schelling)的"分割模型"(Segregation Model)的基础上,建立了"多中心城市结构的空间自组织模型",并指出,一个城市结构的形成是该城市中厂商之间向心力和离心力相互作用的自组织结果(Paul Krugman,1996)。随后,藤田昌九(Masahisa Fujita,1999)、克鲁格曼(Paul Krugman,1999)、安东尼·J. 维纳布尔斯(Anthony J. Venables,1999)在迪克西特—斯蒂格利茨垄断竞争模型(Dixit-Stiglitz Monopolistic Competition Model,D-S Model)的基础上,以萨缪尔森(Paul Samuelson)"冰山成本"形式界定运输成本,考虑一个国家内的两个区域:东部 E 和西部 W,生产两种产品:农产品 A 和制造品 M,两个部门分别仅使用一种劳动力资源:农民和工人,同时考虑一系列前提条件,藤田昌九(Masahisa Fujita)、克鲁格曼(Paul Krugman)、安东尼·J. 维纳布尔斯(Anthony J. Venables)三人以产品多样化需求和所有的市场参与者都追求市场条件下的自身效用最大化为假设,①分析了在规模经济引致生产集中的向心力、运输"冰山成本"引致生产分散的离心力的相互作用下,区域分化为制造业中心和农业外围的机理,对杜能的以城市为中心、以农村为外围的中心—外围结构进行了微观分析并给出了微观经济学表述。同时也说明,城市一旦形成以后便会自我维持并得到强化与发展,以城市为中心、以农村为外围的中心—外围结构就会不断延续。

与此同时,藤田昌九、克鲁格曼等以美国 1800—1900 年间的城市发展和城市体系演变为样本,主要利用市场潜能函数分析了单一中心城市发展为多城市体系的动态演化过程。其研究发现:当考虑到因距离变化带来的运输成本时,市场潜能函数曲线会随人口的增长而向上移动。进而,他们根据行业市场潜能函数的变化分析了城市结构可能出现的两种情况,如果人口的初始值足够小,所处的空间结构则为单一中心城市—农村外围结构;另外,当某一行业的市场潜能函数 $\Omega = 1$ 时,将会出现拥有该行业的新的城市。接着,藤田昌九、克鲁格曼等在上述研究基础上通过赋予各参数一定值,用数字模拟展示了空间经济中从单一城市到分级的城市体系的长期演化过程。而通过对 1800—1900 年间美国城市发展和城市体系演化过程研究建立的"分级的城市体系演化模型"则说明,城市发展和城市体系的形成是一个自我组织的演化过程,企业、居民或消费者在市场条件下追求各自利益最大化的

---

①　在其模型中假设农产品是同质的,生产规模报酬不变并完全竞争,农产品的运输没有成本,制造品是差异化产品,每种产品的生产中都具有规模经济,形成了一种垄断竞争的市场结构,制造品的运输有成本,并以萨缪尔森(Paul Samuelson)"冰山成本"的形式表示;农民生产农产品,工人生产制造品,农民不能转为工人,工人也不能转为农民,农民不能流动,且在两个地区平均分布,工人可以在两个地区自由流动,流动到实际收入较高的地区。详细假设及条件可参阅藤田昌九、保罗·克鲁格曼等著《空间经济学——城市、区域与国际贸易》,中国人民大学出版社,2005。

均衡结果推动了城市体系的自组织形成和演化,并最终形成了空间经济中分级城市体系的中心—外围结构。

5.2.2 空间经济学中心—外围模型的实证检验

中心—外围结构是当今世界区域经济发展的普遍空间结构特征(Daniel A. Hojmana,2008)。[①] 从藤田昌九(Masahisa Fujita)、克鲁格曼(Paul Krugman)等人在美国 19 世纪城市体系演化基础之上构建的城市体系中心—外围结构模型来看,其城市体系演化模型的核心观点可以概括为:

(a)一般地说,在一定的区域内,随着该区域总人口的增加,城市体系开始升级演化,即随着 N 增加,在一个城市周围会出现新的城市,从而引起城市结构及城市体系的变化。[②]

(b)知识溢出、报酬递增的规模经济(以产品多样化衡量,产品多样化又以厂商数量表示)引致厂商和消费者(居民)的集中,是为城市发展的向心力,促进城市规模的扩展。

(c)由于产品运输存在"冰山成本","冰山成本"产生离心力,随着区域内人口的增长,厂商规模扩大后为节约运输成本,因而会从某城市迁往其他区域,进而产生新的城市。

(d)城市体系的形成和演变是企业和个人在空间状态下追求自身效用最大化的自组织过程。在这个过程中,只有较小的人口规模才能维持单一城市的空间结构。当一个城市区域的人口规模较大时,其所拥有的产业层次也将较多,其城市结构趋于复杂。[③] 当某产业(企业)规模达到其临界值 s'^*(值得建立新厂的农

---

① Daniel A. Hojmana, Adam Szeidlb . Core and periphery in networks [J]. Journal of Economic Theory, 2008(139):pp.295—309.

② 王红霞:《企业集聚与城市发展的制度分析》,复旦大学出版社,2005,第72页。

③ 王红霞:《企业集聚与城市发展的制度分析》,复旦大学出版社,2005,第72页。

194

业部门边界的距离)时,该产业(企业)会在新的地址建立新厂,新厂的建立会吸引劳动力及其居民的迁入,随之产生新的城市。以此类推,在原有城市周围会分化出新的城市、形成由多个城市组成的城市体系。

从空间经济学关于城市体系演化的原理来看,一个区域城市体系的演化受到区域内的人口规模、企业总数、行业总数、运输成本以及其他因素的影响;而一个城市的大小则受到该城市企业规模、人口规模、运输成本以及其他因素的影响。基于上述原理,可以尝试建立以下函数:

$$U = F(P, E, I, T, \varepsilon)$$
$$V = F(Y, P, I, T, \mu)$$

把上述函数进行对数变换,得到:

$$\mathrm{Ln}U = a_0 + a_1 \mathrm{Ln}P + a_2 \mathrm{Ln}E + a_3 \mathrm{Ln}I + a_4 \mathrm{Ln}T + \varepsilon$$

$$(5.2.1)$$

$$\mathrm{Ln}V = b_0 + b_1 \mathrm{Ln}Y + b_2 \mathrm{Ln}P + b_3 \mathrm{Ln}I + b_4 \mathrm{Ln}T + \mu$$

$$(5.2.2)$$

式中,a_0, b_0 为常数项,a_1, a_2, a_3, a_4, b_1, b_2, b_3, b_4 为系数,ε, μ 为随机误差项,U 为城市个数,V 为城市规模(用建成区面积替代),P、E、I、T、Y 分别为区域内的总人口数、企业个数、行业数、交通运输、城市经济规模(用工业总产值替代)。式(5.2.1)表示一个区域内的城市数量主要由该区域人口总数、企业总数、行业数、交通运输状况决定;式(5.2.2)表示一个城市区域的大小主要由该区域经济规模、人口总数、行业数、交通运输状况决定。为分析中国西部城市体系的演化是否符合克鲁格曼等人构建的"城市体系自组织演化规律",我们可以用构建的上述两个方程进行粗略检验。由于城市行业变动数据在中国现有城市统计数据中未予专门分类,也就是说在中国现有的城市社会经济统计数据中难以获得城市行业的变动数据,因此,不予考虑式(5.2.1)和式(5.2.2)中的行业变量 I,式(5.2.1)和式(5.2.2)调整为:

$$LnU = a_0 + a_1 LnP + a_2 LnE + a_3 LnT + \varepsilon \quad (5.2.3)$$
$$LnV = b_0 + b_1 LnY + b_2 LnP + b_3 LnT + \mu \quad (5.2.4)$$

从西部地区及各省区市城市数量的变动来看(表5—2—1),西部地区城市数量从1998年的160个增加到2004年的171个,但到后来又有所减少,2007年时设市城市为166个。而从各省区市城市数量的变动来看,内蒙古、贵州、西藏、陕西、青海五省区从1998—2007年的十年间城市数量一直没有变化,重庆地区的城市数量不增反减,四川则从2000—2007年的八年间城市数量没有变动,新疆的城市数量也是先增加而后减少。在西部以及各省区市人口(P)和企业数量(E)在逐年增加、交通运输条件(T)在逐年改善的环境下,其城市数量的变动却并非同步,这在统计分析上说明西部地区城市数量的变动并不适合应用式(5.2.3)的分析,也就是说西部城市体系的演化并不符合克鲁格曼等人提出的"分级的城市体系演化模型"。这在理论上则说明中国西部地区城市体系的变动并不符合克鲁格曼等人提出的"中心—外围结构"的演化规律。

表5—2—1 西部及各省区市城市数量的变动(1998—2007年)

	1998	1999	2000	2001	2002	2003	2004	2005	2006	2007
全国	668	667	663	662	660	660	661	661	656	655
内蒙古	20	20	20	20	20	20	20	20	20	20
广西	19	19	19	19	21	21	21	21	21	21
重庆	5	5	5	5	5	5	5	5	1	1
四川	31	31	32	32	32	32	32	32	32	32
贵州	13	13	13	13	13	13	13	13	13	13
云南	16	15	15	15	16	17	17	17	17	17
西藏	2	2	2	2	2	2	2	2	2	2

（续表）

	1998	1999	2000	2001	2002	2003	2004	2005	2006	2007
陕西	13	13	13	13	13	13	13	13	13	13
甘肃	14	14	14	14	14	15	16	16	16	16
青海	3	3	3	3	3	3	3	3	3	3
宁夏	5	5	5	6	6	7	7	7	7	7
新疆	19	19	19	19	22	22	22	22	22	21
西部合计	160	159	160	161	167	170	171	171	167	166

资料来源：相关年份《中国统计年鉴》，经过整理。

既然西部地区城市体系的演化并不符合克鲁格曼等人提出的"城市体系的分级演化模型"，现在选取除拉萨以外的西部十一个省会（直辖市、首府）城市相关指标，再看看西部地区单个城市的发展是否符合克鲁格曼等人提出的发展规律。把式(5.2.4)变换为：

$$\mathrm{Ln}V = b_0 + b_1 \mathrm{Ln}Ind + b_2 \mathrm{Ln}Pop + b_3 \mathrm{Ln}Railw +$$
$$b_4 \mathrm{Ln}Highw + \mu \qquad (5.2.5)$$

式(5.2.5)中，V 为城市建成区面积，Ind 为工业总产值（此处选用市辖区"国有及规模以上非国有工业总产值"指标），Pop 为该市总人口，$Railw$ 为该省（区市）铁路网密度（以该年度铁路营运里程除以该省区市国土面积获得），$Highw$ 为该省（区市）公路网密度（以该年度公路营运里程除以该省区市国土面积获得），μ 为随机误差项。西部省会（首府）城市（不包括拉萨市）数据跨度为 1999—2007 年（样本量过少会影响分析的可信度，但由于 1999 年以前的统计口径不同，因此只能选择 1999 年以后的数据），数据来源于相关年份《中国城市统计年鉴》。利用计量经济软件Eviews3.1 进行回归分析，并运用 OLS 方法估计模型参数。[①][②] 先以呼和浩特市为例进行分析，剔除不显著变量后获得呼和浩特市

---

① 庞皓主编：《计量经济学》，成都：西南财经大学出版社，2002，第 51—72 页。
② 张晓峒：《Eviews 使用指南与案例》，机械工业出版社，2007，第 55—65、204—210。

的回归分析结果(表5—2—2)和回归方程(5.2.6)。

表5—2—2 呼和浩特市城市建成区扩展的OLS估计结果

Dependent Bariable：LNV
Method：Least Squares
Date：04/07/09 Time：12：04
Sample：1999 2007
Included observvations：9

Variable	Coefficient	Std. Error	t—Statistic	Prob.
C	−3.308509	0.751111	−4.404823	0.0045
LNIND	0.084390	0.042202	1.999696	0.0925
LNRAILW	1.754794	0.288594	6.080504	0.0009
R—squared	0.964266	Mean dependent var	4.782222	
Adjusted R—squared	0.952354	S. D. dependent var	0.238393	
S. E. of regression	0.052036	Akaike info criterion	−2.812549	
Sum squared resid	0.016247	Schwarz criterion	−2.746808	
Log likelihood	15.65647	F—statistic	80.95284	
Durbin—Watson stat	1.693243	Prob(F—statistic)	0.000046	

$$LnV = -3.309 + 0.084 LnInd + 1.755 LnRailw$$
$$(5.2.6)$$

$$(-4.4) \quad (2.0) \quad\quad (6.1)$$

$$R^2 = 0.96, DW = 1.7, F = 81.0$$

基于同样的理论与方法对西部其他省会(首府)城市进行回归分析,得到分析结果(表5—2—3)。

从表5—2—2和表5—2—3的OLS估计结果来看,西部十一个省会(直辖市、首府)城市的规模扩展并不完全符合空间经济学理论所述的单一城市扩展机理。再加上西部城市体系的演化也并不完全遵循空间经济学"城市体系的分级演化模型",因此,中国西部城市体系的发展演化并不是一个"自组织"过程,而更明显的是在政治、经济、社会、历史、环境等综合影响下的"被组织"过程。正是由于中国西部城市以及城市体系的发展演化是一个明显的"被组织"过程,所以空间经济学中关于城市及城市体系发展演化的"中心—外围"结构也就不完全适合西部发展的实际了。

表5—2—3　西部十一省会(首府)城市规模扩展

(中心—外围模型)的 OLS 估计结果

	呼和浩特	南宁	重庆	成都	贵阳
常数项	−3.309 (−4.405)***	−1.737 (−3.048)**	−160.3 (−6.742)***	−1.497 (−1.425)	−1.726 (−2.305)*
$LnInd$	0.084 (2.000)*	0.308 (9.924)***		0.415 (3.809)**	
$LnPop$	—	—	20.655 (6.994)***	—	—
$LnRailw$	1.755 (6.081)***	0.462 (3.227)**	—	1.331 (3.907)**	1.399 (8.693)***
$LnHighw$	—	—	—	−0.601 (−2.561)**	
调整后 R^2	0.952	0.962	0.857	0.951	0.903
DW 值	1.69	2.81	1.50	2.83	1.15
F 统计值	81.0***	101.7***	48.92***	53.23***	75.56***

　　注:括号中的数值为 t 统计值,*表示在10%的置信度上显著,**表示在5%的置信度上显著,***表示在1%的置信度上显著,"—"表示该解释变量没有通过显著性检验,分析时做了剔除处理。

表5—2—3　(续表1)西部十一省会(首府)城市规模扩展

(中心—外围模型)的 OLS 估计结果

	昆明	西安	兰州	西宁	银川	乌鲁木齐
常数项	−0.692 (−1.586)	−22.18 (−8.392)***		3.582 (63.516)***	−3.850 (−4.732)***	3.356 (12.649)***
$LnInd$	0.382 (13.479)***	—	—	0.041 (9.707)***	0.344 (3.620)**	—
$LnPop$	—	4.435 (9.460)***		—	0.685 (2.008)*	
$LnRailw$		−0.331 (−2.944)**				
$LnHighw$						0.292 (6.779)***
调整后 R^2	0.958	0.954		0.921	0.939	0.850
DW 值	2.37	3.20		2.31	2.53	1.94
F 统计值	181.7***	83.56***	—	94.22***	62.06***	45.96***

　　注:同表5—2—3。

5.2.3 空间经济学中心—外围理论的扩展

克鲁格曼和藤田昌九关于城市体系中心—外围结构演化形成的"分级的城市体系演化模型"主要是建立在自由主义盛行时期的美国 19 世纪城市发展基础之上的,因此,其城市体系演化模型实际上是既定制度条件下的城市体系演化模型。虽然该模型能够较好的从微观基础上解释美国 19 世纪城市形成和城市体系演化中的许多问题,但由于其忽略了制度因素的影响,从而对发展中国家,尤其是中国以及中国西部这样受到制度干预影响比较突出的国家或地区的城市及城市体系发展演化的解释力就难免会受到影响。[①] 同时,克鲁格曼和藤田昌九在研究美国 19 世纪城市与城市体系发展时也指出,城市的发展和城市体系的形成通常是市场经济主体——企业和消费者(居民)的自组织行为,而没有被计划或被组织的迹象。因此,其研究就把城市与城市体系发展演化过程中的企业迁移和产业联系内化成了市场经济主体自组织行为的应有之意,而没有专门考虑产业联系对城市发展和城市体系演化的影响。这对于中国这样长期对产业布局进行非市场化调控的国家,其模型的解释力同样也受到了限制性的影响。因此,考虑到模型对中国西部实际的适用性,极有必要加入制度因素和产业联系因素对克鲁格曼和藤田昌九关于城市体系中心—外围结构演化形成的"分级的城市体系演化模型"进行扩展。

5.2.3.1 加入产业联系的城市体系中心—外围模型的扩展

在外部联系并非普遍和均匀进行的现实条件下,城市的主要

---

① 王红霞:《企业集聚与城市发展的制度分析》,上海:复旦大学出版社,2005,第 19 页。

外部经济联系必然是决定城市外部结构形成和演变的核心因素。[1] 如前文所述,藤田昌久、克鲁格曼、安东尼·J.维纳布尔斯(1999)在分析从单一城市发展到多城市的城市体系形成时,没有区分产业或行业的差别,同时假定所有制造商都生产同一种商品(虽然种类很多),城市之间也是等距离分布的,假设有两类制造业行业 1 和行业 2,同时假设两个行业的参数不同,这种差异导致行业 2 的临界值 $s_2'^*$(值得建立新厂的农业部门边界的距离)是行业 1 的好几倍,如 $s_2'^* = 2s_1'^*$。又假设开始时所有的制造业都集中在城市 O,同时人口持续增长。在上述条件下,分析城市层级体系的演化(图 5—2—1)。

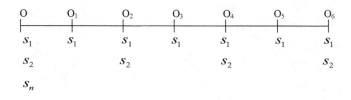

图 5—2—1　城市层级体系的形成

在图 5—2—1 中,当人口持续增长时,行业 1 为了最小化运输成本,首先会选择在 O_1 处建立新厂,因而促进了新城市 O_1 的产生;当人口规模持续增长时,会逐渐形成新的城市 O_2、O_3、O_4、O_5 以及 O_6,这些新城市只包含行业 1。随着农业边界的不断向外扩展,行业 2 也值得建立新的工厂,行业 2 建立的新工厂不仅要为农村人口提供商品,还要尽量向就业于行业 1 的城市工人提供商品,因而会尽量向行业 1 的城市靠拢。假设行业 2 的临界值 $s_2'^*$ 是行业 1 的 2 倍,即 $s_2'^* = 2s_1'^*$,于是行业 2 首先选择在 O_2 处建

---

① 郭鸿懋、江曼琦、陆军等:《城市空间经济学》,经济科学出版社,2002,第 115—117 页。

立新厂。当行业 2 也在 O_2 建立新厂后,城市 O_2 就聚集了行业 1
和行业 2 的厂商,其城市规模就会大于 O_1(因为 O_1 只有行业 1)。
随着人口的进一步增长,行业 2 会进一步选择在 O_4、O_6 处建立新
的工厂。同样的道理,城市 O_4、O_6 的规模也会大于城市 O_1、O_3 与
O_5。由于城市 O 内聚集了行业 1、行业 2 以及其他行业 n,于是,
区域内就会出现最大城市 O;城市 O_2、O_4、O_6 聚集了行业 1 和行
业 2,于是 O_2、O_4、O_6 会发展成为中等城市;城市 O_1、O_3、O_5 只聚
集了行业 1,于是 O_1、O_3、O_5 会发展成为小城市。不断重复这个
过程,经济体内便形成了有大城市、中等城市和小城市构成的城
市层级体系(图 5—2—2)。当把城市制造业行业进一步多样化、
各行业的临界值 s'^* 进一步复杂化后,区域内的城市层级体系会
变得更加复杂。

○ 表示行业 1 聚集
◌ 表示行业 2 聚集
◎ 表示行业 n 聚集

图 5—2—2　克鲁格曼式的城市层级结构示意图

　　藤田昌九、克鲁格曼等(1999)在分析从单一城市发展到多城市
的城市层级体系演化时,实际上只分析了由一个"母城市"发展到多
个"子城市",最终形成区域城市体系层级结构的机制与过程,同时
也没有考虑城市与城市之间的产业联系,因而得出了图 5—2—2 式
的城市体系层级结构。现在考虑沿用藤田昌九、克鲁格曼的假设基
础,再假设该区域城市发展不仅仅受到唯一"母城市 O"的影响,还
受到周边区域其他城市的影响,同时增加城市之间的产业联系假

设,考察城市体系层级结构的演化机制与过程。

考察 3 个城市 U_0、U_1、U_2。在 $t = t_0$ 时,三个城市的规模相等,即 $U_1 = U_2 = U_0$。在 $t = t_1$ 时,城市发展受到产业联系的影响,假定城市 U_1 与城市 U_0 的产业联系强度为 c_1、城市 U_2 与城市 U_0 的产业联系强度为 c_2,且 $c_1 > c_2 = 0$,即城市 U_1 与城市 U_0 存在产业联系,城市 U_2 与城市 U_0 无产业联系。

因此,当 $t = t_1$ 时,将有

$$U'_0 = U_0 + U_1 f(c_1) + U_2 f(c_2)$$

式中 f 为单调递增的产业联系函数。同样的

$$U'_1 = U_1 + U_0 f(c_1)$$
$$U'_2 = U_2 + U_0 f(c_2)$$

由于 $c_1 > c_2 = 0$,

因而可以得到 $U'_1 > U'_2$;

当 $t = t_2$,

同理可以推出: $U''_1 = U'_1 + U'_0 f(c_1)$
$$U''_2 = U'_2 + U'_0 f(c_2)$$

由于 $U'_1 > U'_2$、$c_1 > c_2 = 0$,

因此可以得到: $U''_1 > U''_2$

依此原理可以推断,由于城市 U_1 与城市 U_0 存在产业联系,城市 U_2 与城市 U_0 无产业联系,在其后的城市动态发展过程中,城市 U_2 与城市 U_0、U_1 的规模差距会越来越大。因此,从更一般的意义上来说,与周边城市间的产业联系状况会极大地影响城市的发展速度与发展规模。

把上述城市发展的产业联系机理加入克鲁格曼等人的分析框架,同样把空间简化为线性平面(图 5—2—3)。假定在 $t = t_1$ 时,行业 S_1 首先达到临界值 s'^*_1,行业 S_1 为了最小化运输成本,首先会选择在 O_1(或 O'_1)处建立新厂,因而促进了新城市 O_1(或

O'_1)的产生,当人口持续增长时,便逐渐形成新的城市 O_1、O_2、O_3、O'_1、O'_2 以及 O'_3,这些新城市只包含行业 S_1。

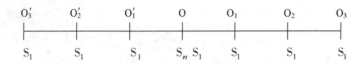

图 5—2—3 $t=t_1$ 时的城市层级体系结构

当 $t=t_2$ 时,随着农业边界的不断向外扩展,行业 S_2 也值得建立新的工厂。在藤田昌九和克鲁格曼的"城市体系分级演化自组织模型"中,行业 S_2 建立的新工厂不仅要为农村人口提供商品,还要尽量向就业于行业 S_1 的城市工人提供商品,因而会尽量向行业 S_1 的城市靠拢。由于行业 S_2 的临界值 s'^*_2 是行业 S_1 的 2 倍,即 $s'^*_2 = 2s'^*_1$,所以行业 S_2 会选择在 O_2、O'_2 处建立新厂。当行业 S_2 在 O_2、O'_2 建立新厂后,城市 O_2、O'_2 就聚集了行业 S_1 和行业 S_2 的厂商,其城市规模就会大于 O_1、O_3、O'_1 以及 O'_3,便形成了极富规律性的城市层级体系结构(图 5—2—4(a))。

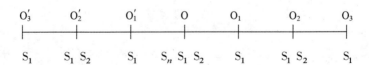

图 5—2—4(a) $t=t_2$ 时克鲁格曼式的城市层级体系结构

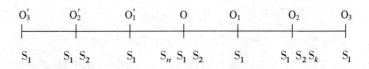

图 5—2—4(b) $t=t_2$ 时引入产业联系后的城市层级体系结构

现在把产业联系要素加进去,假设城市 O_2 与城市 O 之间存在较强的产业联系,而城市 O'_2 与城市 O 之间无产业联系,则城市 O_2 不仅会吸引城市 O 扩展出来的行业 S_1、S_2,还会吸引其他城市扩展出来的行业 S_k;由于城市 O'_2 与城市 O 之间无产业联系,则城市 O'_2 只能吸引城市 O 扩展出来的行业 S_1、S_2,而难以吸引其他城市扩展出来的行业 S_k(图 5-2-4(b))。其结果是城市 O_2 聚集了行业 S_1、S_2、S_k,而 O'_2 只聚集了行业 S_1、S_2。因而 $O_2 > O'_2$。同样的机理,由于城市 O 与城市 O_2 之间的产业联系,城市 O 的发展速度和规模会比非产业联系状态下更快、更大。如此循环累积,城市 O_2 与城市 O'_2 的差距会越来越大。因而会打破克鲁格曼式的城市体系演化自组织规律,而呈现出另一种更复杂的发展态势。

5.2.3.2　加入制度安排的城市体系中心—外围模型的扩展

作为影响经济增长的内生要素之一的制度及其制度变迁,在影响经济增长和发展的同时必然对城市发展产生影响。制度因素对城市发展的影响主要表现在两个方面,一是对单个城市发展规模的影响,二是对城市体系发展演化的影响。如前所析,藤田昌九和克鲁格曼在分析美国 19 世纪城市体系演化时,是在没有考虑制度影响的情况下得出的"城市体系分级演化的自组织规律",现考虑把制度因素加入到城市体系演化中进行分析,扩展其城市体系演化的中心—外围结构模型。

藤田昌九、克鲁格曼等人构建的"城市体系分级演化的自组织模型"认为,城市体系的分级演化是市场机制下企业和个人(消费者)在空间状态下追求自身效用最大化的自组织过程。而制度安排对城市体系演化的影响则主要是通过影响企业和个人的行为而最终对城市体系演化发生作用的。从作用力的角度考察制度安排对企业和个人行为的影响,可以把制度引致企业和个人选择变化的作用力分为诱致力和强推力两大类。在中国这样的行政体制环境下,"行政区经济"力量对"市场区经济"力量有着极大的影响。基于"行政区经济"的制度选择,各行政区会在本区内实施上级政府许可范围内的差异化产业政策、土地政策、财政政策、投资政策及人口与劳动政策,从制度作用力的角度分析,这必然会在不同行政区间形成差异化的诱致力和强推力,这种综合作用力在影响产业和人口空间布局变动的同时进而影响城市的发展和城市体系的发展演化(图5—2—5)。

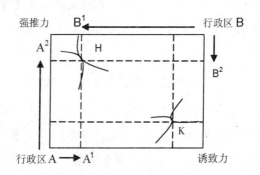

图5—2—5 制度引致产业和人口空间变动的埃奇沃思方框图

在图5—2—5制度引致产业和人口空间变动的埃奇沃思方框图(Edgeworth Box)中,方框的横框用以度量某行政区吸引产业(行业)和人口流入的诱致力大小,竖框用以度量某行政区推动产业(行业)和人口流出的强推力大小。行政区 A 对产业(行业)和人口流入流出的总作用力以左下角原点为基点向方框的横竖方向度量,而行政区 B 对产业(行业)和人口流入流出的作用力则以右上角原点为基点向方框的横竖方向度量。在图5—2—5中的H 点,行政区 A 对产业(行业)和人口流入的诱致力为 AA^1,对产

业(行业)和人口流出的强推力为 AA^2,强推力 AA^2 大于诱致力
AA^1;行政区 B 对产业(行业)和人口流入的诱致力为 BB^1,对人口
流出的强推力为 BB^2,诱致力 BB^1 大于强推力 BB^2;从两行政区对
产业(行业)和人口的强推力和诱致力进行对比,行政区 B 对产业
(行业)和人口流入的诱致力 BB^1 大于行政区 A 对产业(行业)和
人口流入的诱致力 AA^1,而行政区 B 对产业(行业)和人口流出的
强推力 BB^2 小于行政区 A 对产业(行业)和人口流出的强推力
AA^2;因此,在 H 点,产业(行业)和人口由行政区 A 流向行政区
B。基于同样的原理,在图中的 K 点,产业(行业)和人口则由行政
区 B 流向行政区 A,从而引起产业(行业)和人口空间布局的
变动。

现在运用制度引致产业和人口空间变动的原理来分析制度
安排对城市和城市体系演化的影响。基于藤田昌九、克鲁格曼等
人分析城市体系分级演化的基本假设,同样把空间简化为线性平
面(图 5—2—6)。现加入制度安排要素,在图 5—2—6 中,以图中
的虚线为界,虚线的右边隶属于行政区 B,虚线的左边隶属于行政
区 A,在"行政区经济"的利益刺激下,两个行政区有可能实施差
别化的社会经济发展政策。$t = t_0$ 时,两个行政区只有一个城市
O、且位于行政区 B 内。

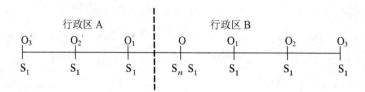

图 5—2—6　$t = t_1$ 时完全市场经济条件下的城市层级体系结构

假定在 $t = t_1$ 时,行业 S_1 首先达到临界值 $s'_1{}^*$,行业 S_1 的新

址选择在完全市场经济条件下最优化其行为,即行业 S_1 从城市 0 向新城市的扩展未受到"行政区经济"等制度性因素的影响。行业 S_1 为了最小化运输成本,首先会选择在 O_1(或 O'_1)处建立新厂,因而促进了新城市 O_1(或 O'_1)的产生,当人口规模持续增长时,便跨行政区 B 和行政区 A 逐渐形成新的城市 O_1、O_2、O_3、O'_1、O'_2 以及 O'_3,这些新城市只包含行业 S_1。于是在行政区 A 和行政区 B 范围内便形成了城市体系的层级结构(图 5—2—6)。

当 $t = t_2$ 时,随着区域内人口的增加,以及农业边界的不断向外扩展,行业 S_2 也值得建立新的工厂。在藤田昌九和克鲁格曼的"城市体系分级演化自组织模型"中,在行业 S_2 建立的新工厂不仅要为农村人口提供商品,还要尽量向就业于行业 S_1 的城市工人提供商品,因而会尽量向行业 S_1 的城市靠拢。由于行业 S_2 的临界值 $s'_2{}^*$ 是行业 S_1 的 2 倍,即 $s'_2{}^* = 2s'_1{}^*$,所以行业 S_2 会选择在 O_2、O'_2 处建立新厂;当行业 S_2 在 O_2、O'_2 建立新厂后,城市 O_2、O'_2 就聚集了行业 S_1 和行业 S_2 的厂商,其城市规模就会大于 O_1、O_3、O'_1 以及 O'_3,便形成了极富规律性的城市层级体系结构(图5—2—7(a))。现在加入制度安排因素,假设行政区 B 的领导者认为,需要在本行政区培育出一个特大城市 O,以起到增长极点的带动作用,于是 O 城市政府便在城市 O 辖区内出台并实施一系列的极富优惠性质的产业政策、土地政策、财政政策、投资政策及人口与就业政策,以留住原本需要向其他城市转移的行业 S_2。此时,行业 S_2 的临界值 $s'_2{}^*$ 就由原先行业 S_1 的 2 倍($s'_2{}^* = 2s'_1{}^*$)扩大到行业 S_1 的 m 倍($s'_2{}^* = ms'_1{}^*(m>2)$)。行业 S_2 的临界值 $s'_2{}^*$ 扩大后,在其达到新的临界值 $s_2{}^\#$ 之前,行业 S_2 会继续在城市 O 内扩张,因而会推动 O 城市规模的进一步扩大。而其他城市 O_1、O_2、O_3、O'_1、O'_2、O'_3 由于未能有新的行业进入,城市规模仅在行业 S_1 的支撑下自然发展。因而,在考虑行政因素的条件下,城市体系的演化会出现不同于克鲁格曼式的"城市体系分级演化自组织模型"格局(图5-2-7(b))。如此循环累积,城市O的规模与其他城市的差距会越来越大。因而会打破克鲁格曼式的城市体系演化自组织规律,而呈现出另一种更复杂的发展态势。

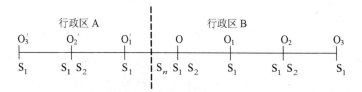

图5-2-7(a) $t=t_2$ 时克鲁格曼式的城市层级体系结构

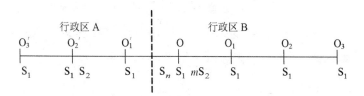

图5-2-7(b) $t=t_2$ 时加入制度安排影响的城市层级体系结构

当 $t=t_3$ 时,随着行政区A和行政区B内人口的增加,以及农业边界的不断向外扩展,行业 S_2 达到了新的临界值 $s_2'^{\#}$,即需要在城市O之外建立新的工厂。在藤田昌九和克鲁格曼的"城市体系分级演化自组织模型"中,行业 S_2 建立的新工厂会尽量向行业 S_1 的城市靠拢;假设行业 S_2 的新的临界值 $s_2'^{\#}$ 是行业 S_1 的3倍,即 $s_2' = 3s_1'^*$,所以行业 S_2 会选择在 O_3、O_3' 处建立新厂;当行业 S_2 在 O_3、O_3' 建立新厂后,城市 O_3、O_3' 就聚集了行业 S_1 和行业 S_2 的厂商,其城市规模就会大于 O_1、O_2、O_1' 以及 O_2',便形成了极富规律性的城市层级体系结构(图5-2-8(a))。现在加入制度安排要素,假设行政区B的领导者基于"行政区经济"的利益决策,行政区 B 的政府便会出台并实施一系列限制性的经济政策,限制行业 S_2 向地处行政区 A 的城市 O'_3 转移,同时出台并实施一系列极富优惠性质的产业政策、土地政策、财政政策、投资政策及人口与就业政策,以吸引行业 S_2 向本行政辖区的城市 O_3 转移。此时,城市 O_3 不仅获得了市场条件下由城市 O 转移过来的行业 S_2 部分,还获得了在制度干预下原本需要向城市 O'_3 转移的 S_2 部分。因而,城市 O_3 在行业 S_1 和 S_2 的支撑下快速发展,规模迅速超越其他城市。而其他城市 O_1、O_2、O'_1、O'_2、O'_3 由于未能有新的行业进入,城市规模仅在行业 S_1 的支撑下自然发展。因而,在考虑行政干预因素的条件下,城市体系的演化会出现不同于藤田昌九和克鲁格曼式的"城市体系分级演化自组织模型"格局(图 5-2-8(b))。如此循环累积,城市 O、O_3 的规模与其他城市的差距会越来越大。因而会打破克鲁格曼式的城市体系演化自组织规律,而呈现出另一种更复杂的发展态势。

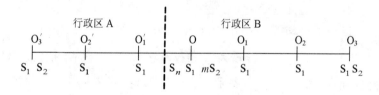

图 5-2-8(a)　$t=t_3$ 时克鲁格曼式的城市层级体系结构

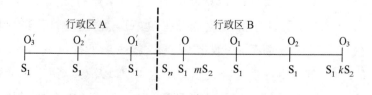

图 5-2-8(b)　$t=t_3$ 时加入行政干预的城市层级体系结构

5.2.3.3 从单一制造业中心—外围向多中心—外围的扩展

藤田昌九和克鲁格曼在论证推导其构建的"城市体系分级演化自组织模型"时,实际上分析的是垄断竞争条件下制造业在"规模报酬"的"向心力"和制造品运输"冰山成本"的"离心力"相互作用下,以制造业集中与分散为支撑的城市体系发展演化规律,因而其城市体系的中心—外围模型实际上是单一的制造业中心—外围模型。这对于自由市场经济条件下,尤其是18、19世纪欧美国家(如19世纪的美国城市)城市体系的发展和演化是极富解释力的,因为欧美国家的经济中心不一定是其政治中心。但这对于解释中国西部城市体系的发展演化就不一定适用了,因为对于中国西部的大中城市来说,区域经济中心城市一般也都是区域的政治中心和文化中心。这也正如中心地理论所述之市场、行政、交通三原则下的城市等级结构的分异。

在中国西部地区,各级城市不仅在经济规模和人口规模上存在等级,在行政级别上的等级结构更为显著,尤其是行政级别上的等级差别会转化为要素资源获取与配置能力上的等级差别,行政级别高的城市更容易获得各种生产要素和生产资源。这种独特的政经结合推生出城市在文化地位上也存在等级差别。因此,中国等级级别较高的大城市不仅仅是制造业中心城市,其一般既是区域的经济中心、政治中心,同时也是区域的文化中心,这种经济、政治、文化等级上的多中心性重合使得中国的城市体系等级规模结构绝非仅仅是单一的制造业中心—外围结构,而是一种多中心—外围结构。

5.2.4　扩展的空间经济学中心—外围理论的政策启示

从城市体系中心—外围理论的扩展分析来看,加入产业联系和制度安排因素都会打破克鲁格曼式的"城市体系分级演化的自组织规律",城市体系的演化表现出强烈的"被组织"过程与格局。既然产业联系和制度安排会打破"城市体系分级演化的自组织规律",反过来,我们也可以利用这种作用力来对城市体系的发展演化进行"再组织"。针对于中国西部城市等级体系结构、职能组合结构、地域空间结构的多重失衡问题,我们可以引入产业联系、制度安排两种关键力量,通过这种"再组织"过程,对中国西部城市群落进行空间重构。

5.2.4.1 通过产业联系强化城市群落的空间关联

从前述单一城市形成与发展理论来看,无论是区位论中的农业区位论与工业区位论,还是城市经济学中的比较优势、规模经济和集聚经济理论,以及空间经济学中的城市中心—农村外围形成理论,城市的形成与发展都是产业发展的结果。而从前述城市群体的形成与发展理论来看,无论是中心地理论、空间相互作用理论、点轴网络系统理论、外部经济理论,还是空间经济学理论,城市群体的形成与发展也都是产业关联发展的产物。因此,产业发展以及产业联系是城市及城市群体形成与发展的最根本物质基础。从中心—外围理论模型的扩展来看,加入产业联系要素以后,城市体系结构的演变会从"自组织"过程与格局转化为"被组织"过程与格局,也就是说产业联系会影响城市群体等级规模结构、职能组合结构和地域空间结构的发展规律。既然产业联系能够影响城市群体空间结构的发展规律,我们在面对西部城市体系等级规模结构、职能组合结构和地域空间结构失衡的问题时则可以利用产业联系这一要素和机制来对中国西部的城市群体进行重构。从另一角度来说,也就是我们对西部城市群体进行空间重构时需要以产业联系为根本动力和核心支撑。

5.2.4.2 通过制度安排优化城市群落的空间关系

虽然西方国家城市化理论中缺乏制度建构的专门内容,但从加入制度安排要素后中心—外围理论模型的扩展分析来看,制度安排也会影响城市体系等级规模结构、职能组合结构和地域空间结构的变动,即加入制度安排要素以后,城市群体结构的演变会从"自组织"过程与格局转化为"被组织"过程与格局。既然制度安排能够影响城市体系空间结构的发展规律,我们在面对中国西部城市体系等级规模结构、职能组合结构和地域空间结构失衡的问题时,则可以利用制度安排这一要素和机制来对西部的城市体系进行空间重构。从另一角度来说,也就是我们对西部城市体系进行空间重构时需要以一定的制度安排为根本保障和核心支撑。

5.2.4.3 综合城市职能构建多中心—外围城市体系空间结构

虽然说产业发展是城市发展的根本物质基础,但城市发展同样是区域政治、社会与文化综合发展的结果,区域中心城市的经济、政治、文化中心职能对城市体系的发展演化有着综合性的作用和功能。既然中国的区域中心城市既是区域的经济、政治中心,又是区域的文化中心,则可以利用城市的这种多中心结构和多层次职能,在面对中国西部城市体系结构失衡的困境而需对西部城市体系进行空间重构时,超越藤田昌九和克鲁格曼"城市体系分级演化自组织模型"中单一制造业中心—外围结构,重构为经济、政治、文化等综合性的多中心—外围城市群落体系。

5.3 中国西部城市群落空间重构的组织形式

区域的自然条件、经济区位、城市功能、市场潜力、产业联系、要素网络以及经济辐射是影响区域城市及城市群体发展速度、质量、结构和模式的主要因素,决定了城市层级体系的变动方向和发展潜力。在当前中国西部城市发展自然条件不优、生态环境脆弱、经济区位不佳、城市集聚和扩散功能不足、市场潜力有限、产业联系松散、要素网络不畅、大城市经济辐射能力较弱的背景下，又面临着城市发展质量低下、城市群体结构扭曲失衡、城市功能普遍衰竭的现实，既然都市圈、城市群、城市带发展形态都不适合于中国西部城市群体发展的实际需要，这就需要探索更具西部地域特色的城市群体空间组织形态。

5.3.1 城市群落空间组织形态选择——多中心相对于单中心的优越性

从上文关于城市群体发展的几类主要空间组织形态来看，都市圈更像是一种单中心城市引领城市群体发展的城市地域空间形态，而城市群、城市带更像是一种多中心城市引领城市群体发展的城市地域空间形态。而从中国东部沿海地区城市群体地域空间发展形态来看，环渤海经济圈（以京津为中心）与珠三角（以广州、深圳或者香港）是较为明显的多中心城市引领区域发展的格局，而长三角（以上海为中心，南京、杭州为副中心）则是较为明显的单中心＋副中心引领区域发展的格局。从中国西部中心城市发展及城市体系演化的克鲁格曼式中心—外围模型的实证检验分析结果来看，西部中心城市发展及城市体系演化并不完全符合克鲁格曼等人提出的城市及城市体系发展演化的"自组织"式中心—外围模型。基于西部地区的特殊性，单一中心城市难以引领区域发展，而多中心—外围城市群落相对于单中心—外围城市群落具有更明显的优势，可以获得相对于单中心的实力增强效应和合作竞争效应。

多中心相对于单中心的实力增强效应。据《中国统计年鉴2008》的统计，2007年西部城市中除重庆、成都、西安三市市辖区人口超过400万，昆明市、兰州市、南宁市和贵阳市市辖区人口超过

200 万以外,市辖区人口 100 万—200 万的城市占城市总数的
12.04％,市辖区人口 50 万—100 万的城市占城市总数的 16.27％,
市辖区人口不足 50 万的城市占城市总数的 67.47％。据《中国城市
竞争力报告 NO.6》分析,2007 年全国城市综合竞争力排序前 50 名
的城市中西部只有成都市(22 位)、重庆市(39 位)、西安市(43 位)、
呼和浩特市(44 位)4 座城市入围,在综合竞争力前 200 名城市当
中,西部只有 32 座城市入围。而从城乡格局来看,西部地区总体上
还是一个"大"农村格局,城市尤其是中心城市对农村的引领和带动
作用还相对有限。因此,针对于中国西部单一中心城市实力有限、
农村面大的实际问题,基于扩展的空间经济学中心—外围理论模
型,如果相邻中心城市之间能构成合作竞争的多中心集合引领区域
城市群落的发展,这相对于单中心—外围城市群落来说会获得更大
的实力增强效应,这一方面可以增强中心城市及外围城市的发展实
力,另一方面也可以增强中心城市引领外围城市及农村发展的实力。

　　多中心相对于单中心的合作竞争效应。从前文关于西部城
市群体发展的制度制约分析来看,由于传统计划体制的影响,西
部各中心城市在规划发展时还存在着明显的"行政区经济"固有
思维与做法,造成了较为明显的地区分割、恶性竞争和重复建设,
这也极大地削弱了西部中心城市之间合作竞争的促进效应。基
于扩展的空间经济学中心—外围理论模型,如果相邻中心城市构
成合作竞争的多中心集合引领区域城市群落的发展,这相对于单
中心—外围城市群落来说会获得更大的合作竞争效应。考虑一
个经典的标准博弈模型[1][2](图 5-3-1),如果区域中心城市之间

<hr>

　　① 〔美〕约翰·纳什著,张良桥、王晓刚译:《纳什博弈论论文集》,首都经济贸易大学
出版社,2000,第 30—66 页。
　　② 〔美〕戴维·M.克雷普斯著,邓方译:《博弈论与经济模型》,商务印书馆,2006,第
29—109 页。

相互恶性竞争将会陷入囚徒困境博弈模型中的非合作博弈困境（图5－3－1(a)），这不仅会制约与削弱中心城市自身的发展实力，还必然会削弱中心城市引领城市群落及区域发展的实力与能力。如果相邻中心城市之间在行政、经济、社会、文化、生态等方面结成全面的合作竞争关系，消除市场封锁、行政分割和区域分割，则会获得全方位的合作竞争效应（图5－3－1(b)），并从整体上增强中心城市带动城市群落及区域发展的实力和能力。

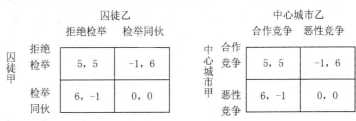

图5－3－1(a)　囚徒困境的博弈模型　图5－3－1(b)　两中心城市的博弈模型

5.3.2　多中心—外围城市群落的理论内涵

空间经济学理论认为，由于生产规模报酬递增的集聚力引致制造业在某一地区的日益集聚从而产生了城市，同时由于运输"冰山成本"分散力的存在，又使得产业及行业不会无限制地集聚于城市，当集聚力和分散力达到某种程度的均衡时，便在区域内形成了以城市为中心、以广大农村为外围的中心—外围结构。同样在集聚力和分散力的共同作用下，由于各种行业的市场潜能存在差异，区域产业的扩展和人口的增加会促使单一中心城市发展成为城市体系，形成城市体系的中心—外围结构。但是，在中国西部长期形成的强势城乡二元结构下，克鲁格曼等人构建的以城市为中心、以广大农村为外围的中心—外围结构显然无法适应中国西部城市发展的客观要求。同样地，在中国西部城市体系结构失衡、大城市数量不足及功能缺失、特大城市(超大城市)孤立发展难以承担引领区域城市体系发展的格局下,克鲁格曼等人构建的以大城市(特大城市)为中心、中小城市为外围的城市体系中心—外围结构也无法适应中国西部城市群落发展的客观需求。基于西部地区的现实,全方位发展西部地区的城市化是不行的,必须走重点网络化、生态型开发之路,理论设想是建立多个结构合理、规模适度、产业关联、信息对称、功能完整的特色城市群落。基于上文的分析,相邻中心城市构成多中心相对于单中心具有更大的引领和带动效应。因此,综合考虑自然、经济、行政区划、社会历史、文化传统等因素,并在扩展的空间经济学中心—外围模型的基础上,多中心—外围城市群落是中国西部城市群落发展的可行空间组织形态。

中国西部的多中心—外围城市群落可以作以下理论界定:在发展极点上由多中心(城市)引领与带动城市群落及区域发展;在空间结构上呈多层级、多中心—外围型城市群落层级体系;在产业支撑上,以不同类型产业发展支撑各层级空间发展,以城市间的产业关联与网络化发展引致中心与外围及腹地间的双向联动与网络化发展,经由产业的层级网络化发展推动城市间形成合理的层级网络结构;在制度安排上,城乡之间、相邻城市之间、不同层级城市之间以协调发展与合作竞争取代二元分化与行政分割,以"市场经济区"制度安排取代"行政区经济"制度安排;在城市功能上除强化经济集聚与扩散功能外,还关注城市发展的社会和生态功能;在地理布局上呈极具生态学意义的群落状展布。

发展极点:由多中心(城市)引领与带动城市群落及区域发展。多中心包含两层含义,第一是作为引领城市群落及区域发展的增长极点由两个或两个以上的特大城市(超大城市、大城市)组成双中心或多中心,西部单一特大城市或大城市的集聚和扩散力不足,难以担当起带动整个区域发展的重任,而多中心相对于单中心具有更大的引领区域发展的实力与能力。在综合考虑自然条件、经济区位、城市功能、市场潜力、产业联系、要素网络以及经济辐射的基础上,相邻中心形成竞争性关联构建多中心,以多驱动力推动整个城市群落的发展。第二是作为引领城市群落及区域发展增长极点的特大城市(超大城市、大城市)功能上的多极化,中心城市既是引领城市群落及区域发展的经济中心,也是该城市群落及区域发展的政治、文化、交通、通信中心,承担多重中心职能。

空间结构:呈多层级、多中心—外围城市群落层级体系网络状布局。在城市群落空间结构上,首先是多层级(多圈层):中心—特大城市和大城市(第一层级、第一圈层)、次级中心—大中城市(第二层级、第二圈层)、外围—小城市(城镇)(第三层级、第三圈层)、腹地—广大农村(第四层级、第四圈层)。其次是产业关联下的城市网络体系:从城市及城市群体形成与发展理论来看,产业发展是城市发展的物质基础,产业关联也是城市体系关联的核心要素,作为中心的特大城市(或大城市)应利用其资本、技术、信息等方面的优势发展高新技术产业和新兴产业带动整个区域产业的升级和结构转换,并适时地把一部分产业向作为次级中心的外围中小城市转移,形成资本、技术、信息、产业自上而下的外溢,强化中心—外围次级中心—农村腹地的全面产业联系;具有丰富剩余劳动力的农村腹地以特色经济和绿色经济为产业支撑,农产品由农村腹地—外围次级中心—中心的提高其附加值深化加工、劳动力由农村向城市的转移进而形成自下而上的全面联系;产业关联不仅包含不同层级间的纵向关联还包含相同层级间的横向关联,从而形成产业链关联下的群落状城市网络体系。第三是中心与外围之间全面的关联,由于中国城市的行政层级关系,现今,不同行政层级的城市之间除了经济联系以外,行政隶属和行政联系关系比较紧密而社会文化联系相对较弱,因此,多中心—外围城市群落各层级之间除了产业和行政联系以外需强化社会、文化等全方位的发展联系,形成更为紧密的联系网络。第四是中国西部多中心—外围城市群落的建设重点是外围次级中心(大城市),从上文中国西部城市体系的结构分析来看,西部地区现有城市体系最突出的问题在于外围次级中心城市(大城市)发展严重不足,难以承担"承"中心城市"启"农村腹地的功能,因此,应把次级中心,也就是大城市的培育作为中国西部多中心—外围城市群落的建设重点。

产业支撑:以产业发展支撑城市群落各层级发展、以产业关联发展引致城市群落的联动发展。从上文城市及城市群体形成与发展理论来看,产业发展是城市发展的物质基础,产业关联更是城市体系关联的基础载体。因此,在产业支撑上,作为中心的特大城市和大城市应利用其资本、技术、信息等方面的优势发展高新技术产业和新兴产业,以高新技术产业和现代服务业支撑作为中心的特大城市和大城市的发展;大中城市要发挥优势,积极培育和壮大制造业,以制造业支撑大中城市的发展;小城市和镇以加工工业和现代农业为支撑;广大农村则发挥各地的特色,以特色农业为产业支撑。在产业关联上,作为城市群落中心的特大城市(超大城市)以现代技术和现代产业带动整个区域产业的升级,并适时地把一部分产业向作为次级中心的外围中小城市转移,以资本、技术、信息、产业自上而下的扩散,强化中心—外围次级中心—农村腹地的全面联系;具有丰富剩余劳动力和极富地域特色的农村腹地以特色经济和绿色经济为产业支撑,农产品由农村腹地—外围次级中心—中心的提高附加值深化加工、劳动力由农村向城市的转移进而形成自下而上的全面联系;产业关联不仅包含不同层级间的纵向关联还包含相同层级间的横向关联,从而形成产业链关联下的群落状城市网络体系。不同层次产业支撑着相应层级城市的发展,进而形成合理的多中心—外围城市层级结构。

制度安排:以城乡统筹发展消除城乡二元结构,以城市区域合作竞争取代行政分割。从发展经济学关于城市发展的理论分析来看,城乡、工农的协调统筹发展是城市持续发展的基础之一,针对中国西部城乡的强势二元结构,需要以城乡统筹发展的制度安排来消除城乡二元结构,以促进城乡的和谐联动发展。多中心—外围城市群落是一种跨行政区、由多城市经产业关联建立起来的一种城市群落发展空间组织形态,这要求打破原有"行政区经济"体制下区域分割与行政分割的制度限制,建立一种城市群落经济区内要素协调互动、产业关联发展的合作竞争性制度安排,以科学的制度安排推动多中心—外围城市群落的发展。

城市功能:强化城市群落的经济集聚与扩散功能、优化城市群落发展的社会和生态功能。集聚和扩散是城市固有的经济功能,在中国西部整体经济社会发展水平滞后、生态环境脆弱以及国家对西部地区主体功能区定位的制度背景下,西部地区城市群落发展除强化其经济集聚和扩散功能外,同时关注城市发展的社会和生态功能,经由多中心—外围城市群落建设促进西部经济发展、社会进步和生态环境的优化。

地理布局:呈群落状展布。群落是一个生态学定义,生物群落的概念最早于 1880 年由德国生物学家 K. mobius 提出。一般而言,生物群落是指在特定时间聚集在一定地域或生境中、具有一定生物种类组成及其与环境之间彼此影响、相互作用、具有一定的外貌及结构,并具有特定功能的生物集合体(李博,2000)。

在一个自然状态下的生物群落里,各物种间基于食物链形成特定的生态平衡,各生物与其生境也处于一定的生态适应。中国西部地区幅员辽阔、地质地貌复杂,自然灾害频繁,干旱少雨,水土流失严重、土地沙漠化、荒漠化趋势明显加剧,作为中国生态屏障的西部地区生态环境却极其脆弱。因此,中国西部城市群落的布局必须与生态环境相适应,发展与其生态环境相协调的生态型城市并以极具生态学意义的群落状地理布局。中国西部的这种生物群落状多中心—外围城市群落与现今的城市群、城市带、都市圈的本质区别即在于其城市及城市群落在地理空间布局上必须与生态环境相适应,依据生态承载"宜密则密"、"宜稀则稀"。

5.3.3　多中心—外围城市群落的空间格局

从多中心—外围城市群落的理论内涵来看,经过空间重构培育与发展起来的多中心—外围城市群落打破了传统的城乡关系、城市关系,体现了一种适应西部发展实际的人口经济关系、人口社会关系及人口资源环境关系,在发展极点上由多中心(城市)引领与带动城市群落及区域发展;在空间结构上,呈多中心—外围型城市群落层级网络体系;在产业支撑上,以城乡、城市间的产业关联与网络化发展引致城乡、城市间形成合理的层级网络结构;在制度安排上,以城乡协调统筹消除城乡二元结构、以城市区域合作竞争取代行政分割;在城市功能上,强化城市的多重发展和区域引导功能;在地理布局上,呈极具生态学意义的群落状展布。因而,呈现的是一种崭新的城市群体空间格局(表5—3—1、图5—3—2)。

表 5-3-1 多中心—外围城市群落的空间格局及空间相互作用

城市群落层级	经济、居民点类型	发展质点	承担功能	联动因素
中心	特大、超大城市	A1；A2；Ai	引领多中心—外围城市群落发展的增长极点、经济、文化、政治、交通等多功能中心	产业关联发展为核心、交通通信联系为通道、文化联系为纽带、行政联系为补充
次级中心	大、中城市	B11；B12；B1n；B21；B22；B2n；Bi1；Bi2；Bin	承接中心城市产业转移、引领区域城市群落发展的增长极点、经济、文化、政治、交通等多功能中心	
外围	小城市、镇	C11；C12；C13；C1n；C21；C22；C23；C2n；Ci1；Ci2；Ci3；Cin	承接中心城市产业转移、联系农村的经济、市场中心	
腹地	农村	D11；D12；D13；D14；D1n；D21；D22；D23；D24；D2n；Di1；Di2；Di3；Di4；Din	城市发展的市场、劳动力输出地、城市农产品输出地	

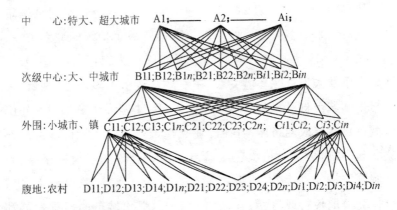

图 5-3-2 多中心——外围城市群落的空间格局示意图

注：①图中连线为城市之间及城市与农村之间的要素联系

②考虑到示意图的简洁性，图中城市 B12、B1n、B21、B22、B2n、Bi1、Bi2、C13、C1n、C21、C22、C23、C2n、Ci1、Ci2 之间及其与农村之间的要素联系未予标出

需要明确的是，针对中国西部城市群体发展面临的特殊困境

而提出的多中心—外围城市群落发展构想并非只适用于中国西部地区,只是相对于中国西部城市群落的发展更具有现实性、紧迫性和针对性。之所以强调"多中心"是因为中国西部单一中心城市实力有限难以单独引领和带动城市群落和整个区域的发展,而相邻中心城市之间结成合作竞争型多核心增长极点更能形成合力引领城市群落及其区域发展;之所以强调"多层级"空间结构是因为中国西部城市群体层级空间结构的不合理、尤其是大城市层级的断层造成整个城市群体功能受到极大制约,因而急需培育大城市的发展,而不像国内众多学者提出的那样大力发展小城镇;之所以强调"产业支撑"是因为中国西部城市及城市群体发展面临着严峻的产业基础薄弱和产业联系不足等经济基础的制约,因而在单一城市发展层面需要尽快培育特色支撑产业、在城市群落层面需要积极培育产业群落以推动城市及城市群落在产业关联发展支撑下的城市群体联动发展;之所以强调"制度安排"是因为中国西部城市及城市群体的发展面临着更为明显的制度制约与制度障碍,因而急需破除原有制度障碍构建科学的制度安排,以推动城乡协调互动与区域协调互动发展;之所以强调城市群体的"集聚与扩散功能"是因为中国西部城市及城市群体不仅集聚功能有限而且扩散功能更弱,对广大农村地区辐射带动作用极为有限,城乡二元结构明显而突出,因而急需通过城市及城市群落集聚与扩散作用的增强来带动城乡协调发展,逐步消除城乡二元结构问题;之所以强调在地理布局上呈"群落状"展布是因为中国西部的城市发展受到地理条件限制和生态环境脆弱性的制约,不能像东中部平原地带那样连片带状进行城市建设和城市布局,而必须与地理条件和生态环境相协调,实现经济效应、社会效应与生态效应的和谐统一。

多中心—外围城市群落虽然是针对中国西部的特殊性而提

出的城市群落发展的空间组织形态,但在当今全球都在追求可持续发展、寻求 PRED 协调互动的发展格局下,多中心—外围城市群落不仅对于中国西部城市群体发展具有现实应对意义与长远发展价值,而且对于中国东中部地区乃至世界城市群体的发展都具有一般意义的适用性与重要参考价值。

第六章　中国西部城市群落空间重构的经济基础与制度安排

　　针对中国西部城市发展面临的经济基础薄弱、制度空间不足及城市结构失衡等主要困境，经由空间重构建立的多中心—外围城市群落作为中国西部城市群体发展的一种特色空间组织形态需要政治、经济、社会、文化、环境等要素的综合支持。而在所有的支撑要素中，经由产业培育建立的产业群落以及经由制度空间拓展建立的制度安排是中国西部多中心—外围城市群落发展的核心支撑。

6.1　多中心—外围城市群落的成长机制及其核心支撑

　　多中心—外围城市群落作为破解中国西部城市群体发展面临的经济基础薄弱、制度空间不足、城市结构失衡等困境的城市群体空间重构的组织形态，其与城市群、城市带、都市圈、都市连绵区既有联系又有区别，其培育与成长的路径有着特殊性，成长机制也颇具特色。因而，多中心—外围城市群落的支持体系及其核心支撑也具有特殊性。

6.1.1 多中心—外围城市群落的成长机制

6.1.1.1 多中心—外围城市群落的成长路径

西方发达国家现代城市发展进程表明,城市的发展经历了一个由单一城市发展到多城市、由城市分散发展到城市集群发展、由区域性城市到区际性城市再到全球城市的发展历程,而多中心—外围城市群落的发展也是一个由单一城市到区域城市群落,区域城市群落出现分化以后发展到区域中心—外围城市群落,再到区际多中心—外围城市群落的成长过程(图6-1-1)。

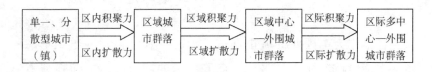

图6-1-1 多中心——外围城市群落的成长路径示意

在多中心—外围城市群落形成与发展的过程中,作为城市群落物质基础的产业是其血肉,城市是其骨架,经济网络是其管脉,产业、城市、经济网络是多中心—外围城市群落形成与发展的主体物质基础。在产业、城市、经济网络的成长过程及其相互结合中,有效的制度安排是其保障。因此,多中心—外围城市群落的形成是一个在有效的制度安排下,经由经济网络的连通,产业由特色优势产业发展到区域产业群落再到区际产业群落,城市在产业发展支撑下由单一城市发展到区域中心—外围城市群落再到区际多中心—外围城市群落的成长过程。

6.1.1.2 多中心—外围城市群落的成长要素

从多中心—外围城市群落的成长路径来看,在微观层面,多中心—外围城市群落的成长实质上是区域经济的成长过程;在宏观层面,多中心—外围城市群落的成长则表现为产业、城市、经济网络联动发展、城市及城市群体地域不断扩展的过程。因此,多中心—外围城市群落的成长要素可以从微观和宏观层面进行分解。

由于多中心—外围城市群落的成长在微观层面实质上是区域经济的成长过程,因此,区域经济增长要素便构成了多中心—外围城市群落的成长要素。在西方早期的经济增长理论模型中,大都集中讨论资本和劳动力要素(自然资源禀赋包括土地在绝大多数情况下被归入资本存量的组成部分)对经济增长的影响;[①]而以索洛(Robert M. Solow)、斯旺(T. W. Swan)、卡斯(David Cass)和库普曼斯(Tjalling C. Koopmans)为代表的新古典增长理论学家除了考虑资本和劳动力要素外,把技术进步作为外生变量纳入了经济增长模型;[②]随后,以罗默(Paul M. Romer)、卢卡斯(Robert E. Lucas,Jr)为代表的新增长理论学派认为,由知识积累或人力资本积累引起的内生技术进步是经济增长的源泉。[③] 但是,新增长理论的研究框架也存在明显的缺陷,在其理论中经济制度和个人偏好仍然被看作外生给定的,因此无法利用其研究框架说明经济制度的变化或个人偏好的变化对生产技术和经济增长的重要影响。[④] 而诺斯(Douglass Ceil North)等则从制度创新与制度变迁视角来解释了经济增长与人类社会的演进。[⑤] 从西方经济增长

---

① ［美］德怀特・H.波金斯等著,黄卫平、彭刚等译:《发展经济学(第五版)》,经济科学出版社,2005,第33页。

② ［美］罗伯特・M.索洛等著,史清琪等译:《经济增长因素分析》,商务印书馆,2003,第1—19页。

③ ［美］戴维・罗默著,苏剑、罗涛译:《高级宏观经济学》,商务印书馆,2004,第125—181页。

④ 朱勇:《新增长理论》,商务印书馆,1999,第23页。

⑤ ［美］道格拉斯・C.诺斯著,历以平译:《经济史上的结构和变迁》,商务印书馆,2005,第228—236页。

理论来看,劳动力、资本、技术、制度等要素都是经济增长的核心要素。二战以后,人们扩展了经济增长的内涵,认为发展包含着经济增长和结构转换两部分内容,因此,从发展的角度考虑,社会经济结构的转换也构成了发展的核心因素之一。由于多中心—外围城市群落的发展在本质上是经济发展过程,因此,从微观层面考察,上述经济发展要素也就构成了多中心—外围城市群落成长的基本要素。

由于多中心—外围城市群落在宏观层面表现为产业、城市、经济网络联动发展、城市及城市群体地域空间不断扩展的过程。从图6-1-1来看,多中心—外围城市群落的形成与发展是一个经济活动空间组织形态不断扩展的状态与过程。因此,从宏观层面考察,制度创新与制度变迁、产业发展与结构演化、城市发展与结构演变、经济网络与通达性增强是多中心—外围城市群落成长的核心要素。此外,区域人口经济关系、人口生态关系、人口资源关系等各种发展要素和因素也在宏观层面影响着城市群落的形成与发展。

6.1.1.3 多中心—外围城市群落的成长机制

从图6-1-1多中心—外围城市群落的成长路径来看,多中心—外围城市群落的成长在本质上是有效制度安排下的产业、城市、经济网络跨区联动发展过程。因此,多中心—外围城市群落的成长机制是由相互依存、相互作用的制度保障机制、要素流动机制、产业支撑机制、城市成长机制、经济网络联动产业发展支撑城市群落联动发展机制等五个有机部分构成的。

(1)制度保障机制

制度作为经济增长的内生要素之一,在影响区域经济发展的同时对多中心—外围城市群落的形成与发展也有着直接的促进或阻碍作用,而有效的制度保障机制是多中心—外围城市群落形成与发展的重要保障。计划经济体制的惯性作用、行政区经济的根深蒂固、地域文化的深层影响以及行政官员考核的唯增长意识等等使得中国区域间的地方保护主义在市场经济的推动下并没有得到根本的消除,而这其中的城乡二元分割、城市间产业同构、区域间市场封锁、区际间管理分割等对多中心—外围城市群落的形成与发展更是产生了严重的制度障碍,要消除诸如此类的制度障碍客观上要求建立多中心—外围城市群落成长的制度保障机制。从上文发展经济学理论关于城市发展的理论分析来看,城乡互动、工农协调发展是城市化得以实现和农村得以发展的重要前提。针对中国西部明显的城乡二元分割,可以通过建立城乡协调互动发展机制,消除长期以来的"城市偏向"和"农村忽略",实现城乡协调统筹发展。针对城市与区域产业同构,可以通过建立城市及区域协调互动机制,在产业布局时避免产业同构而实施产业互补和产业关联布局,针对已有产业的同构竞争,可以通过区际产业整合和产业集群,把同构产业整合为极具规模效应和富有竞争力的区际重点产业集群,形成多中心—外围城市群落内的优势产业集团引领城市群落的发展。针对区域市场封锁,可以通过建立区际市场协调互动发展机制,消除区际市场一体化发展的制度障碍,推动城市群落内生产要素和商品的成本最小化流动。针对区际管理分割,可以通过建立区际管理互动机制消除区际管理的各自为政,推动城市群落内管理的一体化,促进经济活动的高效性。因此,制度保障机制的功能在于通过有效的制度安排,消除城乡、区域协调互动发展的制度障碍,促进多中心—外围城市群落内各层级产业互动发展和城市协调互动发展,形成完善的经济网络,实现城市群落内各构成单元的协同发展。

（2）要素流动优化配置机制

从多中心—外围城市群落的成长路径来看,无论是产业成长还是城市成长,在本质上都是要素在特定地域空间的流动与优化配置过程。在成熟市场经济体制下,经济活动主体会自动调节自己的行为以达到自身效用最大化,而其自身效用最大化的追求过程实质上也就是要素的优化配置过程。而在非成熟市场经济体制下,要素的流动及其优化配置会受到多种因素的影响与制约。从多中心—外围城市群落的成长路径来看,要素的流动与优化配置涉及生产要素在城乡之间、城市与城市之间、区域与区域之间、乡乡之间的流动与配置,而在中国西部当前的经济社会体制下,还需要消除要素流动与优化配置的各种制约条件方可建立起促进要素流动与优化配置的制度机制。

（3）产业支撑机制

从前文城市经济学及空间经济学关于城市及城市群体形成与发展的理论分析来看,产业及产业群体的发展是城市及城市群体形成与发展的根本动力和物质基础。因此,多中心—外围城市群落发展的根本物质基础是产业群落的发展,产业成长是多中心—外围城市群落形成与发展的核心物质支撑。产业群落的成长一般要经历三个阶段:特色优势产业的区位点成长——区内产业群落的区位面成长——区际产业群落的区位带成长。在产业群落的成长过程中,首先是某些特色优势产业会在一定的区位点产生并得到发展。随着区位点特色优势产业的发展壮大,其内部规模经济效应使得特色优势产业逐步发展成为区位点的主导产业。在主导产业的带动下,相关产业也会获得发展并吸引关联产业逐步向该区位点集中,由此便形成了区位点上的产业集中。在产业集中产生的外部效应的作用下,进一步的产业聚集和产业壮大会突破区位点的地域空间范围进而在区位面上进行扩展布局。

规模不断壮大的产业为了节省交易费用而进行有意识的、导向性的产业整合,形成具有有机联系效应的产业链条,相关产业在区域内的聚集成长促使产业集群发展,此时,以产业集群为产业发展形态的区域产业群落便在区位面上形成。资本的趋利性使得区域产业群落的发展规模达到一定的阈值时要求突破区域空间范围限制、在更大的跨区域空间上经由区际产业整合形成区际产业集群,区际产业整合和区际产业集群的发展进而引致区际产业群落在区位带上形成。区际产业群落在地域上呈带状发展,各产业之间形成前向、后向、旁侧关联,产业带于是发展形成。因此,产业成长机制的功能内化为在产业聚集、产业整合形成重点产业集群推动下的特色优势产业发展到区域产业群落再到区际产业群落的成长过程,在产业发展的推动下,最终形成多中心—外围城市群落的物质基础和物质支撑——跨区域产业群落。

(4)城市成长机制

从上文外部经济理论关于城市群体的形成与发展理论来看,单一城市规模的扩展以及达到一定规模后城市产业的外移是城市群体形成的重要阶段和必经过程。虽然产业成长及其产业支撑是多中心—外围城市群落形成与发展的核心物质支撑,但作为区域的政治、经济、文化中心和生产要素的聚集、扩散中心并在整个区域经济发展中具有不可替代的辐射功能、创新功能和协调功能的城市则是产业发展的主体空间依托,即在产业支撑基础上的城市及城市群落。从空间经济学理论关于城市体系形成机制来看,多中心—外围城市群落在产业支撑下的成长路径一般也要经历从单一城市发展到城市群落,由城市群落发展到区域中心—外围城市群落,区域中心—外围城市群落发展到区际多中心—外围城市群落四个发展阶段(图6—1—1)。在多中心—外围城市群落的成长过程中,首先是分散型城市的成长,即某些特定优势产业在内部规模经济和外部经济的作用下引致更多产业在特定地域集中,制造业以及人口在特定地域的集中进而支撑起区域中城市的形成与发展。其次是分散型城市到城市群落的发展,当区域内的人口规模和产业规模逐渐增长并达到一定程度时,由于溢出效应和"冰山成本"的作用,某些产业会向城市以外迁移,导致新城市的形成,随着城市数量的增加,区域内城市与城市之间会形成一种松散的关联性,这在区域内便形成了城市群落。再次是由城市群落到区域中心—外围城市群落的发展进程,在城市数量达到一定时,区域内的少数城市由于特定优势其发展速度会快于其他城市,随着"循环累积"效应的扩大,布局于不同城市的产业会形成层级结构——区域产业群落。在区域产业群落发展的支撑下,区域内城市也会形成层级结构,进而形成以少数大城市或特大城市为中心、以众多中小城市为外围的区域中心—外围城市群落。最后是由区域中心—外围城市群落到区际多中心—外围城市群落的成长过程,区域中心—外围城市群落内产业规模和人口规模的扩展达到一定阈值时,其生产要素配置就会突破本中心—外围城市群落的地域空间,进而与其他区域产业群落发生产业关联、进行要素交换和实施要素配置,跨区域的产业群落整合便促成了区际产业群落的形成与发展。在区际产业群落的支撑下,各中心—外围城市群落间也发生相应的整合与联动发展,进而形成区际多中心外围—城市群落。

(5)经济网络联动产业群落成长支撑城市群落发展机制

从上文空间相互作用理论与点轴网络系统理论关于城市群体形成与发展的分析来看,要素通道的网络化以及产业发展的联动化是城市群体形成与发展的基础条件与根本动力。因此,区域(际)产业群落及其在区际产业群落支撑基础上的区域(际)多中心—外围城市群落的形成仅仅解决了区域(际)中心—外围城市群落形成和发展的物质基础,而联动产业群落发展进而支撑城市群落关联发展的生产要素跨区流动和跨区配置的"流通道"则是经济网络。经济网络是将城市群体中的各点串联为线、形成面、构成带的重要承载条件和要素流通道。城市群落中经济网络的密集度、发达态、流通率极大地影响区域(际)中心—外围城市群落的市场发育程度、经济实力增长、内部联动效率及对外辐射能力。因而,经济网络的成长是区域(际)中心—外围城市群落形成与发展的经济要素通道。区域(际)中心—外围城市群落的经济网络既包括有形的经济网络,也包括无形经济网络。铁路、公路、水运、航空等有形经济网络流通能力的提高有助于区域(际)中心—外围城市群落内资源、商品、技术和劳动力的流动,进而促进产业的联动发展,区域(际)中心—外围城市群落内产业的高效关联发展必然会引致城市群落的关联发展。经济网络的另一内涵是以信息、技术、经验为内容的无形经济网络,城市群落区域内无形经济网络通过电子商务、电子政务、连锁经营、跨地区资产重组等方式建立,具有运行效率高、传播范围广、建设成本低、联系密切等优势。对于促进资源流动与优化配置、推进要素市场化、大力发展电子商务、连锁经营、物流配送等现代流通方式、促进商品和要素在产业之间和城市群落各组成单元之间自由流动以及市场主体的充分竞争和资源的有效配置具有重要促进作用。

6.1.2　多中心—外围城市群落发展的支持系统

6.1.2.1　城市发展的支持系统

从上文单一城市形成与发展的理论分析来看,无论是区位论中的农业区位论与工业区位论,还是城市经济学中的比较优势、规模经济和集聚经济理论,以及空间经济学中的城市中心—农村外围形成理论,城市的形成与发展都是产业发展的结果。因此,产业发展是城市产生与发展的主要物质支撑之一。而从前述城市群体的形成与发展理论来看,无论是中心地理论、空间相互作用理论、点轴网络系统理论、外部经济理论、还是空间经济学理论在分析城市群体的形成与发展时,也都把产业群体的形成与发展作为城市群体产生与发展的经济基础。因此,从理论分析来看,产业发展是城市及城市群体的产生与发展的主体支撑之一。

从古代城市产生及发展的路径来看,社会生产力的发展、农业剩余的出现是城市得以出现并发展的经济基础。而国家出现以后,基于安全防卫、政治统治的需要,一系列国家体制的建立则是城市发展的制度条件。进入近代社会以后,西方发达国家在工业革命的推动下,工业化得以迅速推进并最终完成了工业化进程,在工业化的推动下,西方发达国家也随之完成了城市化进程。城市化是一个由传统的农村社会向现代社会发展的自然、历史、社会、经济、文化过程,是经济发展和社会整体进步的综合表现。因此,从西方发达国家城市化进程来看,一切影响或关联工业化的环境和要素也就是影响其城市化的环境或要素。中国的国情及城市化进程与西方发达国家有着极大的不同,因此其城市化的影响环境或影响要素也有着特殊性。叶裕民等(2007)基于城市化所需的经济社会环境和一系列条件,构建了一个可持续发展城市化的六大支持系统,即新型工业化、制度与政策、农村与农业发展、社会发展、资源节约与环境保护、城市体系与城市管理。[①]

从叶裕民(2007)等人构建的可持续发展城市化的六大支持系统来看,其实际上是对六大支持系统进行了分层,即把新型工

---

① 叶裕民:《中国可持续发展总纲第12卷中国城市化与可持续发展》,科学出版社,2007,第112页。

业化、制度与政策作为可持续发展城市化的两大重要支持系统,
把农村与农业发展、社会发展、资源节约与环境保护、城市体系与
城市管理作为外围支持系统。这对于构建城市化的支持系统是
具有一定参考价值的,且不说其分类是否科学,但对于现代城市
群体发展的支撑系统来说却明显有些不足,尤其是对于多中心—
外围城市群落发展的支撑体系来说,其显然既未能突出重点、也
未能兼顾全面。

6.1.2.2 多中心—外围城市群落发展的支持系统

多中心—外围城市群落、城市群、城市带是城市空间组织发
展的高级形式,而中国西部的多中心—外围城市群落是为了适应
西部特定的历史、地理、经济与社会环境而选择的一种特色城市
群体发展空间组织形态。从多中心—外围城市群落的理论内涵、
空间格局以及成长路径、成长要素、成长机制来看,经济基础、制
度安排、资源环境、社会文化等构成了多中心—外围城市群落发
展的支持系统(图6-1-2)。

6.1.3 多中心—外围城市群落发展的核心支撑

从多中心—外围城市群落的成长路径、成长要素及成长机制
来看,其核心是作为物质支撑的产业成长(特色优势产业——区
域产业群落——区际产业群落)和在产业支撑下作为主体空间依
托的城市成长(单一城市发展到区域中心—外围城市群落再到区
际多中心—外围城市群落),在产业成长和城市成长过程中,有效
的制度安排是保障,畅通的经济网络是基础通道。而从前文关于
中国西部城市发展的特殊困境分析来看,经济基础薄弱、制度空
间不足、城市结构失衡是中国西部城市发展面临的最严峻困境。
针对西部城市体系结构失衡的问题,本研究提出通过城市体系空

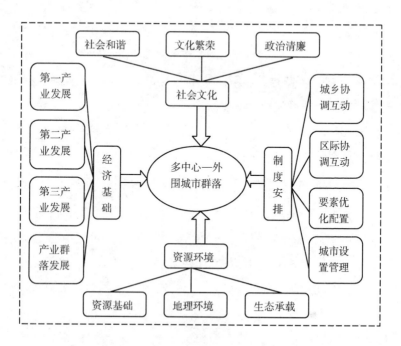

图 6－1－2　多中心—外围城市群落发展的支持系统

间重构来培育与发展多中心—外围城市群落,以城市结构的优化促进城市功能的发展来应对西部城市体系结构失衡问题,以达到促进西部城市群体整体发展的目标。但是,通过空间重构形成的多中心—外围城市群落的发展同样也受到经济基础薄弱和制度空间不足的严重制约。因此,在中国西部城市群落空间重构培育多中心—外围城市群落的支持体系中,经济基础的夯实和制度空间的拓展是多中心—外围城市群落发展的核心支撑,其中,经济基础的发展是多中心—外围城市群落发展的根本物质基础,制度空间的拓展是多中心—外围城市群落发展的核心制度保障(图6－1－3)。

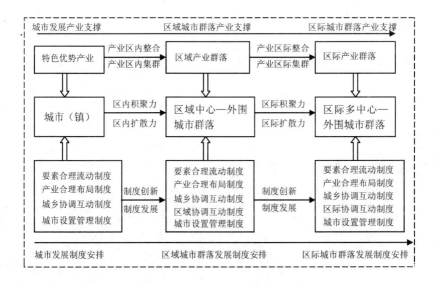

图 6—1—3　多中心—外围城市群落成长的核心支撑

6.2　多中心—外围城市群落发展的经济基础

6.2.1　产业发展与城市发展的联动关系

无论是从城市及城市群落发展的理论分析来看,还是从西方发达国家城市化进程来看,产业发展与城市发展是相互促进的联动发展关系。一方面,产业发展是推动城市产生与城市发展的根本物质基础,城市的产生与发展是社会经济发展的必然结果;另一方面,城市的产生与发展也反过来推动了产业的发展与升级。因而,产业发展与城市发展是一种联动的双赢关系(表6—2—1)。

表 6-2-1　不同历史时期产业发展与城市发展的联动

经济发展阶段	城市发展的主要产业基础	城市发展对产业发展的推动
农业社会	农业和城市工商业：①农业的发展和农业剩余产品的出现是城市工商业出现和发展的前提；②农业的发展为城市工商业及城市的发展提供了产品、劳动力、资本、市场贡献	城市发展对农业和城市工商业发展的促进：①城市居民消费的增长促进了农业生产规模的扩大和生产技术的进步；②科学技术的发展促进了农业和城市工商业的技术进步、出现了资本主义萌芽并最终推动了资本主义的发展
工业社会	大工业生产：①机器大工业生产使得城市规模获得空前快速膨胀；②工业生产的多样化和层次性促进了城市层级体系结构的发展演化	城市发展对工业生产的影响：①城市的发展为大工业生产提供了更为优质的生产性服务，促进了工业生产规模的扩大和效率的提升；②城市消费的升级和科学技术的进步为工业生产升级和产业结构转型提供了强大的动力支持、技术促进和市场贡献
后工业社会	大城市、特大城市的产业基础：现代服务业、高新技术产业；中小城市的产业基础：现代制造业	城市发展对现代制造业和现代服务业发展的影响：①城市发展为现代制造业的升级提供了全方位的支持；②城市发展为现代服务业的发展提供了发展环境和消费市场

6.2.2　产业群落支撑多中心—外围城市群落发展

如前所述，产业发展是城市发展的物质基础，产业结构与产业空间组织形态也决定着城市结构与城市发展的空间组织形态。多中心—外围城市群落作为城市群体发展的一种特色空间组织形式，其发展的经济基础相应地是群落态发展的产业群落，对于单一城市（镇）的发展来说，其需要特色优势产业发展的支持；对于区域中心—外围城市群落来说，其需要区域产业群落为经济基础；而对于区际多中心—外围城市群落来说，区际产业群落是其发展的经济基础（图 6-2-1）。

6.2.2.1　特色优势产业支撑城市（镇）发展

由于区域间存在政治、经济、文化、历史、地理等方面的区域

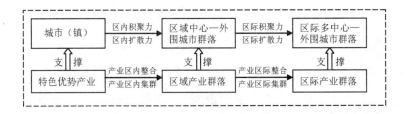

图6-2-1　多中心—外围城市群落发展的经济基础

分异,因此,区域发展带有浓厚的地域特色,这种地域特色反映在城市发展的经济基础上就表现为特色优势产业支撑特色城市(镇)的发展。同时,从国际贸易领域的比较优势理论、产品多样化理论来看,城市发展也需要依托其特色优势产业的支撑方能在日趋激烈的区际竞争和国际竞争中立于有利地位、获得比较优势。单个城市(镇)作为构成多中心—外围城市群落的基本单元,其个体的经济实力在基层上决定着整个城市群落的整体经济实力。而从中国西部城市群体发展的特殊经济困境来看,正是由于单个城市缺乏特色优势产业支撑,才使得整个城市群体的发展缺乏坚实的经济基础。因此,从多中心—外围城市群落中的单一城市(镇)发展的视角来分析,首先是特色优势产业支撑城市(镇)的发展,各区域、各城市依托其资源环境特色选择并发展壮大其特色优势产业,以特色优势产业作为支撑城市(镇)发展的产业基础,使城市(镇)发展获得坚实的经济基础。发展壮大特色优势产业于小城市来说可以增强城市的经济实力,逐步壮大城市规模,从而由小城市发展成为中等城市,改变西部城市体系中小城市比重大而实力弱的结构困境。对于中等城市来说,特色优势产业的发展在增强城市经济基础的同时,使得城市发展规模实现扩展,由中等城市发展成为大城市,以改变西部城市体系中大城市不足、城市层级体系断层的结构困境。对于区域中心城市来说,特色优势产业的发展可以在壮大其自身经济实力的同时增强中心城市对区域、对城市群体的拉动作用,以引领整个区域和整个城市群体的发展。

6.2.2.2 区域产业群落支撑区域中心—外围城市群落发展

无论是外部经济理论、空间经济学中藤田昌九和克鲁格曼的"分级城市自组织演化理论模型"、还是发达资本主义国家城市及城市群体发展演化的历史进程都揭示,西方发达国家的城市发展和城市体系演化都是产业发展和产业演化的结果,其产业发展和产业分级自组织演化相应地推动了城市发展和城市分级自组织演化。正是在这种自组织演化机制下的产业发展和城市发展便内在地蕴含了产业的关联发展,在产业关联发展支撑下的城市发展必然也是相互关联的。所以,西方发达国家的产业和城市发展并不会出现中国、尤其是中国西部产业发展和城市发展所面临的产业同构、城市分割等问题。

中国西部城市体系等级规模结构中大城市的缺失、城市体系等级规模结构的失衡以及西部城市职能组合结构的同构性在本质上都是由于支撑城市发展的产业缺乏关联性所致。这种关联性的缺失,一方面使得特大城市(如重庆、西安、成都、兰州、昆明、贵阳等)的发展没有、也未能带动区域内相应大城市的成长,另一方面也导致了城市产业的重复布局与同构发展。这种缺乏分工的产业同构既造成了城市与城市之间缺乏协同发展效应,也导致了城市之间的恶性竞争。因此,要对西部城市群落进行空间重构,其产业基础是要对产业进行空间重构,依托产业发展的关联性,先是在较小区域范围内培育区域互为联动发展的区域产业群落,依托区域产业群落的关联性带动区域中心—外围城市群落的关联发展。区域产业群落的培育是在城市特色优势产业发展到一定基础上的产业空间整合过程,即基于产业之间的内在联系,经由关联产业的区域整合形成区域内的产业集群,在产业集群效应和产业扩散效应的综合作用下形成区域产业群落,以特色优势产业群落及其产业关联性支撑区域内的城市群落及其城市群落内各城市的关联发展,破解西部城市互相分割、缺乏关联性的发展困境。

6.2.2.3　区际产业群落支撑区际多中心—外围城市群落发展

针对于中国西部单一中心城市难以带动城市群落发展的客观现实,中国西部多中心—外围城市群落是一种跨地域、跨行政区的城市发展空间组织形式。这种特定背景下的跨区城市发展空间组织形式在经济基础上也相应地要求产业跨区组织,即依托产业的前向关联、后向关联和旁侧关联,跨区发展区际产业群落,以区际产业群落支撑区际多中心—外围城市群落的发展,以区际产业群落的关联性推动区际多中心—外围城市群落各城市、各层级之间的联动发展。

从当今世界几大主要全球城市和全球城市区的发展进程和发展趋势来看,正是由于经济的全球化才最终催生了全球城市和全球城市区的发展,这种经济全球化过程和全球城市发展过程在区域(区际)层面便表现为区域经济一体化和区域城市一体化过程。相对于中国西部城市群落发展的经济基础来说,区际产业群落实际上是区域特色优势产业群落发展到一定阶段后在地域空间上的持续空间整合过程与整合状态。在区域特色优势产业发展到一定阶段并支撑区域城市群落发展到一定规模和结构后,这需要产业群落的发展进一步突破地域限制,在更大地域范围内跨区域进行产业群落整合,培育与形成区际产业集群,以区际产业群落的集群效应和扩散效应引领跨区域的经济联动发展,进而支撑区际多中心—外围城市群落的发展。

6.2.3 多中心—外围城市群落不同层级的支撑产业选择

从藤田昌九和克鲁格曼的城市体系分级演化的中心—外围结构来看,不同行业的临界值有着较大的差别,正是由于不同行业临界值的差异使得城市发展具有一定的层级结构。从亨德森关于城市体系发展演化的外部经济理论及实证研究来看,行业间外部经济的差异可能会很大,以不同行业为支撑的城市规模和城市发展效益是不一样的。因此,在对西部城市体系进行空间重构、培育多中心—外围城市群落时,应在不同层级的城市引导布局和积极培育不同的产业,以产业层级的差别支撑城市层级发展,并以不同层级间产业的联动发展引致城市群落各层级间的关联发展。基于城市群落不同层级的功能结构,多中心—外围城市群落的不同层级可以选择相应的主体支撑产业(表6-2-2)。

表 6-2-2   多中心—外围城市群落不同层级的主体支撑产业

城市群落层级	主要职能	主体支撑产业
农村	农业生产、农民生活中心	特色优势农业
小城镇	城市与农村之间产品、要素流动与交换的连接点	现代农业、农产品初步加工处理
中、小城市	地区发展中心	劳动密集型、资本密集型制造业
大城市、特大城市	区域发展中心	现代服务业、知识密集型制造业

6.2.3.1 农村地区的主体支撑产业选择

农村是城市发展的广阔腹地,农村社会经济发展水平在一定程度上影响着多中心—外围城市群落发展的速度与水平。从农村、农业、农民对城市、工业、第三产业发展贡献的视角分析,农村居民的收入水平影响着城市制造品和服务产品的市场广度和市场厚度;农业经济的发展水平影响着城市产业发展的资本积累和劳动力供给;农村社会发展水平影响着包括城市在内的整个社会发展的大环境。在农村的各项发展中,农村经济的发展是其基础和前提,而从中国西部城市群落发展的经济基础来看,农业发展水平的低下无疑是其经济基础薄弱的重要环节之一。诚然,由于中国西部特定的自然地理条件,除四川盆地、关中地区、河西走廊等少数自然地理条件较好的地区外,广大的西部地区较之东、中部的平原地带在农业生产条件方面无疑是不佳的,但是,西部复杂多样的自然地理条件和农业资源环境禀赋也使得西部在特定地区生产特定农产品具有地域优势和资源禀赋特色。因此,西部地区的农村需要基于其地理环境特点和资源要素禀赋,发展特色优势农产品的生产,以特色优势农产品支撑农村的农业生产、促进农村经济发展、提高农村居民收入,为西部多中心—外围城市群落的发展奠定农村经济社会发展本底。

6.2.3.2 小城镇的主体支撑产业选择

改革开放以来,东部沿海地区的小城镇(如珠三角、长三角地区)在乡镇企业持续快速发展的推动下获得了飞速发展,而西部地区的小城镇在经历了短暂的几年较为显著的发展以后绝大部分陷入了停滞、部分甚至出现了明显衰退,究其根源即在于西部绝大部分小城镇的发展缺乏产业支撑。针对小城镇发展缺乏产业支撑的问题,西部的绝大部分小城镇显然不可能指望像东部沿海地区的小城镇(如珠三角、长三角地区)那样获得数量众多、发展速度迅猛的乡镇企业的支持,而必须需求新的主体支撑产业发展类型。而现代农业作为与传统农业在生产方式、组织形式上有着本质差别,在产出规模、经济效应上有着极大优势的新型生产组织形态,在西部的特定区域无疑是较为可行的农业发展选择之一。而把现代农业、农产品初步加工处理业作为小城镇的主体支撑产业,一方面可以把土地集中进行规模生产经营,以获得规模经济效应,改变现今农村土地分散经营、只能敷衍温饱、不能根本致富的问题;另一方面还可以吸收农民成为农业工人,通过农业工人的集中安置定居于小城镇,促进小城镇发展的规模效应;再则,小城镇的发展有了产业支撑,可以实现小城镇名为"城镇"实为"农村"的发展转型,发展成为真正的产业型城镇,为多中心—外围城市群落的发展奠定基层基础。

6.2.3.3 中小城市的主体支撑产业选择

中国西部中小城市的发展存在着绝对数量少、相对数量多、人口经济规模小、集聚扩散功能弱等问题,究其根源还是在于缺乏坚实的经济基础支撑,尤其是缺乏制造业的支撑。而在西方发达国家城市化进程中,由于中小城市在城市地价、劳动力工资、通勤成本等方面具有相对低廉的比较优势,中小城市往往是大城市制造业转移的主要依托空间。因而,西方发达国家的制造业也就大多集中于中小城市,中小城市的发展相应地也就获得了制造业发展的强大支撑。因此,在多中心—外围城市群落的产业布局引导上,应把劳动密集型的轻纺工业、资本密集型的能源重化工业向中小城市转移,一方面使得中小城市的发展获得坚实的产业支撑基础,另一方面也可以减轻特大城市、超大城市的交通、环境、能源、用地等压力。而从亨德森关于外部经济与城市体系形成理论来看,外部经济往往在特定产业发生,不经济则往往是由于整个城市规模,把不存在相互溢出的产业放到同一个城市是毫无意义的。因此,在中国西部的多中心—外围城市群落的培育中,作为次级中心的中小城市每个城市都要集中发展一个或几个可以产生外部经济的行业。这就需要中小城市在引进及发展相关产业时需要考虑产业之间的相互溢出,而不是随意的招商引资和产业引进。

6.2.3.4　特大城市、大城市的主体支撑产业选择

从中国西部几大区域性中心城市的人口数量规模和经济发展规模来看,重庆、成都、西安、兰州、昆明、贵阳、包头、南宁、乌鲁木齐、呼和浩特等城市俨然已发展成为特大城市或超大城市。从其城市职能来看,无一例外都是以制造业为优势职能。制造业在特大或超大城市的集中发展,一方面导致了城市交通、环境、能源、用地等压力的增大而出现规模不经济的问题,另一方面也使得中小城市的发展因缺乏制造业支撑而出现空心化的问题。如果从整个多中心—外围城市群落协调发展的视角考虑,把该类特大或超大城市中的部分占地广、能耗高、污染大的劳动密集型轻纺工业和资本密集型能源重化产业转向中小城市,既可解决特大或超大城市规模不经济的问题,也可以解决中小城市缺乏制造业产业支撑的问题。而从亨德森关于外部经济与城市规模的相关理论来看,由于行业间外部经济的差异可能会很大,以不同行业为支撑的城市规模是不一样的,城市的最佳规模取决于该城市的功能,并以例证指出金融城市的规模往往大于纺织城市的规模。因此,基于亨德森的城市体系发展理论基础,作为区域发展中心,即多中心—外围城市群落中心的大城市、特大城市积极培育与发展现代服务业、技术密集型产业和高新技术产业为主体支撑产业,既可以引领城市群落产业结构合理演进的发展方向,也可以为中小城市产业的发展提供服务支持,还可以避免因传统产业和城市人口过度集聚而产生的城市病问题。

6.3　多中心—外围城市群落发展的制度基础

基于前文中国西部城市群落发展的制度困境分析,西部城市群落的发展面临着经济运行制度缺陷——市场体制不完善及市场机制固有缺陷、总体制度安排缺陷——城市偏向和农村忽略、产业布局制度安排缺陷——国家指令布局与地方关联缺失、要素流动制度安排缺陷——城市无限索取与有限回流农村、城市设置制度安排缺陷——行政审批设置与行政级别强化等多重制度缺陷的制约。在当今国家与区域之间的竞争在相当程度上取决于制度竞争的新时代(Wallis,1996;Strezhneva,1999),[1][2]西部多中心—外围城市群落发展的制度安排缺陷在一定程度上严重制约着其城市群落的健康发展和空间重构。因此,无论是从制度作为区域经济发展要素之一的视角分析,还是从破除制度缺陷对西部城市群落发展禁锢的紧迫性出发,通过制度发展破除制度障碍、拓展城市群落发展的制度空间都是中国西部多中心—外围城市群落空间重构的核心支撑之一。

6.3.1　多中心—外围城市群落发展的制度支持体系

在产业群落和产业关联的支撑下、经由空间重构培育发展起来的中国西部多中心—外围城市群落在区域(城市)关系上,既涉及城乡关系、乡乡关系、城市关系、层级关系、也涉及到区域关系及区际关系。在要素流动与配置上,既涉及到土地、劳动力、资本、技术等多种生产要素的合理流动与优化配置,又涉及各种生

---

① Wallis Regions in action: crafting regional governance under the change of global competitiveness [J]. National Civic Review, 1996, 85(2):pp. 12—25.

② Strezhneva M. Social Culture and Regional Governance-comparision of the European Union and Post-Soviet Experiences [M]. Commack: Nova Science Publisher Inc,1999.

产要素在经济发展不同依托空间上的合理流动与优化配置。在制度空间上,既涉及原有行政、经济、社会、文化制度的创新与变革,又需要拓展新的制度空间,构建有效的制度安排。因此,中国西部多中心—外围城市群落的培育与发展需要一个完善、科学的制度体系方能支撑其空间重构,并最终发展形成多中心—外围城市群落型的空间组织形态(图6-3-1)。

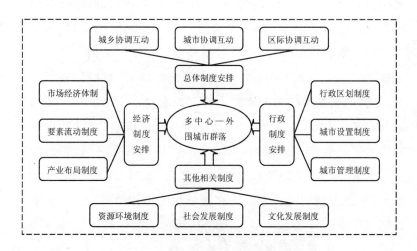

图6-3-1　多中心—外围城市发展的制度支持体系

6.3.2　多中心—外围城市群落发展的制度基础

　　针对中国西部城市群落发展的制度困境及其多中心—外围城市群落发展的制度要求,中国西部多中心—外围城市群落的发展需要在总体制度安排、经济制度安排、行政制度安排等方面拓展制度空间,以建立起推动多中心—外围城市群落发展的制度基础。

6.3.2.1　多中心—外围城市群落发展的总体制度拓展

　　基于前文关于城市及城市群体形成与发展的相关理论分析,

尤其是从发展经济学中的刘易斯模型、费景汉—拉尼斯模型以及托达罗模型的理论内涵来看,多中心—外围城市群落发展的总体制度安排的核心在于城乡协调发展制度、城市协调发展制度和区域协调发展制度等方面。

(1)城乡协调发展制度

曾国安(2007)曾把城市偏向的制度安排概括为城市偏向的直接资源调配制度、城市偏向的贸易制度、城市偏向的金融制度、城市偏向的财政制度、城市偏向的公共物品供应制度、城市偏向的教育制度、城市偏向的社会保障制度以及城市偏向的政治权力分配制度八个组成部分。[①] 正是由于长期以来"城市偏向"和"农村忽略"的制度安排偏向使得中国西部农村在为工业化和城市化进程贡献了劳动力、资本、产品、市场的原始积累之际,西部农村却陷入了滞后发展的困境,形成了顽固性的城乡多重二元结构。这种多重二元结构即导致了农村的落后、削弱了农村的自我发展能力,也极大地制约着工业化和城市化的可持续发展。多中心—外围城市群落作为城乡联动、城城联动、区域联动的整体性空间发展形态急需要从制度安排上消除"城市偏向"和"农村忽略"的制度安排,实现城乡的协调互动发展。

城乡协调互动发展制度旨在从根本上破除长期以来形成的"城市偏向"和"农村忽略"的制度遗留和制度惯性,这除了要破除长期以来存在的城市偏向的直接资源调配制度、贸易制度、金融制度、财政制度、公共物品供应制度、教育制度、社会保障制度以及政治权力分配制度,达成资源调配、贸易、金融、财政、公共物品供应、教育、社会保障以及政治权力分配方面的城乡均衡发展外,

---

① 曾国安:《论工业化过程中导致城乡居民收入差距扩大的自然因素与制度因素》,《经济评论》2007年第3期,第41—47页。

还要求从经济、社会、文化等综合角度加大"城市反哺农村、工业反哺农业"的制度安排和制度建设。而在阶段性推进重点上，现阶段的重点是加大"反哺"的力度和完善"反哺"的方式，逐步缩小城乡日趋扩大的二元差距。下一阶段的重点是推动城乡的协调互动发展，把农村纳入到整个国家经济社会发展的循环当中。最终是要实现城乡的一体化发展，从根本上消除农村的贫穷落后和城乡差距超越警戒线带来的一系列问题对多中心—外围城市群落发展的影响和制约，实现城乡的协调联动发展。

（2）城市协调发展制度

多中心—外围城市群落的发展不仅涉及同一层级城市之间的相互联动发展，还涉及不同层级城市之间的相互联动发展，在当前中国的城市行政分割制度下，不构建新型的城市协调互动发展制度机制就难以真正实现多中心—外围城市群落内部城市之间的协调互动发展，因而也就难以真正达成城市群落的联动发展。因此，除了构建城乡协调互动发展制度机制以消除城乡二元结构以外，总体制度安排的第二层级是要建立城市之间的协调互动发展制度与机制，以消除"行政区经济"体制造成的区域分割和城市分割。

近年来，各地区曾经陆续建立了多种城市合作组织以协调城市之间的利益、促进城市之间的协调发展，但从总体来看效果不是太好，这除了现行行政体制的影响外，更多的还是源于各自地方利益的考虑。对于多中心—外围城市群落内各城市来说，其城市合作机制的核心应是在兼顾各城市利益的基础上实现整个城市群落整体发展水平的提高。因此，其城市协调互动发展制度应该围绕消除城市之间要素流动、资源配置、市场运行的制度障碍，通过要素在各城市之间的优化配置达成各个城市以及多中心—外围城市群落的整体发展。

（3）区域（际）协调发展制度

从中国西部城市发展的制度困境来看，由于受到"行政区经济"的影响和制约，隶属不同行政区的城市之间的相互联系往往受到"地方利益"的严重干扰和制约。而多中心—外围城市群落是跨行政区组建的城市群落发展空间组织形式，这种城市群体形态的联动发展客观上需要打破区域（际）封锁，构建区域之间以及区际之间的协调互动发展制度和机制，从区域（际）宏观关系的视角建立多中心—外围城市群落发展的制度安排。

多中心—外围城市群落发展中的区域（际）协调互动发展制度安排最主要的是要在产业和市场方面实现区域（际）协调互动发展。针对区域产业同构，可以通过建立区域（际）产业发展规划互动机制，在产业布局时实施产业互补布局，针对已有同构产业可以通过区域（际）产业整合和产业集群，把同构产业整合为极具规模效应和竞争力的区际重点产业集群。针对区域（际）市场封锁，可以通过建立区域（际）市场互动发展机制，消除区域（际）市场一体化障碍，推动城市群落内生产要素和商品的合理流动与优化配置。针对区域（际）管理分割，可以通过建立区域（际）管理互动机制消除区际管理的各自为政，促进城市群落内经济活动管理效率与水平的提升。

6.3.2.2 多中心—外围城市群落发展的经济制度拓展

多中心—外围城市群落的发展在根本上是区域经济以城市群落为空间依托的空间扩展与空间组织形式，这种以城市群落为空间依托的区域经济空间扩展与空间组织形式的发展在客观上要求破除阻碍生产要素和产业在空间配置和再配置中的一切制度障碍。因此，多中心—外围城市群落发展的经济制度基础的核心包含了从根本上调整阻碍资源优化配置的市场经济制度、调整影响要素优化配置的要素流动制度以及调整制约要素集聚产生生产力的产业布局制度等方面的内容。

(1)市场经济制度的建设与完善

从前文有关西部城市发展的市场经济制度缺陷分析来看,中国西部无论是单个城市的发展还是城市群落的发展都受到市场经济制度的影响和制约。这一方面表现为西部地区市场经济制度发育不完善对中国西部城市群落发展的影响和制约,因为市场机制作为调节资源配置的有效手段之一也对城市群落的发展产生重要影响。据樊纲(2003)等人对中国各地区市场化相对进程的测度(西藏、香港、澳门、台湾未测算),西部十一个省区市的市场化进程在全国的排名基本靠后,如重庆(12)、四川(15)、云南(22)、甘肃(23)、内蒙古(24)、贵州(25)、山西(26)、陕西(27)、宁夏(28)、青海(29)、新疆(30)。而从全国三大区域比较来看,东、中、西部地区在市场化进程方面也存在明显差距,东、中、西部三个地区 2000 年市场化综合指数平均得分分别是 7.16、5.47、4.71,东部最高,中部其次,西部最低,其中东中部差距为 1.69,东西部差距为 2.45。[①] 另一方面表现为市场经济制度的自身固有缺陷对西部城市群落发展的影响和制约。市场机制虽然在优化资源配置方面有其不可替代的作用,但市场调节也存在其自身固有的缺陷,也对西部城市群落的发展产生制约。

消除市场经济制度对西部城市群落发展的影响和制约需要从两方面加强其制度建设。针对西部市场经济制度发育不完善对城市群落发展的制约,这需要加快其市场化建设、进一步发展和完善市场经济制度,以解决因市场制度发育不完善对西部城市

---

① 樊纲、王小鲁、张立文等:《中国各地区市场化相对进程报告》,《经济研究》2003 年第 3 期,第 9—18 页。

群落发展的制约。针对市场经济制度固有缺陷对西部多中心—外围城市群落发展的制约,这需要充分发挥社会主义市场经济体制中政府宏观调控的力量和作用,辅以一定的行政干预手段和宏观调控策略,以弥补市场机制固有缺陷对西部城市群落发展的影响和制约。

(2)要素流动制度的发展与完善

对于中国城市化滞后于工业化发展的问题,国内学术界已"大体上"达成共识,但在其成因上还有分歧,温铁军(2000)认为是体制与发展道路综合作用所致,[①]叶裕民(2002)认为根源于工业化"弱质",[②]也有人认为是乡村分散工业化道路导致,大多数人则认为是重工业化战略造成的。中国西部的城市化水平不仅低于全国平均水平,更大大低于东部地区的城市化水平,而相对于西部城市群落的发展来看,其在很大程度上受限于要素流动制度的制约。中国西部城市群落发展的要素流动制度缺陷表现在两个层面:第一个层面是乡—城要素流动制度缺陷,最直接地表现为三个方面,一是城乡二元化的户籍制度形成了限制农村人口向城市转移成为市民的强大行政强制;二是僵化的土地制度和城乡分割的分配制度形成了限制农村人口向城市转移成为市民的强大经济强制;三是重城镇、轻农村的非均等化的社会保障制度形成了限制农村人口向城市转移成为市民的强大社会强制。第二个层面是城—城要素流动制度缺陷,最直接地表现为城市与城市之间要素流动的限制。因此,要解决西部多中心—外围城市群落发展中要素流动制度方面的制约,一方面需要通过要素流动制度

---

① 温铁军:《中国的城镇化道路与相关制度问题》,《开发导报》2000 年第 5 期,第21—23 页。

② 叶裕民:《工业化弱质:中国城市化发展的经济障碍》,《中国人民大学学报》2002年第 2 期,第73—79 页。

的发展和完善破除乡—城要素流动的障碍,另一方面需要破除城—城、乡—乡要素流动障碍。

在多中心—外围城市群落发展的乡—城要素流动制度安排中,土地制度变革是要素流动制度空间拓展的制度基础,这是解决农民成为市民"走得出"的问题,涉及土地征用制度中的市场化征用、市场化评估、市场化土地补偿问题,以及土地财产权制度方面的土地流转机制、土地出让、出租、入股、抵押制度以及土地使用权资本化等问题的明晰与解决。在要素流动制度安排中,城乡二元化的户籍制度和教育制度变革是要素流动制度空间拓展的关键环节,这是解决农民成为市民"进得去"的问题。在户籍制度的改革上,现在需要解决的不是户口薄上的农业户口和非农业户口称谓变更的问题,而需要在实质上解决附加在户口上的社会福利和社会保障的城乡均等化问题;而教育制度的变革则旨在消除城乡教育投入、教育资源分配及优质教育机会享有公平性的问题。就业制度和社会保障制度变革则是要素流动制度空间拓展的重要保障,这是解决农民成为市民"容得下、留得住"的问题,在就业制度上需要解决城乡就业机会均等、就业身份平等和就业待遇公平等核心问题;在城乡社会保障制度方面,城市社会保障制度的重点需要逐步转向农民市民化的基本需要,而农村社会保障制度方面,需要把养老保险制度的建立和完善作为农村社会保障制度的核心,把医疗卫生保障制度的完善作为农村社会保障制度的关键,把教育培训制度的完善作为农村居民成为市民的人力资本投资提升的途径。在多中心—外围城市群落发展的城—城、乡—乡要素流动制度安排中,需要通过区际要素流动制度的发展和完善破除城—城、乡—乡要素流动的障碍,推动城市群落区域经济发展要素在区域内的合理流动与优化配置,以促进多中心—外围城市群落内各个层级的协调发展。

(3)产业布局制度的发展与完善

从多中心—外围城市群落发展的经济基础来看,产业关联发展是城市及城市群落关联发展的基础。因此,产业布局制度的发展与完善是产业支撑中国西部多中心—外围城市群落发展的制度基础之一,这主要涉及三个主要方面。

一是中央政府产业布局的优化与制度导向。产业发展作为城市与区域发展的核心与载体,国内外实践证明,中央政府的产业布局与导向是引导和促进区域开发的强大动力,在中国区域发展战略由"三大地带"到"四大区"再演变到如今"主体功能区"的新时代,西部地区多中心—外围城市群落的经济发展绝不应仅仅满足于承接发达地区的产业转移,而应把现代部门的扩张和传统部门的改造作为推动西部经济发展的两大引擎。因此,中央政府在西部地区进行重点产业布局时,既要考虑到能源重化产业在西部地区发展具有要素禀赋优势,又要考虑高新技术产业对西部地区传统产业结构升级和产业高级化的推动作用,还要考虑在中心城市进行主导产业布局的同时在次级中心城市和外围城市布局与主导产业配套的关联产业。在产业布局制度规范下,通过产业政策导向,引导各类资本和不同层级产业进入西部地区,促进中国西部多中心—外围城市群落内产业结构的优化和产业的关联发展。

二是城际产业结构的优化及产业关联安排。产业结构的优化与产业关联发展作为城市群落体系结构优化与城市关联发展的核心与载体,多中心—外围城市群落的中心、外围次中心、农村腹地各层级纵向和横向的产业分工和产业关联是中国西部多中心—外围城市群落发展的关键。作为中心的大城市和特大城市,应尽力与国际产业经济发展的最新进展保持同步,以高新技术产业和新兴产业为主导,以高附加值产业为核心,提高产业发展的内在规模和内在质量,通过其知识、技术、资本、信息自上而下的外溢和产业的转移带动外围次级中心和农村腹地的发展;作为外围次级中心的中小城市,其既要接受大城市和特大城市的产业转移和要素外溢,同时也要接收农产品进行加工,提高农产品的附加值,承担承上联下的重要功能;作为腹地的广大农村地区,通过接受城市知识、技术、资本、信息的外溢,促进自身经济的发展,为城市二、三产业的发展提供产品、要素、市场、外汇等区域发展贡献。在纵向城际产业结构优化及产业关联的同时,依据各层级、各构成单元的比较优势和竞争优势,实施横向的产业分工和产业关联,最终实现城际产业结构优化及产业关联的网络状发展格局。

三是产业网络发展引致城市网络化群落态发展的制度安排。产业网络化发展作为多中心—外围城市群落网络化发展的核心与支撑,在中央政府的产业布局与导向制度安排下,并基于各层级城市原有的产业发展基础,在一定城市地域形成不同层级的产业集中,通过产业整合形成不同层级城市的产业集群,经由区域整合形成城际间产业网络发展,进而城际产业的网络发展引致多中心—外围城市群落网络化发展。在主体功能区格局下及中国西部独特的自然生态和社会生态环境下,制度安排要能够促进产业发展与城市发展,必须与特定的生态资源与生态环境相协调。

6.3.2.3　多中心—外围城市群落发展的行政制度拓展

城市及城市群落的培育与发展不仅受到总体制度安排及经济制度安排的影响,相关行政制度安排也影响着城市及城市群落的发展。针对中国西部多中心—外围城市群落发展的制度制约,在行政制度拓展方面需要相应地改革行政区划制度、城市设置制度及城市管理制度。

（1）行政区划制度的发展与完善

从多中心—外围城市群落的空间格局来看，其不仅跨城乡、跨县区、跨地市，更是跨省区市，在当前中国西部"行政区经济"势力极为显现的行政态势下，行政区划制度的发展和完善涉及两个层面，一是需要简化纵向的行政层级，提高纵向传递效率；二是需要弱化横向的行政区"隔离"，强化横向的经济社会联系，提高区际协调互动发展能力。城市行政区域的再组织曾经是推动中国城市化的重要措施，包括新的城市和镇的设置及城市和镇行政区划的调整。[①] 针对上述要求，为适应多中心—外围城市群落的发展，必要时可以对现行行政区划进行调整，依据多中心—外围城市群落发展要求对地级、省级行政区划进行兼并，减少纵向层级隶属关系，破除横向行政区分割，以消除"行政区经济"对多中心—外围城市群落发展的"行政樊篱"。

（2）城市设置制度的发展与完善

中国的城市设置有着较为严格的行政审批程序，其城市设置不仅仅是一个经济发展问题，而且涉及一定的行政制度问题。因此，中国西部多中心—外围城市群落的空间重构还受到城市设置制度的影响。针对于中国西部城市群落的发展，一方面需要改革制约西部城市设置的城市设置审批制度本身的制度缺陷，对城市的设置与审批进行规范，对城市级别进行简化，对城市职权进行重新分配等。另一方面也可利用中国城市设置制度的行政促进，在西部城市审批与设置方面可考虑西部地区的特殊性而进行灵活处理，以制度的力量促进西部城市群落的发展。

---

① 吴缚龙、马润潮、张京祥：《转型与重构——中国城市发展多维透视》，东南大学出版社，2007，第22—23页。

（3）城市管理制度的发展与完善

城市管理制度的发展与完善涉及两个层面。一是城市内部的管理。针对大多数西部城市内部管理存在的问题，可以通过学习发达地区发达城市的管理经验，通过制度改革提升城市内部管理能力，以促进城市发展水平和管理能力的提高。二是城市层级的管理。在当前中国市管县（区）、县（区）管乡（镇）的城镇层级管理制度下，城市层级管理制度上的缺陷不仅影响个体城市的发展，还影响着城市群体的整体发展能力与发展水平。针对于当前市管县制度存在的问题，国内学术界已做了大量探讨，西部城市群落的发展更需要城市管理制度的发展与完善，以促进西部多中心—外围城市群落的发展，这可以借鉴成都和重庆统筹城乡综合配套改革实验区的经验，向国家争取立项城市管理体制改革试验，在试验中实现城市管理制度的创新和完善。

6.3.2.4　多中心—外围城市群落发展的其他相关制度拓展

城市群落的发展与空间重构不仅受到总体制度、经济制度、行政制度的影响，还受到诸如资源环境制度、社会发展制度、文化发展制度等所有与城市群落发展关联的相关制度的影响。

（1）资源环境制度的发展与完善

区域的资源环境本底是该区域城市群落发展的重要基础和前提。针对于中国西部自然资源丰富而生态环境脆弱的资源环境本底，其城市群落发展的资源环境制度的变革与完善旨在依托其自然资源优势而必须确保其生态环境不予破坏，即需要确保城市群落的发展与资源环境承载容量相协调。西部地区资源丰富，但却难以把资源优势转化为经济优势，因此，国家资源政策既需要考虑国家整体发展的资源保障战略，也需要考虑西部地区的发展能力培育问题。从现今国内对生态补偿的研究来看，大多集中在流域生态补偿方面,很少涉及城乡生态补偿方面,而从多中心—外围城市群落的整体发展来看,生态补偿不仅仅存在于流域层面,也存在于城乡之间。因此,现有的生态补偿政策需考虑城乡的生态补偿问题。

(2)社会与文化发展制度的变革与完善

城市及城市群落的发展必然促进区域社会与文化的发展,相应的,区域社会文化的发展也会在一定程度上推动城市及城市群落的发展。因此,针对中国西部城市群落发展中的社会与文化制约,相应地需要社会与文化发展制度的变革与完善,在促进区域社会文化发展的同时推动城市群落的发展,以提升城市群落发展的综合能力与整体水平。

在特定地理环境、特殊历史背景、独特经济基础上形成的西部地域文化具有浓厚的文化时差性和文化封闭性,这与市场化在一定程度上产生极大的冲突。地理位置的相对封闭性和小农经济的固有影响使得西部地区市场经济观念远没有成为经济发展的主导观念,现代化观念、法制观念、效率观念、人才观念、文化观念、尊重个人的观念普遍缺乏。竞争意识、创新意识、忧患意识、危机意识等市场经济的基本意识普遍落后。因此,其社会文化发展制度旨在促进西部社会文化的发展。在当前西部诸多地域文化与市场化相冲突的背景下,西部文化建设的核心在于发展教育和科技事业,在传承传统文化精髓的基础上进行传统文化的现代化调适,尤其是要对其价值观念和思维方式进行调适以适应经济市场化的需要。制度文化作为非物质文化的另一重要组成部分,其建设的核心在于重塑经济社会活动中个人与他人、个人与群体、民众与政府、政府与政府、中央与地方之间的关系,培育现代化观念、法制观念、效率观念、国家化观念、人才观念、文化观念、尊重个人观念以及竞争意识、创新意识、忧患意识、危机意识等,为西部社会经济发展和城市群落的发展创建良好的制度文化环境。

　　需要明确的是,中国西部多中心—外围城市群落的发展既需要产业发展和制度安排的核心支撑,也需要人口、资源、环境、社会、文化等非经济、非制度要素的全方位支持,之所以选择把产业发展和制度安排作为中国西部多中心—外围城市群落发展的核心支撑是因为经济基础薄弱和制度安排缺陷是当前西部城市群落发展面临的最关键制约因素,是制约西部城市群落发展的最主要矛盾。因此,选择把产业发展和制度安排作为中国西部多中心—外围城市群落发展的核心支撑并不意味其他因素不具有影响,也不意味对其他因素的忽略。此外,多中心—外围城市群落各层级支撑产业的选择和重点产业群落的培育也需要根据城市与城市群体的类型、结构、互补、层次等关系予以科学考察,而不是主观决定的"计划安排";制度安排也需要依据城市群落发展的实际需要,与时俱进地进行制度改革与创新,而不是一种主观随意性的"制度给定"。

第七章　中国西部重点城市群落空间重构及其核心支撑的实证研究

　　多中心—外围城市群落虽然是基于中国西部地区特殊的发展基础而选择的城市群体空间重构的组织形态,但是西部地区特殊的自然地理环境决定了在广大的西部地区不可能大规模地推进城市化进程。因此,只能选择自然地理环境较优、经济发展基础较好的局部地区进行重点城市群落建设,以多中心—外围城市群落的发展带动西部地区社会经济的整体发展。

7.1　中国西部多中心—外围城市群落发展的地域空间

　　中国的区域差异极其显著,以梯度推移为理论基础的中国东、中、西三大地带发展战略对促进东部沿海地区的迅速发展无疑产生了巨大推动作用,但其非均衡发展战略使得原已存在的区域发展差距越来越大,即使进入 21 世纪以来中央政府相继推动西部大开发、东北振兴、中部崛起等重大区域发展战略也未能进一步缩小区域差距,在此背景下,考虑到中国的区域差异性,国家"十一五"规划纲要提出了主体功能区发展战略构想。主体功能区发展战略作为中国今后一定时期内区域发展的主导战略,必然对中国西部多中心—外围城市群落发展地域空间的选择产生重大影响。

7.1.1 中国西部主体功能区类型划分及其功能定位

7.1.1.1 国家主体功能区的类型划分及其功能定位

国家"十一五"规划纲要根据资源环境承载能力、现有开发密度和发展潜力,统筹考虑未来我国人口分布、经济布局、国土利用和城镇化格局,将国土空间划分为优化开发、重点开发、限制开发和禁止开发四类主体功能区,按照主体功能定位调整完善区域政策和绩效评价,规范空间开发秩序,形成合理的空间开发结构(表7-1-1)。

表7-1-1 主体功能区类型划分及其功能定位

类 型	载体区域	功能定位
优化开发区	国土开发密度已经较高、资源环境承载能力开始减弱的区域	提高增长质量和效益,提升参与全球分工与竞争的层次,继续成为带动全国经济社会发展的龙头和我国参与经济全球化的主体区域
重点开发区	资源环境承载能力较强、经济和人口集聚条件较好的区域	促进产业集群发展,壮大经济规模,加快工业化和城镇化,承接优化开发区域的产业转移,承接限制开发区域和禁止开发区域的人口转移,逐步成为支撑全国经济发展和人口集聚的重要载体
限制开发区	资源环境承载能力较弱、大规模集聚经济和人口条件不够好并关系到全国或较大区域范围生态安全的区域。	保护优先、适度开发、引导超载人口逐步有序转移,逐步成为全国或区域性的重要生态功能区。
禁止开发区	依法设立的各类自然保护区域。	实行强制性保护,控制人为因素对自然生态的干扰,严禁不符合主体功能定位的开发活动

资料来源:中华人民共和国国民经济和社会发展第十一个五年规划纲要[N],人民日报 2006 年 3 月 17 日第 001 版。

7.1.1.2 中国西部所属主体功能区类型及其功能定位

国家"十一五"规划纲要明确划定了 22 片限制开发区域,其中有 17 片区位于西部地区,占总数的 72.3%。在划定的禁止开发区中,全国 243 个国家级自然保护区,有 115 个地处西部,占总数的 47.3%;全国 138 个国家地质公园,西部地区 54 个,占总数的 39.1%;全国 31 处世界自然文化遗产,西部地区 11 处,占总数的 35.5%。再加上青藏高原的高寒山区、新疆与内蒙古的沙漠地区、滇黔桂喀斯特石山区等人类无法生存或无法从事生产活动的地区,可以明确的是,西部大部分地区都属于限制和禁止开发区。

在主体功能区格局下,广袤的西部地区除一些资源型城市以及成都、重庆、西安等特大城市中心区列为优化开发区,再加上按照现有的初步方案,成渝、关中、呼包银、北部湾、滇池盆地、天山北麓等地区为重点开发区以外,中国西部大部分国土属于限制开发区和禁止开发区。因此,西部地区在未来中国主体功能区格局下,其主体功能定位应是:点状优化开发成都、重庆、西安等特大城市中心区和部分资源型城市区域,优化与提升产业结构,提高增长质量和效益,提升参与全球与区域分工及竞争的层次;点—轴—网络状重点开发成渝、关中、呼包银、南贵昆、北部湾、滇池盆地、天山北麓等地区,促进产业集群发展,壮大经济规模,加快区域工业化和城镇化进程,承接产业和人口转移,发展成为支撑区域乃至全国经济发展和人口集聚的重要载体和全国经济新的增长极;面状限制或禁止开发,保护生态与环境,有序转移超载人口,因地制宜发展特色与生态产业,建成全国的生态屏障或较大区域范围的生态安全区域。

7.1.2 中国西部经济发展形态及主体空间依托的选择

7.1.2.1 不同经济发展形态下的主体空间依托选择

不同经济发展形态下其发展的主体空间依托有着极大的差别,中国西部在选择经济发展主体空间依托时既要遵循不同经济形态下主体空间依托的客观规律,又要依据主体功能区格局下西部地区主体功能定位的要求。

在人类经济发展进程中,主要经历了渔猎经济、农业经济、工业经济、知识经济等经济发展形态,不同经济形态其主体空间依托选择有着极大的差别。在原始社会阶段的渔猎经济时代,人们主要依靠获得诸如鱼、野果等可供人类食用的自然产物维持生存,人们居无定所,因而其生产与生活的空间是流动的,并无固定的空间依托。在农业经济时代,人们主要依靠自然条件和自然资源、劳动力等生产要素投入获得产出,人们过着定居生活,可耕土地是其生产活动的主要载体,因而其经济发展的主体空间依托是点状的居民点和面状的可耕生产区域。在工业经济时代,专业化和分工引致的规模经济效应需要技术、资本、劳动力、自然资源在特定的空间——城市实现聚集,同时,又由于规模经济发展到一定阶段导致的规模不经济使得聚集不会无限制地发展,便形成了具有层级结构的城市体系。因此,工业经济时代其经济发展的主体空间依托是具有层级结构的点轴状城市体系。知识经济时代,在知识、技术、资本、劳动力、自然资源诸生产要素中,知识和技术的重要性更为突出,基于知识和技术发展的层级性引致的产业发展层级性,使得城市发展的层级性更为明显,加之知识和技术的溢出效应,知识经济时代经济发展的主体空间依托是具有更为复杂层级结构的点轴网络状城市体系。

7.1.2.2 中国西部经济发展形态及主体空间依托的选择

从西部地区现有经济发展水平及今后的发展趋势来看,其主体经济发展形态主要处于工业经济和知识经济共生发展时期,因而,可以明确的是其经济发展的主体空间依托是点轴网络状城市体系。但是,基于中国西部特有的自然、经济、区位、制度等原因,再加上中国西部地区所属主体功能区类型的功能定位,尤其是生态功能定位,其城市群落的发展必须走重点网络化、生态型开发之路,理论设想是建立多个结构合理、规模适度、产业关联、信息对称、功能完整的特色城市群落。因此,综合考虑自然、经济、行政区划、社会历史文化传统等因素,在重点地区重点发展几个多中心—外围城市群落是主体功能区格局下中国西部经济发展主体空间依托的理想选择。

7.2 中国西部多中心—外围城市群落发展的重点区域

城市群引领区域发展是现代区域经济发展的重要路径,在现阶段中国西部城市化不可能全方位推进的背景下,中国西部多中心—外围城市群落的发展最理想的做法是在科学分析的基础上选择重点区域予以重点培育与发展。

7.2.1 多中心—外围城市群落重点区域选择的依据

如前文城市群体形成与发展的空间相互作用理论所析,在社会科学向自然科学借用的理论和模型中,应用得最有成效的理论之一便是物理学中的牛顿万有引力定律。这一理论在经济学与地理学领域逐渐扩展成为引力模式、潜能模式、一般相互作用模式、市场概率模式、购物模式以及营业收入模式等一系列空间相互作用模型,并用来测度以及预测区域与区域之间、城市与城市之间、城市与乡村之间的联系强度与联系实体。而在城市经济学的应用中,重力模型更是扩展出了城市吸引力模型、城市经济影响区模型以及城市体系规模模型等理论模型。在计算城市与城市之间的相互吸引力以确定哪些城市可能因较强的相互联系而形成城市经济带(区),以及利用中心城市对周围县市的吸引强度来确定重点经济带的地域范围时,引力模型有着重要的应用价值。[①] 引力模型用于测度城市之间的吸引强度和吸引范围的前提是,假设城市间的相互吸引力与城市规模(如人口规模、经济规模等)的乘积成正比,与两者之间的距离的平方成反比。引力模型的计算公式可以表述为:

$$T_{ij} = k \frac{P_i P_j}{d_{ij}{}^r} \qquad (7.2.1)$$

式中,T_{ij} 为城市 i、j 之间的吸引系数;P_i,P_j 表示两城市的经济或人口规模;d_{ij} 表示两城市之间的距离,r 为摩擦系数,一般取值为2;k 则由于研究中主要看计算结果的相对关系,因此取值不影响判断,这里取1。

利用赋值,并对式(7.2.1)两边取对数,可以得到回归方程

$$\text{Ln} T_{ij} = \text{Ln} P_i + \text{Ln} P_j - 2\text{Ln} d_{ij} \qquad (7.2.2)$$

应用式(7.2.2)对西部城市间的相互吸引力进行估计时,两城市之间的距离 d_{ij} 取城市之间的公路距离;城市规模指标 P_i 和 P_j 采用城市市辖区非农业人口(population)和市辖区生产总值(GDP)两个指标,并对这两个指标进行对数处理以消除两指标的量纲问题,在此基础上采用刘卫东等(2003)方法对取对数后的市

---

① 刘卫东、樊杰等著:《中国西部开发重点区域规划前期研究》,商务印书馆,2003,第94。

辖区非农业人口(population)和市辖区生产总值(GDP)进行加权平均得到 LnP_i 或 LnP_j，即

$$LnP_i \ or \ lnP_j = (Ln population + LnGDP)/2 \quad (7.2.3)$$

利用相关数据[①]，分别应用式(7.2.2)和式(7.2.3)对西部城市间的相互吸引力进行估计，获得西部地区主要中心城市及其与次级城市之间的相互吸引力系数(表7—2—1至表7—2—12)。

表7—2—1 呼和浩特市对周边城市的吸引力及其比较

城市 U_i or U_j	2003年市区非农业人口数(万人)	2003年市辖区GDP(万元)	应用式(7.2.3)获得的 LnP_i 或 LnP_j	呼和浩特市到周边城市公路距离 d_{ij}(公里)	呼和浩特市与周边城市的相互吸引系数 T_{ij}
呼和浩特(i)	83.12	2984984	9.6647		
包头(j)	130.63	3930444	10.0283	144	17212.3558
乌海(j)	35.75	676298	8.5005	567	240.9158
赤峰(j)	50.7	812005	8.7666	811	153.6618
通辽(j)	33.66	919101	8.6237	1212	59.6428
鄂尔多斯(j)	15.3	620122	8.0328	252	764.0243
呼伦贝尔(j)	23.04	294259	7.8647	2320	7.6200
锡林浩特(j)	12.8	310350	7.5975	648	74.7662
巴彦淖尔(j)	22.3	488402	8.1017	416	300.3853
乌兰察布(j)	23.11	325960	7.9174	154	1822.9064
陕西榆林(j)	14.07	213800	7.4584	403	168.2152
宁夏银川(j)	60.32	1115613	9.0123	707	258.5073
宁夏石嘴山(j)	32.66	447071	8.2483	604	164.9859

---

① 《中国城市统计年鉴2004》获得市辖区非农业人口population和市辖区GDP；之所以选用《中国城市统计年鉴2004》的数据而不选用最近年份如《中国城市统计年鉴2007》的数据，是因为《中国城市统计年鉴2007》对县级市"非农业人口population"和"GDP"两个指标是以全市(包括乡镇农村)为统计口径的，而《中国城市统计年鉴2004》对县级市的城关镇进行了"非农业人口population"和"GDP"两个指标的统计，因而更能真实反映县级市的城市人口规模和经济规模；中心城市到周边城市的公路里程数据来源于《中国分省系列地图册》中相关省份地图，中国地图出版社，2001年版。

表 7-2-2 包头市对周边城市的吸引力及其比较

城市 U_i or U_j	2003 年市区非农业人口数(万人)	2003 年市辖区 GDP(万元)	应用式(7.2.3)获得的 LnP_i 或 LnP_j	包头市到周边城市公路距离 d_{ij}(公里)	包头市与周边城市的相互吸引系数 T_{ij}
包头（ i ）	130.63	3930444	10.0283		
乌海（ j ）	35.75	676298	8.5005	433	594.2439
赤峰（ j ）	50.7	812005	8.7666	955	159.4081
通辽（ j ）	33.66	919101	8.6237	1356	68.5415
鄂尔多斯（ j ）	15.3	620122	8.0328	108	5983.6969
呼伦贝尔（ j ）	23.04	294259	7.8647	2464	9.7176
锡林浩特（ j ）	12.8	310350	7.5975	792	71.9970
巴彦淖尔（ j ）	22.3	488402	8.1017	272	1010.7335
乌兰察布（ j ）	23.11	325960	7.9174	298	700.2982
陕西榆林（ j ）	14.07	213800	7.4584	265	559.6193
宁夏银川（ j ）	60.32	1115613	9.0123	573	566.1242
宁夏石嘴山（ j ）	32.66	447071	8.2483	470	391.9532
呼和浩特（ j ）	83.12	2984984	9.6647	144	17212.3558

表 7-2-3 银川市对周边城市的吸引力及其比较

城市 U_i or U_j	2003 年市区非农业人口数(万人)	2003 年市辖区 GDP(万元)	应用式(7.2.3)获得的 LnP_i 或 LnP_j	银川市到周边城市公路距离 d_{ij}(公里)	银川市与周边城市的相互吸引系数 T_{ij}
银川（ i ）	60.32	1115613	9.0123		
石嘴山（ j ）	32.66	447071	8.2483	103	2954.6886
吴忠（ j ）	16.03	322280	7.7288	58	5542.6454
青铜峡（ j ）	3.6	329528	6.9932	54	3064.0772
灵武（ j ）	2.8	180193	6.5657	58	1732.1359
固原（ j ）	9.17	132219	7.0041	339	78.6001
内蒙古乌海（ j ）	35.75	676298	8.5005	140	2057.9790
甘肃白银（ j ）	28.81	729914	8.4307	409	224.8803
甘肃兰州（ j ）	162.76	3793079	10.1205	509	786.7277
陕西西安（ j ）	288.86	8585200	10.8157	565	1279.7115

从表 7-2-1、表 7-2-2 及表 7-2-3 来看,呼和浩特、包头、银川三个区域中心城市与周边城市的相互吸引系数较大,此外呼和浩特、包头、银川三个中心城市之间的相互吸引力系数也较大,尤其是呼和浩特与包头之间的吸引力系数达到了 17212。

虽然银川与兰州、银川与西安之间的相互吸引系数也较大,但考虑到呼和浩特、包头、银川分布在呼包线、包兰线上,再加上呼和浩特、包头、银川三城市历史上的传统联系,因此可以考虑将以呼和浩特、包头、银川三市为中心城市、周边城市为外围培育为三中心—外围城市群落。

表7-2-4　重庆市对周边城市的吸引力及其比较

城市 U_i or U_j	2003年市区非农业人口数(万人)	2003年市辖区GDP(万元)	应用式(7.2.3)获得的 LnP_i 或 LnP_j	重庆市到周边城市公路距离 d_{ij}(公里)	重庆市与周边城市的相互吸引系数 T_{ij}
重庆(i)	441.16	11606063	11.1782		
合川(j)	27.2	1075488	8.5958	58	115042.5297
永川(j)	28.1	801245	8.4648	87	44856.4365
江津(j)	11.4	1138256	8.1893	42	146117.0591
南川(j)	17.9	444507	7.9448	179	6299.2345
四川南充(j)	55.03	983142	8.9032	199	13290.1393
四川内江(j)	34.29	721972	8.5123	177	11363.8433
四川自贡(j)	47.98	1190100	8.9302	200	13517.2908
四川成都(j)	281.4	11442948	10.9463	340	35123.7352

表7-2-5　成都市对周边城市的吸引力及其比较

城市 U_i or U_j	2003年市区非农业人口数(万人)	2003年市辖区GDP(万元)	应用式(7.2.3)获得的 LnP_i 或 LnP_j	成都市到周边城市公路距离 d_{ij}(公里)	成都市与周边城市的相互吸引系数 T_{ij}
成都(i)	281.4	11442948	10.9463		
广安(j)	18.99	472150	8.0045	250	2718.5532
自贡(j)	47.98	1190100	8.9302	200	10719.5569
攀枝花(j)	51.27	1251237	8.9884	861	613.0713
泸州(j)	42.51	1106601	8.8333	223	7826.1186
德阳(j)	28.36	800053	8.4687	60	75080.0234
绵阳(j)	54	1866224	9.2142	124	37046.7410
广元(j)	29.45	465163	8.2164	346	1754.3189
遂宁(j)	33.18	660915	8.4517	217	5642.9564
内江(j)	34.29	721972	8.5123	163	10626.3396
乐山(j)	42.96	909807	8.7406	123	23448.2966
宜宾(j)	32.16	1122860	8.7011	262	4967.4493
南充(j)	55.03	983142	8.9032	321	4050.5414

（续表）

城市 U_i or U_j	2003 年市区非农业人口数（万人）	2003 年市辖区 GDP（万元）	应用式(7.2.3)获得的 LnP_i 或 LnP_j	成都市到周边城市公路距离 d_{ij}（公里）	成都市与周边城市的相互吸引系数 T_{ij}
眉山（j）	27.1	546360	8.2553	60	60650.7343
达州（j）	22.04	353800	7.9347	380	1097.3197
雅安（j）	13.59	278940	7.5740	146	5182.9212
西昌（j）	17	590215	8.0607	550	594.1827
资阳（j）	17.73	574188	8.0680	85	25058.6864

　　从表7-2-4及表7-2-5来看，重庆、成都两城市与周边城市的相互吸引系数较大，此外重庆和成都两城市之间的相互吸引力系数更是达到了35123。考虑到成渝经济区的发展基础，以及长江航道、成渝铁路、成渝高速公路等便捷的交通通道，再加上两省市历史上的传统联系，因此可以考虑以重庆、成都两市为中心城市、周边城市为外围培育为成渝双中心—外围城市群落。

　　从表7-2-6、表7-2-7及表7-2-8来看，南宁、贵阳、昆明三个区域中心城市与周边城市的相互吸引系数较大，虽然南宁、贵阳、昆明三个中心城市之间的相互吸引力系数不如成渝间的相互吸引系数大，但考虑到南昆线、贵昆线、黔桂线连接三个省会（首府）城市，再加上滇桂又同时作为中国—东盟自由贸易区的前沿及三省区、三城市历史上的传统联系，因此可以考虑将以南宁、贵阳、昆明三市为中心城市、周边城市为外围培育为南贵昆三中心—外围城市群落。

表7-2-6　贵阳市对周边城市的吸引力及其比较

城市 U_i or U_j	2003 年市区非农业人口数（万人）	2003 年市辖区 GDP（万元）	应用式(7.2.3)获得的 LnP_i 或 LnP_j	贵阳市到周边城市公路距离 d_{ij}（公里）	贵阳市与周边城市的相互吸引系数 T_{ij}
贵阳（i）	141.09	3205791	9.9649		
六盘水（j）	27.77	431318	8.1493	342	629.1394
遵义（j）	38.75	1085905	8.7775	145	6560.0541

（续表）

城市 U_i or U_j	2003 年市区非农业人口数（万人）	2003 年市辖区 GDP（万元）	应用式(7.2.3)获得的 LnP_i 或 LnP_j	贵阳市到周边城市公路距离 d_{ij}（公里）	贵阳市与周边城市的相互吸引系数 T_{ij}
安顺（j）	22.09	346160	7.9249	110	4859.1765
都匀（j）	19.9	240147	7.6899	169	1627.4355
凯里（j）	19.2	294141	7.7734	188	1429.6338
铜仁（j）	16	155883	7.3647	475	148.8281
兴义（j）	24.2	428353	8.0770	364	516.6759
毕节（j）	18.6	403538	7.9156	252	917.2967
云南曲靖（j）	23.31	986878	8.4756	478	446.3335
云南昆明（j）	164.39	6308339	10.3798	615	1810.3269
广西河池（j）	11.35	232651	7.3933	509	133.3606

表 7-2-7　昆明市对周边城市的吸引力及其比较

城市 U_i or U_j	2003 年市区非农业人口数（万人）	2003 年市辖区 GDP（万元）	应用式(7.2.3)获得的 LnP_i 或 LnP_j	昆明市到周边城市公路距离 d_{ij}（公里）	昆明市与周边城市的相互吸引系数 T_{ij}
昆明（i）	164.39	6308339	10.3798		
个旧（j）	15.8	325494	7.7266	320	713.1617
大理（j）	32.1	734085	8.4876	362	1192.8789
开远（j）	13.9	270569	7.5701	203	1515.4516
昭通（j）	11.61	429565	7.7112	389	475.2470
玉溪（j）	13	1940618	8.5217	90	19968.4178
楚雄（j）	15.1	553409	7.9693	165	3419.2526
曲靖（j）	23.31	986878	8.4756	134	8601.6247
保山（j）	11.78	349800	7.6158	568	202.6162
瑞丽（j）	2.6	95751	6.2125	844	22.5560
思茅（j）	8.49	131215	6.9617	570	104.6127
景洪（j）	6.7	321519	7.2915	692	98.7000
安宁（j）	13.2	502009	7.8533	33	76120.4623
潞西（j）	6.4	146240	6.8747	661	71.3032
丽江（j）	6.1	132480	6.8012	580	86.0543
临沧（j）	5.04	123153	6.6693	598	70.9454
贵州兴义（j）	24.2	428353	8.0770	305	1114.5427
贵州安顺（j）	22.09	346160	7.9249	605	243.2841
四川攀枝花（j）	51.27	1251237	8.9884	352	2081.6310

表 7－2－8　南宁市对周边城市的吸引力及其比较

城市 U_i or U_j	2003 年市区非农业人口数（万人）	2003 年市辖区 GDP（万元）	应用式(7.2.3)获得的 LnP_i 或 LnP_j	南宁市到周边城市公路距离 d_{ij}（公里）	南宁市与周边城市的相互吸引系数 T_{ij}
南宁（i）	108.97	3036343	9.8086		
柳州（j）	84.35	2192196	9.5177	251	3926.0265
桂林（j）	55.17	1375794	9.0725	420	898.3560
梧州（j）	27.46	742056	8.4150	482	353.4221
北海（j）	24.84	843157	8.4287	209	1905.7069
玉林（j）	20.03	770443	8.2760	265	1017.5080
白色（j）	12.69	340095	7.6389	255	581.1250
河池（j）	11.35	232651	7.3933	296	337.3542
钦州（j）	19.86	763652	8.2673	99	7227.4524
贵港（j）	23.22	584015	8.2113	241	1153.2616
防城港（j）	13.09	489155	7.8361	158	1843.7310
贺州（j）	13.92	466330	7.8430	549	153.7592
来宾（j）	15.25	582577	7.9999	79	8687.1158
崇左（j）	8.82	189482	7.1645	112	1874.5666
贵州都匀（j）	19.9	240147	7.6899	629	100.5040
贵州兴义（j）	24.2	428353	8.0770	638	143.8754
贵州贵阳（j）	141.09	3205791	9.9649	798	607.4757
云南昆明（j）	164.39	6308339	10.3798	943	658.7047

表 7－2－9　西宁市对周边城市的吸引力及其比较

城市 U_i or U_j	2003 年市区非农业人口数（万人）	2003 年市辖区 GDP（万元）	应用式(7.2.3)获得的 LnP_i 或 LnP_j	西宁市到周边城市公路距离 d_{ij}（公里）	西宁市与周边城市的相互吸引系数 T_{ij}
西宁（i）	88.71	953562	9.1267		
格尔木（j）	10.7	348388	7.5657	779	29.2633
德令哈（j）	6	72000	6.4881	502	23.9888
甘肃张掖（j）	17.46	360035	7.8269	347	191.5179

　　从表 7－2－9、表 7－2－10 及表 7－2－11 来看,西安、兰州两个区域中心城市与周边城市的相互吸引系数较大,而兰州与西安之间的相互吸引力系数达到了 2606,兰州与西宁之间的相互吸引力系数则达到了 6535。考虑到国家的西陇海—兰新经济带建设,以及陇海线、青藏线连接西安、兰州、西宁三个省会城市,再加

上三省历史上的传统联系,因此可以考虑以西安、兰州两市为中心城市、周边城市为外围培育为西兰双中心—外围城市群落。

表 7-2-10　西安市对周边城市的吸引力及其比较

城市 U_i or U_j	2003 年市区非农业人口数(万人)	2003 年市辖区 GDP(万元)	应用式(7.2.3)获得的 LnP_i 或 LnP_j	西安市到周边城市公路距离 d_{ij}(公里)	西安市与周边城市的相互吸引系数 T_{ij}
西安(i)	288.86	8585200	10.8157		
铜川(j)	38.21	464967	8.3464	63	52882.7628
宝鸡(j)	60.1	1569900	9.1813	180	14928.7773
咸阳(j)	49.6	1358720	9.0130	16	1596836.725
延安(j)	16.93	287524	7.6991	366	820.1631
汉中(j)	24.41	326600	7.9457	336	1245.4038
渭南(j)	24.18	407700	8.0519	50	62539.4557
榆林(j)	14.07	213800	7.4584	650	204.4191
安康(j)	20.24	359374	7.8999	365	1008.0676
商洛(j)	15.28	136600	7.2757	127	4460.4221
甘肃平凉(j)	14.63	316774	7.6745	258	1610.4757
甘肃天水(j)	55.84	629114	8.6873	342	2523.3745
四川广元(j)	29.45	465163	8.2164	547	615.9813
宁夏银川(j)	60.32	1115613	9.0123	565	1279.6385

表 7-2-11　兰州市对周边城市的吸引力及其比较

城市 U_i or U_j	2003 年市区非农业人口数(万人)	2003 年市辖区 GDP(万元)	应用式(7.2.3)获得的 LnP_i 或 LnP_j	兰州市到周边城市公路距离 d_{ij}(公里)	兰州市与周边城市的相互吸引系数 T_{ij}
兰州(i)	162.76	3793079	10.1205		
嘉峪关(j)	14.34	317731	7.6660	758	92.3086
金昌(j)	15.83	388639	7.8162	392	401.0671
白银(j)	28.81	729914	8.4307	100	11394.1531
天水(j)	55.84	629114	8.6873	347	1223.0766
武威(j)	19.94	610795	8.1576	280	1106.0366
张掖(j)	17.46	360035	7.8269	515	234.8852
酒泉(j)	12.02	284036	7.5217	736	84.7538
定西(j)	9.23	122237	6.9681	98	2748.0525
哈密(j)	19.4	412292	7.9474	1380	36.8996
陕西宝鸡(j)	60.1	1569900	9.1813	510	927.9150
西宁(j)	88.71	953562	9.1267	187	6535.1007
西安(j)	288.86	8585200	10.8157	689	2606.4865
银川(j)	60.32	1115613	9.0123	509	786.7328

从表7-2-12乌鲁木齐市对周边城市的吸引力系数来看,虽然乌鲁木齐市对新疆区内城市吸引力系数较大,但由于远离内地,与内地的兰州等区域中心城市的吸引力系数较弱,因而乌鲁木齐市难与内地中心城市重构,但可考虑以乌鲁木齐(加上昌吉或石河子)为中心在新疆区内培育天山北坡中心—外围城市群落。

表7-2-12　乌鲁木齐市对周边城市的吸引力及其比较

城市 U_i or U_j	2003年市区非农业人口数(万人)	2003年市辖区GDP(万元)	应用式(7.2.3)获得的LnP_i或LnP_j	乌鲁木齐市到周边城市公路距离d_{ij}(公里)	乌鲁木齐市与周边城市的相互吸引系数T_{ij}
乌鲁木齐(i)	142.03	4027222	10.0823		
克拉玛依(j)	24.17	2162707	8.8860	382	1184.9380
石河子(j)	31	377467	8.1376	142	4057.2193
吐鲁番(j)	25.5	179377	7.6680	186	1478.4706
哈密(j)	19.4	412292	7.9474	592	192.9948
昌吉(j)	19.4	453418	7.9949	35	57902.6188
伊宁(j)	37.3	229500	7.9813	638	171.9057
塔城(j)	14.2	153911	7.2987	637	87.1337
阿勒泰(j)	6.4	115648	6.7573	662	46.9493
库尔勒(j)	40.8	1407956	8.9332	439	940.5477
甘肃嘉峪关(j)	14.34	317731	7.6660	1214	34.6380

7.2.2　中国西部多中心—外围城市群落发展的重点区域

城市群落的形成与发展是多因素综合作用的过程,考虑到多中心—外围城市群落发展的自然条件、经济基础和动力机制,以及西部各中心城市对外围城市的吸引力和相邻中心城市之间的相互吸引系数,从历史联系和现实发展分析,并基于主体功能区格局下,国家把成渝地区、关中地区、兰银地区、北部湾、滇池盆地、天山北麓地区列为重点开发区、大部分地区列为禁止或限制开发区等功能定位的区域发展战略环境下,中国西部的成渝地区、关中地区、兰银地区、南贵昆地区等具有发展多中心—外围城市群落的条件和潜力,可列为中国西部多中心—外围城市群落发展的重点区域。

7.2.2.1 成渝双中心—外围城市群落

川、渝幅员面积 56.74 万平方公里,占中国国土面积的 5.91%,成渝经济区是西部大开发中国家重点建设的长江上游经济带的主体,在中国西部地区及长江流域经济开发中具有极为重要的政治、经济、社会和生态地位。重庆作为中国西部内陆唯一的中央直辖市,2007 年全市实现 GDP 4111.82 亿元,三次产业增加值比例为 12.9：44.6：42.5;年末全市常住人口 2816 万人,按常住人口计算,人均 GDP 达到 14622 元,城镇人口 1361.35 万人,城镇化率达到 48.3%。[①] 2007 年四川有设市城市 32 座,其中成都市实现 GDP 3324.4 亿元,三次产业比例关系为 7.1：45.2：47.7,年末全市户籍人口 1112.3 万人,常住人口 1257.9 万人,按常住人口计算人均 GDP 达到 26527 元。[②] 川渝两省市内有成渝、达成、宝成、成昆、襄渝、川黔等铁路干线和较发达的高速公路网连通区内外,成都双流国际机场和重庆江北国际机场通达国内外,长江航运水道直抵重庆,拥有较为便捷的水、陆、空立体交通体系。因此,在以川渝为主体的长江上游地区,以成都和重庆两个特大城市为中心,以绵阳、德阳、雅安、乐山、眉山、自贡、泸州、内江、宜宾、永川、合川、江津、涪陵等城市为外围次中心,以成都平原、渝西经济走廊、川南、川东北为腹地,以宝成、成昆、成渝、成达、襄渝、川黔等铁路干线和高速公路网为发展轴,以长江为出海

---

① 资料来源:《2007 年重庆市国民经济和社会发展统计公报》,经过整理。
② 资料来源:《中国统计年鉴 2008》、《2007 年成都市国民经济和社会发展统计公报》,经过整理。

通道,建设与发展长江上游成渝双中心—外围城市群落(图 7-2-1)。川渝两省市以成渝双中心—外围城市群落为经济发展的主体空间依托,在有效的制度安排下消除城乡协调互动、区域协调互动发展的制度障碍,以钢铁工业、机械工业、汽车工业、国防军工、航空航天、化学工业、电子工业、医药工业、食品饮料工业等特色优势产业群落为产业支撑,同时积极开发与发展民族特色生态产业,把成渝双中心—外围城市群落建成中国内陆重要的制造业基地和西部生态型经济中心,承接限制开发区域和禁止开发区域的人口转移,发展成为支撑区域乃至全国经济发展和人口集聚的重要载体,辐射并推动整个长江上游地区的发展。

7.2.2.2 西兰双中心—外围城市群落

陕西和甘肃两省地处中国西北内陆,区内拥有关中盆地和河西走廊等自然条件相对优越地区,历史文化底蕴深厚。2007 年,陕西有设市城市 13 座,甘肃有设市城市 16 座;作为西北地区最大城市的西安市,2007 年实现 GDP 1737.10 亿元,三次产业增加值占 GDP 的比重分别为 4.8%、43.9%和 51.3%,按常住人口830.54 万人计算,全市人均 GDP 21017 元,城镇化率为 66.1%。[①]兰州市 2007 年实现 GDP 732.76 亿元,三次产业比例为 3.56∶45.87∶50.57,年底全市常住人口 329.43 万人,其中市区人口208.03 万人。[②] 两省内的陇海—兰新第二欧亚大陆桥东接连云港、西通中亚直抵西欧,西康、西包、包兰、宝成、青藏等铁路干线通达区内外,高速公路网初步形成,航空网络快速发展。因此,在陕甘两省以西安、兰州两个特大城市为中心,以西宁、宝鸡、咸阳、

---

① 资料来源:《中国统计年鉴 2008》《西安市 2007 年国民经济和社会发展统计公报》,经过整理。

② 资料来源:《兰州市 2007 年国民经济和社会发展统计公报》,经过整理。

安康、渭南、铜川、天水、定西、白银、武威等城市为外围次中心,以相邻区域为腹地,依托陇海铁路、青藏铁路和国家干线公路,发展成西兰双中心—外围城市群落(图7-2-2)。陕甘两省以西兰双中心—外围城市群落为经济发展的主体空间依托,在有效的制度安排下消除城乡协调互动、区域协调互动发展的制度障碍,以装备制造、能源与石油化工、冶金有色、农产品加工和制药、高新技术与军工、航空航天、旅游等特色优势产业群落为产业支撑,突出中华文明起源与历史文化底蕴,把西兰沿线地区建成西北地区重要的经济带,承接限制开发区域和禁止开发区域的人口转移,发展成为支撑区域乃至全国经济发展和人口集聚的重要载体,辐射西北,带动整个西北地区的发展。

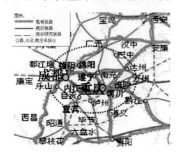

图7-2-1 以长江为出海通道的长江上游成渝双中心—外围城市群落示意图

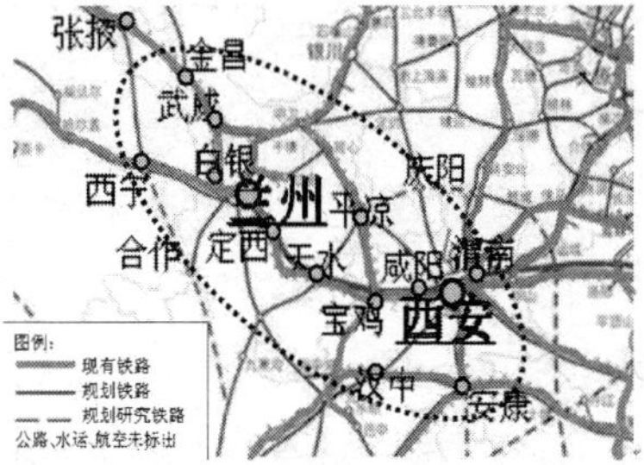

图7-2-2 承接东部面向中亚的第二欧亚大陆桥西兰双中心—外围城市群落示意图

7.2.2.3 南贵昆三中心—外围城市群落

滇黔桂三省区地处中国西南,幅员面积80万平方公里,占中国国土面积的8.33%,是中国重要的民族聚居地区,广西和云南有着漫长的海陆边境线,是连接中国内陆与东南亚和南亚的国际大通道。2007年,云南有设市城市17座,贵州有设市城市13座,广西有设市城市21座。作为云南省唯一特大城市的昆明市,2007

年实现 GDP1393.69 亿元,三次产业结构为 6.7:46.0:47.3,人均 GDP 达 22578 元,年末全市常住人口 619.33 万人,城镇化率 59.1%。[①] 2007 年贵阳市 GDP 达到 693.72 亿元,年底总人口 360 万人,人均 GDP 为 19280 元,三次产业增加值比例为 6.57:46.41:47.02。[②] 2007 年南宁市实现 GDP 1069.0 亿元,年底总人口 684 万人,三次产业增加值比例为 14.78:34.82:50.40。[③] 三省区内已建成南昆、贵昆、成昆、内昆、川黔、湘黔、焦柳、湘桂等铁路干线和初具规模的高速公路网络,拟建泛亚铁路东、中、西线,拥有北海、防城港、钦州等出海口和多个民航机场。因此,在以滇黔桂三省区为核心的西南地区,以南宁、贵阳、昆明三个特大城市为中心,以柳州、钦州、防城港、北海、凯里、都匀、安顺、曲靖、玉溪、楚雄等城市为外围次中心,以相邻经济辐射区为腹地,以南昆、贵昆、成昆、内昆、川黔、湘黔、焦柳、湘桂等交通干线为主轴,以北海(防城港、钦州)为出海口,以规划建设中的泛亚铁路(东中西三线)为陆路出境通道,构建面向东南亚和南亚的开放型南贵昆三中心—外围城市群落(图 7-2-3)。滇黔桂三省区以南贵昆三中心—外围城市群落为经济社会发展的主体空间依托,在有效的制度安排下消除城乡协调互动、区域协调互动发展的制度障碍,以烟草与酿酒、能源与原材料、生物资源与医药、民族文化与旅游、电子信息和机械等特色优势产业群落为产业支撑,突出产业发展的生态性、民族性和外向性,把南贵昆三中心—外围城市群落建成中国西南重要的经济中心,承接限制开发区域和禁止开发区域的人口转移,发展成为支撑区域乃至全国经济发展和人口

---

①　资料来源:《昆明市 2007 年国民经济和社会发展统计公报》,经过整理。

②　资料来源:《中国统计年鉴 2008》,经过整理。

③　资料来源:《中国统计年鉴 2008》,经过整理。

集聚的重要载体,带动整个西南地区外向型经济的发展。

7.2.2.4 呼包银三中心—外围城市群落

内蒙古和宁夏作为中国的两个民族自治区,其社会经济的发展具有极为重要的政治、经济、社会和生态意义。2007 年,内蒙古有设市城市 20 座,宁夏有设市城市 7 座。呼和浩特市 2007 年总人口 221 万人,全市实现 GDP 1101.13 亿元,三次产业增加值比重为 5.65∶37.73∶56.62;包头市 2007 年实现 GDP 1275.1 亿元,三次产业增加值占全市生产总值的比重分别为 3.3%、51.6%和 45.1%,三次产业对经济增长的贡献率分别为 0.7%、54.3%和 45.0%,年末全市常住人口 249.6 万人,城镇化率 74.7%。[①] 银川市 2007 年实现 GDP 400.30 亿元,三次产业比例为 6.2∶48.6∶45.2,全市人均生产总值 27280 元,年末全市总人口为 148.79 万人,其中市区人口 86.08 万人,年末城市建成区面积 107.00 平方公里。[②] 内蒙古、宁夏两区内能矿资源、稀土资源、民族文化资源丰富,集二、西包、包兰等铁路干线及民航线路连通国内外。因此,以呼和浩特、包头、银川三个大城市为中心,以东胜、乌海、鄂尔多斯、临河、集宁、吴忠、石嘴山、青铜峡、灵武等城市为外围次中心,以相邻经济辐射区域为腹地,在有效的制度安排下消除城乡协调互动、区域协调互动发展的制度障碍,以能源与化工、冶金与建材、装备制造与高新技术、稀土与新材料、农畜产品加工等特色优势产业群落为产业支撑,开发塞外风情、大漠风光、回乡民情等民族文化资源,发展成接受京津辐射面向蒙古和俄罗斯的具有

---

① 资料来源:《中国统计年鉴 2008》、《包头市 2007 年国民经济和社会发展统计公报》,经过整理。

② 资料来源:《银川市统计局关于 2007 年国民经济和社会发展的统计公报》,经过整理。

鲜明地域特色的呼包银三中心—外围城市群落(图7-2-4),呼包银三中心—外围城市群落作为该区域经济发展的主体空间依托,承接限制开发区域和禁止开发区域的人口转移,发展成为支撑区域经济发展和人口集聚的重要载体,带动整个区域的发展。

图7-2-3　面向南亚东南亚海陆双通道外向型南贵昆三中心—外围城市群落示意图

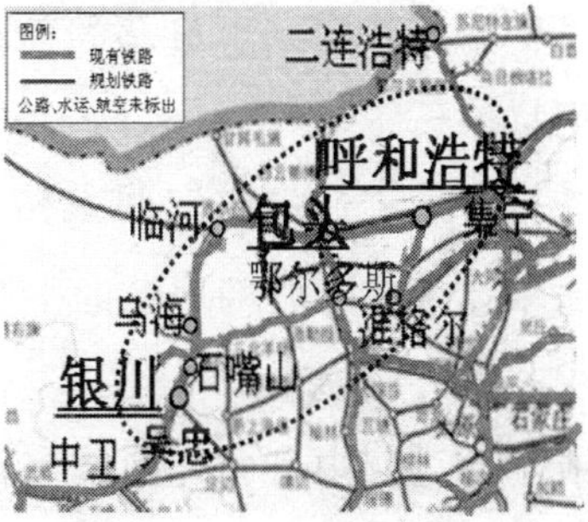

图7-2-4　接京津辐射面向蒙俄独具民族特色的呼包银三中心—外围城市群落示意图

　　除上述四个重点多中心—外围城市群落以外,在新疆的天山北麓、西藏的局部地区也可适度发展群落态城镇,成渝双中心—外围、南贵昆三中心—外围、西兰双中心—外围、呼包银三中心—外围城市群落作为中国西部多中心—外围城市群落发展的重点区域,各城市群落之间经由铁路干线、高速公路和民航网络相互连通与联动,作为西部经济发展的主体空间依托,支撑西部地区乃至全国经济的发展和人口的集聚。

7.2.3　西部城市群落的未来格局:◇形成渝西兰四中心—外围城市群落

　　在成渝双中心—外围、南贵昆三中心—外围、西兰双中心—外围、呼包银三中心—外围城市群落等西部重点多中心—外围城

市群落发展到一定阶段、各重点多中心—外围城市群落内部整合
完成、实现城市群落的全面协调互动发展之后,依托更具发展实
力的重点产业群落、更具科学性的制度安排、更便捷的陆空综合
经济网络通道,中国西部城市群落的发展可适时地推动四大重点
多中心—外围城市群落跨空间再整合,即把成渝双中心—外围、
南贵昆三中心—外围、西兰双中心—外围、呼包银三中心—外围
城市群落进行再次空间重构,以成都、重庆、西安、兰州四大中心
城市作为整个西部地区的中心,培育中国西部 ⧖ 形成渝西兰四
中心—外围城市群落(图7-2-5、图7-2-6)。中国西部未来的
成渝西兰四中心—外围城市群落以现有成渝铁路、成都—宝鸡—
西安铁路、重庆—达州—安康—西安铁路、西陇海兰新铁路及拟
建中的成都—兰州铁路、重庆—兰州铁路为主要通道形成 ⧖ 形
交通网络,以成渝双中心—外围城市群落和西兰双中心—外围城
市群落为核心区,以南贵昆三中心—外围城市群落、呼包银三中
心—外围城市群落以及天山北坡乌昌城市群落为外围区,以主要
铁路和公路联通各区域城市群落进而支撑整个西部地区的经济
社会发展,而把其他生态环境脆弱、人口与经济承载能力有限的
广大地区作为限制和禁止开发区。中国西部未来的成渝西兰四
中心—外围城市群落既可作为中国西部城市发展的核心区域承
载西部城市化的历史任务,也可作为中国西部开发的核心区域承
载西部经济社会发展的历史任务,从而建立起中国西部社会经济
文化生态发展的整体空间格局。

7.3 成渝双中心—外围城市群落发展的实证研究

成渝地区是中国西部经济相对发达、城市分布相对密集、超
大城市地位突出、城市体系结构失衡、城乡二元结构凸显、区域协

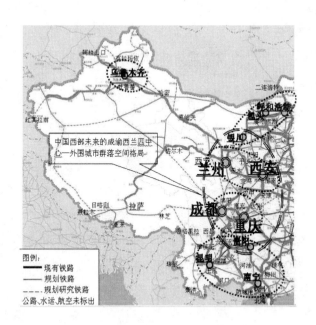

图7-2-5　中国西部未来⬦形成渝西兰
四中心—外围城市群落空间格局示意图

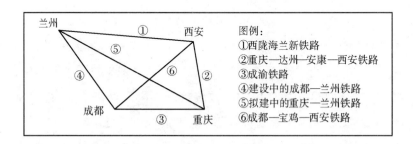

图7-2-6　中国西部未来⬦形成渝西兰
四中心—外围城市群落空间格局图解

调发展受阻的典型地区。从经济发展基础和城市发展本底来看,
成渝地区拥有培育双中心—外围城市群落的较好基础,但由于支

撑城市群落发展的产业群落发展不足,以及城乡、区际协调互动发展等制度安排的缺失,仍需在产业发展和制度安排的支撑下进行空间重构方能培育发展成为成渝双中心—外围城市群落。

7.3.1 成渝城市群落发展现状及问题分析

7.3.1.1 成渝城市群落发展现状分析

基于 2007 年 4 月 2 日签署的《重庆市人民政府四川省人民政府关于推进川渝合作共建成渝经济区的协议》,成渝经济区以成都、重庆两个超大城市为中心,在地理空间上包括四川 14 个市和重庆 23 区县,其中四川省辖区包括成都、绵阳、德阳、内江、资阳、遂宁、自贡、泸州、宜宾、南充、广安、达州、眉山、乐山等 14 个市;重庆则包含主城 9 区、潼南、铜梁、大足、双桥、荣昌、永川、合川、江津、綦江、长寿、涪陵、南川、万盛、武隆等 23 个区县,面积 15.5 万平方公里。2008 年 1—6 月,成渝经济区 GDP 总量 6565 亿元,占全国的 4.5%、西部的 27%、川渝的 88%。而由著名经济学家林凌任组长完成的课题研究成果《共建繁荣:成渝经济区发展思路报告》则将重庆市除黔江、酉阳、秀山外的 37 个区县(市)全部划入了成渝经济区范围,再加上四川的 14 个市,成渝经济区的幅员面积达到 20.28 万平方公里。如果从广义的成渝经济区范围界定,成渝经济区在四川省辖区内大致包括成都平原经济区、川南经济区、川东北经济区三大次级经济区,在重庆市辖区内大致包括重庆都市经济圈、渝西经济走廊、三峡库区生态经济区三大次级经济区。

与成渝经济区的次级经济区相适应,成渝地区城市群落也大致形成了几大次级城市群落,即四川境内的成都平原城市群落、川南城市群落、川东北城市群落和重庆辖区的重庆都市发达经济圈、渝西走廊城市群落、三峡库区生态城市群落等,各次级城市群落的社会经济发展水平呈现出一定的差异性,支柱产业也呈现出一定的特色(表7—3—1)。

表7—3—1 成渝经济区次级城市群落发展状况(2007)

次级城市群落	中心城市	次级中心或外围城市	人口(万人)	GDP(亿元)	面积(平方公里)	支柱产业
成都平原城市群落	成都市	德阳、绵阳、眉山、资阳	2873.2	5363.79	53778	电子信息、重大准备、冶金、食品、汽车、石油化工、新材料、商贸、农业、旅游、物流
川南城市群落	自贡、宜宾、泸州、内江、乐山	辖区内的相关市、县、区	2114.9	2154.68	48115	能源、天然气化工、盐化工、名酒、有机化工、硫磷化工、造纸、旅游
川东北城市群落	南充、遂宁、达州、广安	辖区内的相关市、县、区	2250.4	1662.33	40739	食品、纺织、能源、建材、天然气化工
重庆都市发达经济圈	重庆市	主城区9大市辖区		1793.37	5473	汽车制造、装备制造、仪器仪表、电子信息、冶金、生物制造、化工、商贸物流、金融
渝西走廊城市群落	江津、永川、合川	万盛、潼南、綦江、南川、双桥等9区县	2816.0	1113.76	18828	汽车、摩托车零部件产业,纺织、皮革、建材
三峡库区生态城市群落	万州、涪陵、黔江	武隆、彭水、长寿、丰都、奉节、梁平等16个区县		1215.38	58102	农业、旅游、食品

资料来源:《四川统计年鉴2008》、《重庆统计年鉴2008》,经过整理。

7.3.1.2 成渝城市群落发展面临的困境

从成渝城市群落的发展现状来看,虽然城市群落的发展已经具有了一定的基础,但城市结构失衡、经济基础薄弱、制度空间不足的困境依然存在,并构成了成渝城市群落进一步发展的强大障碍。

从成渝城市群落区域内已经初步形成的几大次级城市群落

的城市体系结构来看,成都平原城市群落以超大城市成都市为发展极点但却缺少相应的大城市作为支撑,而重庆都市圈城市体系结构中除重庆外的大城市的缺乏则更为明显。除此之外,川南城市群落、川东北城市群落、渝西走廊城市群落以及三峡库区城市群落各自的中心城市充其量只是中等城市,面临的问题则是缺少能引领城市群落发展的大城市或特大城市。除了缺乏大城市或特大城市作为发展极点外,川南城市群落、川东北城市群落、渝西走廊城市群落以及三峡库区城市群落的外围城市大多是一些县及县级市,因此也同时面临着外围城市发展能力不足的困境。

除了城市体系结构失衡以外,成渝城市群落中各次级城市群落除了成都平原城市群落和重庆都市发展经济圈经济发展水平相对较高以外,各次级城市群落发展的经济基础较薄弱,这主要表现为农村经济发展滞后、城市发展的产业集群支撑能力不足、城市群落发展缺乏产业关联发展的支撑等。基于上文的分析,西部城市群落的发展除了城市体系结构失衡和经济基础薄弱之外,还面临着制度安排缺陷的制约。地处西部的成渝城市群落的发展同样面临着西部城市群落发展面临的制度安排缺陷的影响和制约。因此,推动成渝城市群落发展的策略也是在经济基础培育和制度空间拓展支撑下对其进行空间重构,培育与发展成渝双中心—外围城市群落。

7.3.2 成渝双中心—外围城市群落发展的经济基础培育

7.3.2.1 成渝城市群落内现有产业发展基础

产业发展,其是现代制造业、现代服务业和现代农业的发展是现代城市发展的物质基础,而产业群落,尤其是现代集群式产业群落的发展则是现代城市群落发展的物质基础。从成渝城市群落的产业基础来看,在四川省内的成都平原城市群落、川南城市群落、川东北城市群落初步形成了高新技术产业、装备制造及机械工业产业、能源及化工产业、钢铁新材料及冶金工业产业、食品加工及饮料产业五大特色优势产业。在重庆区域内的重庆都市圈、渝西走廊城市群落以及三峡库区城市群落初步形成了汽车摩托车、化工、冶金三大支柱产业和机械设备制造、电子信息、建筑建材、日用陶瓷及电光源、日用化学制品业和食品业六大优势产业,各城市群落的特色优势产业发展都具有了一定的规模效应(表7—3—2、表7—3—3)。

表7—3—2　四川省特色优势产业发展概括(2006)

特色优势产业群	特色优势产业	重点企业及科研院所	布局城市	产业产值(亿元)
高新技术产业群	电子信息产业	数字家电产业	长虹、九洲、安成、奥晶等	成都、绵阳、德阳、乐山等城市	总产值362.82;工业增加值119.12
		集成电路产业	英特尔、中芯国际、成都宇芯、成芯等		
		网络及通信产业	长虹、迈普、大唐等生产企业及爱立信、诺基亚、西门子、华为、中兴等在川研发机构		
		软件产业	神州数码、迈普、银海、索贝、摩托罗拉等		
		军工电子产业	中电集团十所、二十九所、三十所、九洲、081等		
	医药产业	中药产业	成都地奥、雅安三九、康弘制药华西药业、峨眉山现代中药等	成都、雅安、峨眉山	工业总产值213.56;工业增加值87.61
		化学医药产业	华神集团、康弘药业、维奥制药资阳世红生物、绵阳金星药业、绵阳利尔化工、成都联邦制药	成都、绵阳、资阳、彭州	

中国西部城市群落空间重构及其核心支撑

（续表）

特色优势产业群	特色优势产业		重点企业及科研院所	布局城市	产业产值（亿元）
装备制造及机械工业产业群	重大技术装备制造业	大型发电成套设备	东方电气集团及其所属东电、东汽、东锅、东风；四川锅炉、核动力院、西南电力设计院、812厂等	德阳、成都	工业增加值523.8
		大型冶金化工成套设备	二重集团、东方锅炉、西南化工、三洲川化机、四川锅炉、攀长钢等	德阳、成都、攀枝花	
		大型冶金化工成套设备	二重集团、成都神钢、长起、四川建机、邦立重机、新筑路桥等	德阳、成都	
		石油、天然气成套设备	川油宏华、自贡高阀、成都天然气压缩机厂、四川石油总机厂、四川金星压缩机厂等	成都、自贡	
		大型环保成套设备	中国工程物理研究院、东锅、四川锅炉、航天院、金海环保、人福生物、清源等	绵阳、成都	
		航空航天与空中交通管制系统成套设备	川大智胜、九洲、空气动力中心、成飞、成发、成飞研究所、四川航天技术研究院、中国燃气涡轮研究院等	成都、绵阳、德阳	
		数控技术及设备	西南自动化研究所、宁江机床、长征机床、广泰实业、成都量具刃具、自贡硬质合金、四川大学、西南交大、电子科大等	成都、绵阳、德阳、自贡	—
	机械及汽车工业	机械工业	二重、东电、资阳机床、长征机床、宁江机床、邦立重机、长起等	—	—
		机车车辆制造业	资阳机车厂、眉山车辆厂、成都机车车辆厂、成都飞机公司、西南交大、铁二院、中铁23局	成都、资阳、眉山	
		汽车及零部件产业	资阳南骏、成都王牌、四川银河、一汽四川丰田、四川汽车工业集团、华晨金杯等	成都、资阳	工业总产值284.63；工业增加值47.34

（续表）

特色优势产业群	特色优势产业		重点企业及科研院所	布局城市	产业产值（亿元）
能源及化工产业群	能源产业	电力工业	二滩、瀑布沟、溪洛渡、向家坝、锦屏	—	工业增加值272.4
		煤炭工业	川煤集团、芙蓉集团、攀枝花集团、嘉阳煤矿、川南煤业	—	
	化学工业	天然气化工产业	川化、泸天化、川天华、泸州北方化工、美丰化工、玖源化工、中昊晨光、西南化研院、川橡集团	泸州、达州、广安、遂宁、巴中	
		氯碱化工产业	宜宾天原、自贡鸿化、金路股份、华融化工、巨星化工、昌宏化工、蓬莱盐化	自贡、宜宾	
		芒硝产业	川眉芒硝、南风同庆、禾昌化工	眉山	
钢铁、新材料及冶金工业产业群	钢铁工业	优质钢铁产业	攀钢集团、川威集团、达州钢铁集团、西昌新材业、德胜钢铁、龙蟒集团、西南不锈钢	攀枝花、成都、达州、西昌	—
	新材料产业	钒钛新材料产业	攀钢集团、龙蟒集团、西昌新材业		
		稀土产业	四川瑞泽科技、冕宁方兴稀土公司、成都宏明电子科大新材料公司、成都四能稀土实业公司、成都银河磁体、绵阳西磁公司等	攀枝花、成都、绵阳	
	冶金工业	金属铝及铝加工产业	四川启明星、广元启明星、其亚铝业、华西铝业	眉山、广元、乐山	
食品加工及饮料产业群	饮料产业	白酒产业	五粮液集团、剑南春集团、泸州老窖集团、全兴集团、沱牌集团、郎酒集团	宜宾、泸州	—
		啤酒产业	华润蓝剑公司	—	
		软饮料产业	娃哈哈、统一食品、成都汇源、佳美食品、统力食品、润田食品、蓝剑饮品	成都	
	烟草产业	烟草产业	成都卷烟厂、什邡卷烟厂	成都、什邡	
	食品加工产业	粮油制品产业	川粮米业、川粮粉业、白家食品、金石粮粕、雄健实业	成都	
		肉食品加工	新希望、高金、四海	成都	
		果蔬产品	新繁食品、李记食品、广乐食品、蓝田食品	成都	
		饲料产业	新希望、通威、正大	成都	

资料来源:四川省经济委员会编:《四川工业年鉴2007》,成都:四川出版集团、四川科学技术出版社,2007经过整理。

注:《四川工业年鉴2007》把四川特色优势产业划分为四大类,本研究重组为五大类。

表7－3－3　重庆市特色优势产业发展概况

特色优势产业群	特色优势产业		重点企业及科研院所	布局城市（区域）	存在的问题
汽车、摩托车产业群	汽车产业	汽车整车生产	长安公司、庆铃集团、长安福特公司、长安铃木公司、力帆集团、重庆重型汽车集团、重庆宇通集团、迪马特种汽车公司、金冠特种汽车制造厂、重庆重汽专用汽车公司、先导专用汽车制造厂	重庆市	产业整体开发和创新能力较低;零部件产业缺乏高端技术产品,产业集群不完善;服务体系不健全,信息化程度低
		汽车零部件配套产业	江陵、青山、綦齿、西源、长风、长江依之密、海陵	—	
		汽车研发	重庆大学、重庆交通学院、重庆邮电学院、重庆工学院	重庆市	
	摩托车产业	摩托车生产及研发	力帆集团、嘉陵	—	
化工产业群	天然气化工产业	天然气化工、精细化工、新材料、新能源产业	中石化四川维尼纶厂、扬子乙酰化工公司、化医控股(集团)公司、永川化工厂	长寿化学工业园区、永川	产业整体自主研发能力较低;产业链未能成熟发展;面临国内外市场的激烈竞争压力
		农用化工产业	建峰化工总厂、涪陵化工股份公司	涪陵化肥工业园区	
	盐碱、天然气合成化工产业	盐气、化学材料产业	索特集团	万州盐气化工园区	
	化工研发		重庆大学、重庆化工研究院	重庆市	
	医药化工	中成药产业	太极集团	涪陵	

（续表）

特色优势产业群	特色优势产业		重点企业及科研院所	布局城市（区域）	存在的问题
冶金、机械与装备制造产业集群	交通运输设备制造业	船舶（船舶、船用主机及各类配套件、船用仪器仪表）	16家大中型船舶企业	—	地处内陆，内引外联力度不够；条块分割，自我封闭发展；成套能力较差，没有形成有机的、强大的产业链；产品开发和技术创新能力薄弱
	金属制品业、通用设备制造业、专用设备制造业	内燃机、机床工具（齿轮加工机床，齿轮检测仪器和齿轮加工刀具）	—	—	
	电气机械及器材制造业	大型输变电设备和水电设备（大型超高压电力变压器、大型冲击式水轮发电机组）	—	—	
	仪器仪表及文化办公机械制造业	仪器仪表、仪表传感元件、压力/差压变送器	四联仪器仪表集团	—	
	军工制造业	武器装备（兵器、通信设备、舰船设备等现代化军事装备）	—	—	
高新技术与电子信息产业群	电子及通信设备制造	—	—	—	
特色优势农产品生产与加工产业群*	优质柑橘生产与加工产业	优质柑橘生产产业	澳门恒河企业、重庆三峡建设集团、北京汇源重庆柑橘技术发展中心、北京汇源集团万州公司、忠县施格兰、巫山福田果园、西南大学、中国农科院柑橘研究所等	江津、长寿、忠县、开县、万州、永川、巫山等19个区县	生产分散、品质不高、加工处理能力低、市场竞争能力弱、市场占有率有限
		优质柑橘加工产业		万州、永川、忠县、长寿、涪陵、丰都、梁平等	
		优质柑橘商品化处理产业		江津、万州、奉节、永川等	
	蔬菜加工产业		涪陵榨菜集团	涪陵	—

资料来源：①王金祥、姚中民：《西部大开发重大问题与重点项目研究（重庆

卷)》,中国计划出版社,2006。②《关于大力发展重庆市装备制造业的研究》,http://www.tt91.com.2005—8—2。

    * 注:特色优势农产品生产与加工产业群为《重庆市百万吨优质柑橘产业化规划研究项目》提出的重庆市特色优势产业发展规划。

表 7-3-4　成渝城市群落次级城市群落重点支撑产业、
主体空间及主要经济网络

城市群落	重点支撑产业	城市群落主体空间	主要经济网络
成都平原城市群落	以发电设备、重型装备、工程机械和机车车辆为代表的重大装备制造业,以电子信息、航空航天、核技术和生物技术为代表的高技术产业	以特大城市成都为中心、以德阳、绵阳、眉山、资阳等中等城市及其他中小城市为外围的中心——外围城市群落	铁路、公路网、航空等有形经济网络及无形经济网络
川南城市群落	以水电和煤炭为代表的能源产业;以化肥、甲醇、氯碱为代表的化学工业;以工程机械和大型锅炉为代表的重大装备;以名酒和茶叶为代表的饮料业;以差别化纤维和高档面料为主的化纤纺织工业	以自贡、宜宾、泸州、内江、乐山 5 个中等城市为中心组成的多中心块状地域松散型城市群落	铁路、公路、长江黄金水道等有形经济网络及无形经济网络
川东北城市群落	以化肥为代表的天然气化工,以丝麻纺织为代表的农产品加工业	以南充、遂宁、达州、广安等中等城市为中心组成的多中心块状地域松散型城市群落	铁路、公路、水运等有形经济网络及无形经济网络
重庆一小时城市经济圈	汽车摩托车、化工、冶金三大支柱产业和机械设备制造、电子信息、建筑建材、日用陶瓷及电光源、日用化学制品业和食品业六大优势行业	以特大城市重庆市为中心、以合川、永川、江津、涪陵等中等城市及其他中小城市为外围的中心——外围城市群落	铁路、公路、航空、长江黄金水道等有形经济网络及无形经济网络

    从表 7-3-2 和表 7-3-3 成渝城市群落的产业分布来看,各次级城市群落的重点支撑产业也已初步形成一定的地域特色,如成都平原城市群落的重点支撑产业是以发电设备、重型装备、工程机械和机车车辆为代表的重大装备制造业,以电子信息、航空航天、核技术和生物技术为代表的高技术产业。川南城市群落的重点支撑产业是以水电和煤炭为代表的能源产业,以化肥、甲醇、氯碱为代表的化学工业,以工程机械和大型锅炉为代表的重

大装备,以名酒和茶叶为代表的饮料业,以差别化纤维和高档面料为主的化纤纺织工业能源化工和食品饮料产业。川东北城市群落的天然气化工产业具有优势。汽车摩托车、化工、冶金三大支柱产业和机械设备制造、电子信息、建筑建材、日用陶瓷及电光源、日用化学制品业和食品业六大优势产业则是重庆1小时城市经济圈的支撑产业(表7-3-4)。

7.3.2.2　区域产业群落到区际产业群落的培育

基于成渝城市群落现有产业基础,成渝双中心—外围城市群落支撑产业的培育必须高度重视产业集中、产业整合、产业聚集和产业集群建设。依托大企业整合带动中小企业,基于产业的前向、后向、旁侧关联加强产业内上下游企业的配套协作,聚集中小企业实现规模发展,把产业集群的发展放在突出位置,充分发挥产业集群的乘数效应、外部效应、创新效应和制度效应,形成有特色的本地化产业氛围和产业综合竞争力。针对成渝城市群落内各次级城市群落产业发展的实际,当前应在推进产业集中发展的基础上实施大规模的产业整合战略,政府引导与市场调节相结合,把各次级城市群落内产业的整合聚集作为"十一五"期间培育重点产业集群的基础环节,把以大企业带动大产业、促进产业整合、加快产业集群的形成、延伸产业发展链条、重点培育纵向产业集群作为各次级城市群落产业集群和产业发展的重要途径,形成区域产业群落。在区域选择上,成都平原城市群落以成(都)绵(阳)电子信息产业集群和成(都)德(阳)的装备制造产业集群为重点产业集群整合区内相关产业培育区内重点产业群落。川南城市群落以泸(州)自(贡)化工产业集群和宜(宾)泸(州)食品饮料产业集群为重点产业集群整合区内相关产业培育区内重点产业群落。川东北城市群落以化工产业集群为重点产业集群整合区内相关产业培育区内重点产业群落。由于三峡库区远离重庆都市区,现阶段还难以对其进行整合,但可考虑把重庆都市发达经济圈与渝西走廊城市群落整合为"重庆一小时经济圈"。"重庆一小时经济圈"以汽车摩托车产业集群、化工产业集群、冶金、机械设备制造产业集群、电子信息产业集群为重点产业集群整合区内相关产业培育区内重点产业群落。

在各次级城市群落以重点产业集群为核心的区域重点产业群落发展到一定水平时,下一阶段成渝双中心—外围城市群落支撑产业的培育应从各次级城市群落内的产业聚集、产业整合扩展到各次级城市群落之间,实现产业的跨区纵向、横向和综合产业聚集和产业整合,培育成渝双中心—外围城市群落内电子信息、冶金与机械设备制造、装备制造、汽车摩托车、化工以及食品饮料等重点产业集群。区际电子信息产业集群以整合上一阶段培育成的重庆和成都平原城市群落电子信息产业集群为重点,区际冶金与机械设备制造产业集群以整合重庆、川南、成都平原城市群落的相关产业集群为重点,区际装备制造产业集群以整合重庆、成都平原城市群落的相关产业集群为重点,区际汽车摩托车产业集群以整合重庆、成都平原城市群落的相关产业集群为重点,化工产业集群以整合重庆、川南、川东北城市群落的相关产业集群为重点,成渝双中心—外围城市群落以重点产业集群为基础整合城市群落内相关产业形成区际重点产业群落,最终建成成渝产业带作为成渝双中心—外围城市群落发展的产业基础。

7.3.2.3 经济网络培育

经济网络作为管脉对于成渝双中心—外围城市群落内经济活动的有效运行、经济要素的合理流动与优化配置、产业关联发展与城市联动发展具有极为重要的影响。成都和重庆相距 340 千米,川南城市群落和川东北城市群落地处成渝之间,从有形经济网络的角度看,成渝双中心—外围城市群落各次级城市群落之间主要以公路、铁路伴以少量水运、航空为联系通道。但是,在成渝双中心—外围城市群落内现有主要有形经济网络中,成渝高速公路因路况和收费等原因,其作为成渝间最为重要的交通枢纽的经济网络作用被大大削弱,成渝铁路由于硬件设施的限制,其通达能力也越来越有限,泸州港与重庆港因自然条件和体制原因使得川江航运和长江航运的联通一直面临严重障碍,成渝两地的直达航班也极其有限。因此,成渝双中心—外围城市群落内有形经济网络的培育除了现有铁路、公路、水运、航空运输的存量扩展外,更重要的是增量的扩展,如急需拓展成都—遂宁—重庆高速铁路运力和成渝快速客运专线铁路点对点快速通道能力、加快成都—遂宁—重庆高速公路建设和区域环线快速通道建设、逐步打通川江航运与长江航运、大量增加成渝直达航班等,扩展城市群落内各层级之间的相互通达性。除了有形经济网络的培育外,成渝双中心—外围城市群落内无形经济网络因为原有基础极为薄弱而需要予以强化,尤其需要强化信息、技术、经验等无形经济网络的培育与发展。在信息网络的培育中,可以充分利用成都、绵阳、重庆现有的信息基础设施和信息技术优势,构建通达成渝双中心—外围城市群落内、联通国际的信息网络,同时大力推进企业信息化水平,以信息化促进企业的联系与发展。在技术网络的培育上,需要强化成都、绵阳、重庆等地的科研机构、大学和企业之间的协作与交流,形成高效率的区域创新网络,促进科研机构的科研成果经由企业实现产业化的转化能力,大企业的技术溢出效应经由知识扩散渠道引领中小企业的发展。在经济网络的培育上,重点是要强化成渝双中心—外围城市群落内的溢出效应,以溢出效应强化产业的集群化发展。

7.3.3 成渝双中心—外围城市群落发展的制度安排

7.3.3.1 城乡关系的重构

由于长期以来的"城市偏向"和"农村忽略",中国的城乡二元结构极其顽固,且带有浓厚的制度、经济、文化以及社会惯性,使得城乡二元结构有极为强烈的自我强化力而促使城乡二元结构鸿沟进一步扩大。西部地区在整体上作为中国的欠发达地区,城乡二元结构更为显著,也更具有自我强化的惯性力。成渝地区虽然是中国西部经济相对较为发达的地区,但城乡二元结构依然极为突出。农村的持续落后必然影响到城市,并最终影响到整个区域的发展。因此,在成渝双中心—外围城市群落发展进程中首先需要对城乡关系进行重构。

城乡关系的重构目前急需要解决的是废除历史以来形成的各种"城市偏向"和"农村忽略"制度,其最终目的在于消除城乡二元结构,实现城乡协调发展。针对成渝城市群落范围内区域之间的发展差异,可在不同地区实施差别化政策。成都市和重庆市作为国家"统筹城乡综合配套改革实验区"既拥有政策上的先试先行优势,同时成都与重庆两都市区又有着较好的自然地理条件,因此可以在成都市域范围内和重庆都市发达经济圈逐步实施城乡一体化政策,以逐步缩小城乡差别、最终实现城乡一体化发展。川南、川东北、渝西走廊及三峡库区城市群落区域不仅农村发展落后,而且城市经济发展水平也有限。因此,这些区域应尽快实施统筹城乡发展政策,以逐步缩小城乡差距,实现城乡协调发展。城乡关系的重构除了在政策层面实现城乡均衡外,在经济上要实现城乡联动发展,在文化上实现城乡互引推动,最终把乡村发展成为成渝双中心—外围城市群落可持续发展的坚实腹地,而中心城市、次级中心城市及外围城市发展成为乡村要素升级的集聚空间。

7.3.3.2 区际协调互动发展机制的培育

在文化冲突、行政冲突、区域分割为主体的制度障碍下,成渝双中心—外围城市群落培育的前提及保障是制度安排下的区际协调互动发展机制的培育。针对四川"蜀文化"与重庆"巴文化"之间地域文化排他性产生的文化冲突,政府和民众都应从和谐发展的战略高度"求同存异",推进巴蜀文化的调适与融合,积极弘扬巴蜀文化的精髓,形成以巴蜀文化促进成渝双中心—外围城市群落协调互动发展的良好氛围。针对成渝两地因历史恩怨与现实争夺形成的行政冲突,两地民众及其政府领导需摒弃前嫌,着眼两地合作发展的大局,以合作化解对立,以互动取代分割,以开放突破封闭,建立两地间紧密的行政联系,并以紧密的行政联系推动紧密的经济与文化联系,尽可能跨越因自然、历史、体制等因素导致的区域竞争协作发展障碍。对于因产业同构与市场分割造成的区域冲突,要在打破体制坚冰、强化政府协作的基础上,以完善的市场经济体制诱导生产要素在两地的自由流动,特别要针对已有产业,各次级城市群落之间可通过产业整合和产业集群在竞争协作基础上实现区际主导产业和优势产业的共同发展。为防范新布局产业的同构,各次级城市群落之间可通过建立竞争基础上的规划互动避免重复建设而实现关联配套发展。针对区际市场分割,各次级城市群落之间须由政府出面,以各职能部门的协调行动为主导,以区际大市场观念消除地方市场保护主义为核心,培育开放型区际市场,实现区际市场的管理互动与互动发展。通过发展各种形式的文化交流、管理互动、产业融合和市场开放大幅度推进成渝双中心—外围城市群落的空间整合。

7.3.3.3　市场经济体制完善和行政管理体制改革

区域封锁和市场分割在本质上是市场经济体制不完善背景下所反映出的违背市场规律的人为干预市场运行的行为。区域封锁和市场分割既影响着生产要素在成渝双中心—外围城市群落内部的自由流动与优化配置,也制约着城市群落内的生产分工程度和交易效率。因此,成渝双中心—外围城市群落的培育,在经济运行制度上需要推进市场经济体制的建设与完善,当前最重要的是要在初步建立起市场经济体制框架的基础上完善市场机制要素、培育市场调节环境、增强市场调节能力,尤其是政府部门要自觉按市场经济规律履行社会经济职责,其目的旨在推动要素合理流动与优化配置以及产业合理布局及跨区联动发展等。

除了在经济运行制度上需要推进市场经济体制的建设与完善外,成渝双中心—外围城市群落的培育与发展还需要行政管理体制的改革与创新。如前所述,多中心—外围城市群落的发展受到行政区划制度、城市设置制度及城市管理制度等行政管理体制的影响和制约,因此,成渝双中心—外围城市群落的发展过程中应根据城市群落的发展需要与时俱进地进行行政区划制度、城市设置制度及城市管理制度等制度与体制的发展与创新,这既在于消除制度障碍,也在于以制度的力量推动成渝双中心—外围城市群落的发展。

需要明确的是,本研究之所以强调城乡协调互动机制、区域协调互动机制、市场经济体制以及行政管理体制,是因为这几项制度及体制在当前阶段更为突出,而并不意味着只需要这几项制度及体制就能支撑成渝双中心—外围城市群落的发展,成渝双中心—外围城市群落的发展需要的是一个完整而科学的制度体系的支持与保障。

7.3.4　产业和制度支撑下的成渝双中心—外围城市群落的培育

7.3.4.1　成渝双中心—外围城市群落的培育路径

从城市群落的成长机制来看,成渝双中心—外围城市群落的培育需要制度安排和产业群落的核心支撑。从成渝双中心—外围城市群落各次级城市群落已有的物质基础来看,成渝双中心—外围城市群落已发展到城市群落成长的第二阶段,即区域产业群落支撑区域城市群落发展的阶段。因此,在综合考虑成渝双中心—外围城市群落已有物质基础及面临制度障碍的基础上,成渝双中心—外围城市群落的培育思路应是:以培育城乡协调互动和区际互动发展机制消除成渝双中心—外围城市群落发展的制度障碍为保障,以有形及无形经济网络的存量及增量扩展为基础通道,现阶段的重点是在各次级城市群落内培育区域重点产业群落,以区域重点产业群落支撑各次级城市群落联动发展;下一阶段的重点是跨次级城市群落培育区际重点产业群落,以区际重点产业群落支撑成渝双中心—外围城市群落的联动发展,最终发展成为成渝双中心—外围城市群落(图7-3-1)。

7.3.4.2　成渝双中心—外围城市群落的培育阶段

产业发展是城市发展的物质基础、产业群落是城市群落的物质基础、产业关联更是城市群落关联发展的基础载体。基于成渝双中心—外围城市群落物质基础的产业群落发展的进程,作为产业群落空间载体的城市群落的培育也需要经历两个主要阶段。现阶段重点是在各次级城市群落重点产业集群培育和区域重点产业群落的支撑下,各重点产业集群通过与城市生产要素的融合配置,形成区域创新网络,并通过区域创新网络的聚集效应、极化效应和扩散效应构建区域城市群落。成都平原城市群落以电子信息产业集群和装备制造产业集群等重点产业群落为支撑,构建以特大城市成都市为中心、以德阳、绵阳、眉山、资阳等中小城市为外围的成都平原中心—外围城市群落;川南城市群落以化工产业集群和食品饮料产业集群等重点产业群落为支撑,构建以自贡、宜宾、泸州、内江、乐山 5 个中等城市为中心,其他市县为外围的川南城市群落;川东北城市群落以化工产业集群等重点产业群落为支撑,构建以南充、遂宁、达州、广安等中等城市为中心,其他市县为外围的川东北城市群落;"重庆一小时经济圈"以汽车摩托车产业集群、化工产业集群、冶金、机械设备制造产业集群、电子信息产业集群等重点产业群落为支撑,构建以特大城市重庆市为中心,以合川、永川、江津、涪陵等中等城市及其他中小城市为外围的大都市型中心—外围城市群落(图 7-3-1)。

在各次级城市群落内部整合完成,发展到一定阶段时,下一阶段,成渝双中心—外围城市群落的培育应从各次级城市群落扩展到各次级城市群落之间,以跨区整合发展形成的电子信息产业集群、冶金与机械设备制造、装备制造产业集群、汽车摩托车产业集群、化工产业集群以及食品饮料产业集群等重点产业集群为支撑,构建以成都市、重庆市为中心,以德阳、绵阳、眉山、资阳、自贡、宜宾、泸州、内江、乐山、南充、遂宁、达州、广安、合川、永川、江津、涪陵等大中城市为次级中心,以其他中小城市为外围,以广大农村为腹地的成渝双中心—外围城市群落,最终形成成渝经济带产业发展的空间载体(图 7-3-1)。

7.3.4.3 成渝双中心—外围城市群落的空间格局

在产业群落和制度安排的核心支持下培育与发展起来的成渝双中心—外围城市群落在地理空间上呈现的是"双中心"、"多

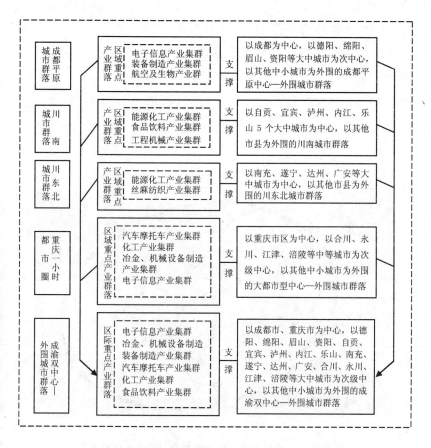

图 7—3—1 成渝双中心—外围城市群落培育示意图

圈层"、"群落状"空间格局(图7—3—2)。"双中心"指的是该城市
群落以成都市和重庆市两个超大城市为增长和引领"极点",以两
个超大城市的合力引领整个城市群落及整个经济区域的发展。
"多圈层"包含两层意思,一是指在城市群落层级结构上呈现多圈
层格局,即在次级城市群落上以成都平原城市群落和重庆都市经
济圈为中心圈层,以川南城市群落、川东北城市群落、渝西走廊城
市群落为外围圈层,以广大的农村为腹地;二是在城市规模层级
结构上呈现多圈层格局,成都和重庆是为第一层级,培育发展起

来的其他大城市为第二层级,中小城市为第三层级,农村为第四层级。"群落状"指的是城市群落的空间展布与地理环境与生态承载相适应,"宜稀则稀"、"宜密则密"、"稀密有度",而不像长三角、珠三角等东部沿海地区城市发展的群状密集形成都市连绵区。

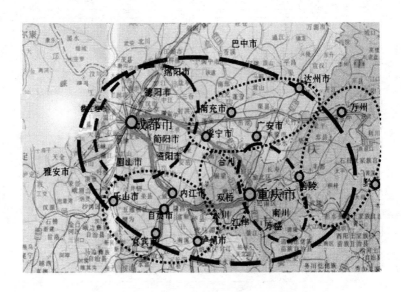

图7-3-2　成渝双中心—外围城市群落的空间格局示意图

第八章　主要结论与研究展望

本研究以"中国西部城市群落空间重构及其核心支撑研究"为选题,在对城市及城市群体形成与发展理论进行梳理与扩展、对中国西部城市群体发展的特殊历史路径与历史特点进行比较与概括、对西部城市群体发展现状及发展困境进行分析与提炼的基础上,以城市群体引领区域乃至世界经济发展为宏观背景,试图解决"新时期中国西部城市发展应该选择怎样的城市群体空间组织形态、又以什么来支撑这种新型城市群体空间组织形态的发展"等核心问题。在对中国西部城市群落空间重构进行理论探索的基础之上,本研究提出了中国西部多中心—外围城市群落发展的重点区域及西部未来 ⊠ 形成渝西兰四中心—外围城市群落的战略构想,并以成渝双中心—外围城市群落为实证,分析了多中心—外围城市群落的成长阶段,提出了作为多中心—外围城市群落发展核心支撑的经济基础培育路径及制度安排构建策略。

8.1　本研究的基本结论

在上述研究思路和研究框架下,经由理论探讨与实证分析,本研究得出了以下主要结论:

(1)西方发达国家的城市化是在工业化的推动下完成的,而其工业化则是在自由竞争的市场经济制度环境下推进的,因而,西方城市发展理论虽然极其重视产业支撑的推动作用,但却相对缺乏制度建构的相关内涵。从城市及城市群体形成与发展的理论分析来看,无论是区位论中的农业区位论与工业区位论、城市经济学中的比较优势、规模经济和集聚经济理论、空间经济学中的中心—外围理论,还是中心地理论、空间相互作用理论、点轴网络系统理论、外部经济理论、空间经济学城市体系中心—外围理论,西方经典的城市发展理论无一不是从产业发展的视角来研究城市及城市群体的发展演化的,相对于极为重视产业支撑,西方经典的城市发展理论却相对缺乏城市发展制度安排的专门论述。

(2)中国西部城市及城市群体是经由特殊历史路径发展而来的,因而具有鲜明的地域历史特色。封建时代的西部城市发展曾经几度繁荣,但却陷入了"发展—繁荣—衰落—再发展—再繁荣—再衰落"的恶性循环之中;进入近代,西部城市发展在注入一定的资本主义因素后虽然一度有所发展(如开埠口岸城市及抗战时期西部城市的发展),但与全国乃至世界城市发展的差距不但没有缩小,反而越拉越大。建国以后,"156项"及"三线"建设时期依托国家的重点项目投资,中国西部城市获得了飞速发展,与东部城市发展差距也迅速缩小,但改革开放以后,差距旋即迅速扩大。在这种特殊历史路径基础上发展起来的西部城市及城市群体因而带有浓厚的城市发展基础薄弱、城市布点区域集中、城市建设外力推进、城市循环极为封闭等地域历史特征。

(3)经由特殊历史路径发展而来的中国西部城市及城市群体面临着特殊的发展困境。在诸多的困境中,经济基础薄弱是其根本经济障碍;制度空间不足是其根本制度约束;城市结构失衡是其根本结构困境;缺乏产业支撑条件下的城镇行政性拓展,且城市及城市群体网络化发展缺乏产业生长冲动和存在制度障碍阻隔是中国西部城市及城市群体发展面临的最严峻问题。

(4)针对中国西部城市及城市群体发展的经济困境、制度困境和结构困境,基于结构与功能的相互作用原理,破解中国西部城市发展困境的可选路径是在产业和制度支撑下对西部城市群落进行空间重构,培育与发展重点多中心—外围城市群落。虽然城市群、城市带、都市圈等是当今世界城市群体空间组织形态的发展趋势,但中国西部地区不具备大规模发展城市群、城市带、都市圈的自然和经济条件;虽然以克鲁格曼为代表的空间经济学派以较为严谨的数量推导演示了区域与城市群体发展的中心—外围结构,但其理论模型却忽略了产业联系与制度安排对城市群体中心—外围结构演化的"他组织"机制,再则,其构建的单中心—外围结构也不适合西部城市群落空间重构的实际。因此,在综合考虑自然、经济、行政区划、社会历史、文化传统等因素,并在扩展的空间经济学中心—外围模型的基础上,本研究把多中心—外围城市群落作为中国西部城市群落空间重构的空间组织形态。

(5)中国西部的多中心—外围城市群落在理论上可以做出以下初步界定:在发展极点上由多中心(城市)引领与带动城市群落及区域发展;在空间结构上呈多层级、多中心—外围型城市群落层级网络体系;在产业支撑上以不同类型产业发展支撑各层级空间发展,以城市间的产业关联与网络化发展引致中心与外围及腹地间的多向联动与网络化发展,经由产业的层级网络化发展推动城市群落间形成合理的层级网络结构;在制度安排上,城乡之间、相邻城市之间、不同层级城市之间以协调发展与合作竞争取代二元分化与行政分割,以"市场经济区"制度安排取代"行政区经济"制度安排;在城市功能上除强化经济集聚与扩散功能外,还注重城市群落发展的社会和生态综合功能;在地理布局上呈极具生态学意义的群落状展布。

(6)中国西部多中心—外围城市群落的发展培育要突出重点:城镇化要素培育是根本、支撑产业发展是基础、经济网络建设是通道、区域模式选择是重点、制度空间扩展是核心,其中经济基础和制度安排是其核心支撑。产业支撑上突出以产业集群支撑大中城市发展、以现代农业支撑小城镇发展、以产业群落支撑城市群落发展、以产业关联引致城市联动发展并形成合理的层级网络结构;制度空间上除了现有户籍、就业、社保、教育、土地制度的变革与创新外,从更深、更广的层面挖掘并扩展城市群落发展的制度空间。

(7)中国西部多中心—外围城市群落的形成与发展是多因素综合作用的过程,考虑到多中心—外围城市群落发展的自然条件、经济基础和动力机制,以及西部各中心城市对外围城市的吸引力、相邻中心城市之间的相互吸引系数以及中心城市合作竞争的效应获得,从历史和现实出发,并基于主体功能区格局下国家把成渝地区、关中地区、兰银地区、北部湾、滇池盆地、天山北麓地区列为重点开发区,西部大部分地区列为禁止或限制开发区等主体功能定位的区域发展格局下,中国西部的成渝地区、关中地区、兰银地区、南贵昆地区等具有发展多中心—外围城市群落的条件和潜力,可把成渝双中心—外围城市群落、西兰双中心—外围城市群落、呼包银三中心—外围城市群落、南贵昆三中心—外围城市群落作为中国西部城市群落发展的重点区域,在各重点城市群体发展到一定阶段时对其进行再次空间整合、培育中国西部未来的◇◇形成渝西兰四中心—外围城市群落,以重点城市群落的发展引领西部整体社会经济的发展。

8.2　本研究的主要创新

本研究在充分吸收前人研究成果的基础上,在以下研究领域和研究内容方面进行了拓展和创新：

（1）在理论研究上，对西方经典城市及城市群体形成与发展理论进行了梳理与概括，并在空间经济学中心—外围理论模型的基础上，加入产业联系和制度安排要素对空间经济学中心—外围理论模型进行了扩展分析，提出了多中心—外围城市群落的概念性理论框架。

（2）在研究内容上，在对城市及城市群体形成与发展理论进行理论梳理的基础上对空间经济学的中心—外围理论模型进行了扩展分析；在对中国西部城市群体发展路径、发展特点、发展现状、面临困境进行综合分析的基础上，基于扩展的空间经济学中心—外围理论模型提出中国西部城市群落空间重构的空间组织形态是多中心—外围城市群落，并对多中心—外围城市群落进行了初步的理论界定；在定量分析与定性分析相结合的基础上，把成渝双中心—外围城市群落、南贵昆三中心—外围城市群落、西兰双中心—外围城市群落、呼包银三中心—外围城市群落作为中国西部多中心—外围城市群落发展的重点区域，同时前瞻性地提出了中国西部未来⬚形成渝西兰四中心—外围城市群落的战略构想与空间格局，并对多中心—外围城市群落的培育及其产业支撑和制度安排进行了理论分析与实证研究。

（3）在研究视角上，本研究在对中国西部城市群体发展的特殊历史路径与历史特征、发展现状及特殊困境进行深入分析的基础上，因应西部城市发展的现实矛盾，着重针对中国西部城市群落的空间重构、重点区域、经济支持与制度安排等核心问题进行综合性分析和研究。本研究的基本目的是探索建立适应中国西部自然、经济和社会发展特点的多中心—外围城市群落、城市群落发展的重点区域、中国西部城市群落的未来格局以及多中心—外围城市群落发展的经济基础培育与制度安排构建等。

(4)在方法应用上,体现了多种研究方法组合使用的研究特色。应用理论研究方法对空间经济学中的中心—外围理论加入产业联系和制度安排要素后进行了扩展分析,并以扩展后的中心—外围理论模型作为中国西部城市群落空间重构的理论基础;应用历史分析方法对中国西部城市群体发展的特殊历史路径及历史特征进行了梳理与概括;运用定量分析方法基于经验数据对中国西部城市群体的城市体系结构、职能组合结构及发展演化进程进行了时空综合分析;运用空间分析方法分析了中国西部城市群体发展的空间格局、空间特性及空间障碍,并探索西部多中心—外围城市群落发展的空间组织形态、重点区域、区域实现模式及未来空间格局;通过选择重点典型地区、运用实验研究方法探索建立切合西部实际的重点多中心—外围城市群落发展的空间组织形态、空间重构的经济支撑与制度安排及其实施策略等。

8.3 本研究的不足及后续研究展望

作者虽然试图在理论、实证方面做出一定拓展,但由于自身能力和客观条件的限制,本研究仍存在诸多的缺陷和不足,以留待后续研究深化。

(1)理论方面,本研究提出的多中心—外围城市群落理论还只是一个概念性与描述性的理论模型,因此,无论是在理论内涵与外延上,还是在数量推导与表述上都需要后续研究的进一步拓展与完善。这既是后续研究的重点,也是后续研究的理论基础。

(2)本研究重点从产业支持和制度安排两方面探讨了多中心—外围城市群落发展培育的核心支撑问题,由于研究视角的原因,本研究暂未对多中心—外围城市群落发展的微观机制进行分析和推导,这成为本研究的一大缺陷;对多中心—外围城市群落发展微观机制的研究可以使该问题进一步透析,也使该理论更具备微观基础。这也是后续研究需要拓展的关键问题。

　　(3)本研究虽然构建了一个较富逻辑的研究框架,但受篇幅所限,部分研究内容未予充分展开。同时,由于数据资料的难以获得及作者认识水平的制约,尤其是无法获取西部城市群体发展更长时间段的完整序列数据(1998年前后统计口径不一致),致使当初部分研究设想未能得到深入,后续研究还需要面板数据资料充实以作进一步深入实证分析。

参 考 文 献

一、外文论著

[1]Masahisa Fujita, Paul Krugman, and Anthony J. Venables, The Spatial Economy: City, Regions, and International Trade [M]. Cambridge: The MIT Press, 1999.

[2]Strezhneva M. Social Culture and Regional Governance-comparision of the European Union and Post-Soviet Experiences [M]. Commack: Nova Science Publisher Inc, 1999.

[3]Henderson. J. V. Urban Development: Theory, Fact and Illusion[M]. Oxford University Press, 1988.

[4]Mills, E. and P. Nijkamp. Advances in Urban Economics, in Handbook of Regional and Urban Economics, Vol. Ⅱ [M]. Elsevier Science Publishers,1987.

[5]Browing, C. Singelman, J. The Emergence of a Service Society[M]. Springfield, 1975.

[6]John Friedmann. Regional Development Policy: A Case Study of Venezuela[M]. Cambridge: The MIT Press, 1966.

[7]J. R. Boudeville. Problems of Regional Economic Planning[M]. Edinburgh University Press,1966.

[8]Gottman J. Megalopolis: the Urbanization of the Northeastern Seaboard of the United States [M]. Cambridge: The MIT Press, 1961.

[9]Ullman E L. American commodity flow [M]. Seattle: University of Washington Press, 1957.

[10] Ohlin B. Interregional and International Trade [M]. Cambridge: Harvard University Press, 1933.

[11]Daniel A. Hojmana, Adam Szeidlb. Core and periphery in networks[J]. Journal of Economic Theory, 2008(139).

[12]Chun-Chung Au, J. Vernon Henderson. How migration restrictions limit agglomeration and productivity in China [J]. Journal of Development Economics, 2006(80).

[13]Shen J, Wong K Y, Feng Z. State sponsored and spontaneous urbanization in the Pearl River Delta of South China(1980 —1998)[J]. Urban Geography, 2002,23(7).

[14]Masahisa Fujita, Paul Krugman, Tomoya Mori. On the evolution of hierarchical urban systems [J]. European Economic Review, 1999(43).

[15]Chan K W, Zhang L. The hukou system and rural-urban migration in China: processes and changes [J]. China Quarterly, 1999(160).

[16]Wallis. Regions in action: crafting regional governance under the change of global competitiveness [J]. National Civic Review, 1996,85(2).

[17]Masahisa Fujita, Paul Krugman. When is the economy monocentric?: von Thunen and Chamberlin unified[J]. Regional Science and Urban Economics, 1995(25).

[18]Hansen, N. Zhe Strategic Role of Producer Services in Regional Development [J]. International Regional Science Review,1994(1—2).

[19]Pyrgiotis Y N. Urban Networking in Erope [J]. Ekistics, 1991, 50(2).

[20]Kunzmann KR, Wegener M. The Attern of Urbanization in Western Europe [J]. Ekistics,1991,50 (2).

[21] Abdel-Rahman, H. and M. Fujita. Product Variety, Marshallian Externalities,and City Size[J]. Journal of Regional Science, 1990(30).

[22]Hansen, N. Do Producer Sevices Include Regional Economic Develpment [J]. Journal of Regional Science,1990 (4).

[23]Zhou Yi Xing. Definition of Urban Place and Statistical Standards of Urban Population in China: Problem and Solution [J]. Asian Geography,1988,7(1).

[24]Howells, D. and Green, R. Location. Technology and Industrial Organization in UK Services [J]. Progress in Planning, 1986 (2).

[25]Imai, H. CBD Hypothesis and Economies of Agglomeration [J]. Journal of Economic Theory,1982(28).

[26]Ogawa, H. and M. Fujita. Equilibrium Land Use Patterns in a Non-Monocentric City[J]. Journal of Regional Science, 1980(20).

[27]Henderson,J. V. The sizes and types of cities[J]. American Economic Review,1974(64).

[28]Doxiadis CA. Man's Movement and His Settlements [J]. Ekistrics,1970,29 (1).

[29]Edward, J. Taaffe, L. Richard Morrill and R. Could Peter. Transport expansion in underdeveloped countries: a comparative analysis [J]. Geographical Review,1963 (53).

[30]Fei, C. H. and Ranis, G. A Theory of Economic Development [J]. American Economic Review, September, 1961.

[31] Gottman J. Megalopolis or the Urbanization of the Northeastern Seaboard [J]. Economic Geography, 1957,33 (7).

[32]Stouffer S. Intervening opportunities: A theory relating mobility to distances [J]. American Sociological Review, 1940 (5).

[33]Jefferson M. The law of the primate city[J]. Geographical Review, 1939(29).

[34]Singer H W. The"Courbe des populations": a parallel to Pareto's law[J]. Economic Journal,1936(46).

[35]Lotka A J. Elements of phical biology[R]. Baltimore: Williams and Wilkins,1925.

二、中文译著

(1)[英]亚当·斯密著,郭大力、王亚南译:《国民财富的性质和原因的研究》,商务印书馆 1972 年版

(2)[英]阿尔弗雷德·马歇尔著,廉运杰译:《经济学原理》,华夏出版社 2005 年版。

(3)[美]威廉·阿隆索著,梁进社、李平、王大伟译:《区位和土地利用——地租的一般理论》,商务印书馆 2007 年版。

(4)[美]戴维·M.克雷普斯著,邓方译:《博弈论与经济模型》,商务印书馆 2006 年版。

(5)[日]藤田昌九、[美]保罗·克鲁格曼、[英]安东尼·J.维

纳布尔斯著,梁琦主译:《空间经济学——城市、区域与国际贸易》,中国人民大学出版社 2005 年版。

(6)[美]道格拉斯·C.诺斯著,历以平译:《经济史上的结构和变迁》,商务印书馆 2005 年版。

(7)[美]达摩达尔·N.古扎拉蒂(Damodar N. Gujarati)著,费剑平、孙春霞译:《计量经济学基础》,中国人民大学出版社 2005 年版。

(8)[美]德怀特·H.波金斯等著,黄卫平、彭刚等译:《发展经济学(第五版)》,经济科学出版社 2005 年版。

(9)[日]藤田昌久、[比]雅克·弗朗科斯·蒂斯著,刘峰、张雁、陈海威译:《集聚经济学——城市、产业区位与区域增长》,西南财经大学出版社 2004 年版。

(10)[美]戴维·罗默著,苏剑、罗涛译:《高级宏观经济学》,商务印书馆 2004 年版。

(11)[美]罗伯特·M.索洛等著,史清琪等译:《经济增长因素分析》,商务印书馆 2003 年版。

(12)[英]保罗·切希尔著,安虎森等译:《区域和城市经济学手册·第 3 卷·应用城市经济学》,经济科学出版社 2003 年版。

(13)[美]埃德温·S.米尔斯著,郝寿义译:《区域和城市经济学手册·第 2 卷·城市经济学》,经济科学出版社 2003 年版。

(14)[美]阿瑟·奥沙利文(Arthur O′Sullivan)著,苏晓燕、常荆莎、朱雅丽等译:《城市经济学》,中信出版社 2003 年版。

(15)[美]费景汉、古斯塔夫·拉尼斯著,洪银兴、郑江淮等译:《增长和发展:演进的观点》,商务印书馆 2004 年版。

(16)[美]保罗·克鲁格曼著,张兆杰译:《地理和贸易》,北京大学出版社、中国人民大学出版社 2000 年版。

(17)[美]保罗·克鲁格曼著,蔡荣译:《发展、地理学与经济理论》,北京大学出版社、中国人民大学出版社 2000 年版。

(18)[美]约翰·纳什著,张良桥、王晓刚译:《纳什博弈论论文集》,首都经济贸易大学出版社 2000 年版。

(19)[德]沃尔特·克里斯塔勒(Walter Christaller)著,常正文,王兴中等译:《德国南部中心地原理》,商务印书馆 1998 年版。

(20)[德]奥古斯特·廖什著,王守礼译:《经济空间秩序——经济财货与地理间的关系》,商务印书馆 1998 年版。

(21)[德]约翰·冯·杜能著,吴衡康译:《孤立国同农业和国民经济的关系》,商务印书馆 1997 年版。

(22)[德]阿尔弗雷德·韦伯著,李刚剑、陈志人、张英保译:《工业区位论》,商务印书馆 1997 年版。

(23)[美]R.科斯、A.阿尔钦等著,刘守英等译:《财产权利与制度变迁》,上海三联书店、上海人民出版社 1994 年版。

(24)[美]道格拉斯·C.诺斯著,杭行译:《制度、制度变迁与经济绩效》,上海三联书店 1993 年版。

(25)[英]阿瑟·刘易斯著,施炜等译:《二元经济论》,北京经济学院出版社 1989 年版。

(26)[英]K.J.巴顿著,上海社会科学院城市经济研究室译:《城市经济学理论与政策》,商务印书馆 1984 年版。

(27)[美]刘易斯·芒福德著,宋俊岭、倪文彦译:《城市发展史:起源、演变和前景》,中国建筑工业出版社 2005 年版。

(28)[美]霍利期·钱纳里等著,李新华等译:《发展的型式:1950—1970》,经济科学出版社 1988 年版。

(29)[美]西奥多·W.舒尔茨著,梁小民译:《改造传统农业》,商务印书馆 1987 年版。

(30)[英]阿瑟·刘易斯著,周师铭等译:《经济增长理论》,商务印书馆 1983 年版。

三、中文论著

[1]陈秀山、张可云:《区域经济理论》,商务印书馆2005年版。

[2]张可云:《区域经济政策》,商务印书馆2005年版。

[3]陈秀山、孙久文:《中国区域经济问题研究》,商务印书馆2005年版。

[4]侯景新、尹卫红:《区域经济分析方法》,商务印书馆2004年版。

[5]倪鹏飞主编:《中国城市竞争力报告No.6》,社会科学文献出版社2008年版。

[6]何德旭:《中国服务业发展报告No.6》,社会科学文献出版社2008年版。

[7]叶裕民:《中国可持续发展总纲·第12卷·中国城市化与可持续发展》,科学出版社2007年版。

[8]吴缚龙、马润潮、张京祥:《转型与重构——中国城市发展多维透视》,东南大学出版社2007年版。

[9]倪鹏飞等:《中国新型城市化道路》,社会科学文献出版社2007年版。

[10]张晓峒:《计量经济学基础》,南开大学出版社2007年版。

[11]张晓峒:《Eviews使用指南与案例》,机械工业出版社2007年版。

[12]陈佳贵、黄群慧等:《中国工业化进程报告(1995—2005年)》,社会科学文献出版社2007年版。

[13]张弥:《城市体系的网络结构》,中国水利水电出版社、知识产权出版社,2007年版。

[14]姚士谋、陈振光、朱英明:《中国城市群》,中国科学技术大学出版社2006年版。

[15]安筱鹏、韩增林:《城市区域协调发展的制度变迁与组织创新》,经济科学出版社 2006 年版。

[16]何一民:《20 世纪中国西部中等城市与区域发展》,巴蜀书社 2005 年版。

[17]赵曦:《中国西藏区域经济发展研究》,中国社会科学出版社 2005 年版。

[18]汪冬梅:《中国城市化问题研究》,中国经济出版社 2005 年版。

[19]郁鸿胜:《崛起之路:城市群发展与制度创新》,湖南人民出版社 2005 年版。

[20]朱英明:《城市群经济空间分析》,科学出版社 2004 年版。

[21]周伟林等:《城市经济学》,复旦大学出版社 2004 年版。

[22]郝寿义、安虎森:《区域经济学》,经济科学出版社 2004 年版。

[23]王红霞:《企业集聚与城市发展的制度分析》,复旦大学出版社 2005 年版。

[24]董志凯、吴江:《新中国工业的奠基石——156 项建设研究(1950—2000)》,广东省出版集团、广东经济出版社 2004 年版。

[25]杨汝万:《全球化背景下的亚太城市》,科学出版社 2004 年版。

[26]刘卫东、樊杰等:《中国西部开发重点区域规划前期研究》,商务印书馆 2003 年版。

[27]刘世庆:《中国西部大开发与西部经济转型》,经济科学出版社 2003 年版。

[28]郝黎仁等:《SPSS 实用统计分析》,中国水利水电出版社 2003 年版。

[29]赵德馨主编,马敏、朱英等著:《中国经济通史·第八

卷》，湖南人民出版社 2002 年版。

[30]郭鸿懋、江曼琦、陆军等：《城市空间经济学》，经济科学出版社 2002 年版。

[31]庄林德、张京祥：《中国城市发展与建设史》，东南大学出版社 2002 年版。

[32]杨天宏：《口岸开放与社会变革——近代中国自开商埠研究》，中华书局 2002 年版。

[33]庞皓主编：《计量经济学》，西南财经大学出版社 2002 年版。

[34]马敏、王玉德：《中国西部开发的历史审视》，湖北人民出版社 2001 年版。

[35]王缉慈：《创新的空间——企业集群与区域发展》，北京大学出版社 2001 年版。

[36]张培刚、张建华：《发展经济学教程》，经济科学出版社 2001 年版。

[37]张京祥：《城镇群体空间组合》，东南大学出版社 2000 年版。

[38]刘君德、汪宇明：《制度与创新——中国城市制度的发展与改革新论》，东南大学出版社 2000 年版。

[39]李博：《生态学》，高等教育出版社 2000 年版。

[40]廖元和：《中国西部工业化进程研究》，重庆出版社 2000 年版。

[41]朱勇：《新增长理论》，商务印书馆 1999 年版。

[42]董辅初等：《中华人民共和国经济史》，经济科学出版社 1999 年版。

[43]顾朝林：《经济全球化与中国城市发展》，商务印书馆 1999 年版。

[44]李小建等:《经济地理学》,高等教育出版社 1999 年版。

[45]蔡孝箴:《城市经济学》,南开大学出版社 1998 年版。

[46]孙志刚:《城市功能论》,经济管理出版社 1998 年版。

[47]章有义:《明清及近代农业史论集》,中国农业出版社 1997 年版。

[48]许学强、周一星、宁越敏:《城市地理学》,高等教育出版社 1997 年版。

[49]顾朝林:《中国城镇体系研究》,商务印书馆 1995 年版。

[50]周一星:《城市地理学》,商务印书馆 1995 年版。

[51]崔功豪、王本炎:《城市地理学》,江苏教育出版社 1992 年版。

[52]高珮义:《中外城市化比较研究》,南开大学出版社 1992 年版。

[53]夏东元:《洋务运动史》,华东师范大学出版社 1992 年版。

[54]许涤新、吴承明:《中国资本主义发展史·第 2 卷》,人民出版社 1990 年版。

[55]许涤新、吴承明:《中国资本主义发展史·第 3 卷》,人民出版社 1990 年版。

[56]张国辉:《洋务运动与中国近代企业》,中国社会科学出版社 1979 年版。

[57]孙毓棠:《中国近代工业史资料·第 1 辑(下册)》,科学出版社 1957 年版。

[58]汪敬虞:《中国近代工业史资料·第 2 辑(下册)》,科学出版社 1957 年版。

[59]姚士谋、陈振光等:《我国沿海大城市发育机制与成长因素分析》,《地域研究与开发》2008 年第 3 期。

[60]课题组:《改革开放以来中国特色城镇化的发展路径》,

《改革》2008年第7期。

[61]程必定:《统筹城乡协调发展的新型城市化道路——兼论成渝试验区的发展思路》,《西南民族大学学报(人文社科版)》2008年第1期。

[62]熊理然、成卓、肖丹:《"十一五"时期中国省域支柱产业空间格局与竞合态势》,《现代经济探讨》2008年第5期。

[63]曾国安:《论工业化过程中导致城乡居民收入差距扩大的自然因素与制度因素》,《经济评论》2007年第3期。

[64]熊理然:《西部经济发展的主体空间依托及其重点区域》,《改革》2007年第10期。

[65]薛莹:《地级以上城市的城市职能分类——以江浙沪地区为例》,《长江流域资源与环境》2007年第6期。

[66]高凌、姚士谋等:《中国省会城市功能的定位方法——以沈阳为例》,《经济地理》2007年第6期。

[67]王发曾、刘静玉等:《我国城市群整合发展的基础与实践》,《地理科学进展》2007年第5期。

[68]谢守红、刘春腊:《中心城市崛起:西部大开发的引擎》,《中国科技论坛》2007年第11期。

[69]李珍刚、胡佳:《西部地区城市关系发展现状及政策选择》,《城市问题》2007年第8期。

[70]原新、唐晓平:《都市圈化:一种新型的中国城市化战略》,《中国人口·资源与环境》2006年第4期。

[71]樊纲、王小鲁、张立文等:《中国各地区市场化相对进程报告》,《经济研究》2003年第3期。

[72]袁家冬、周筠、黄伟:《我国都市圈理论研究与规划实践中的若干误区》,《地理研究》2006年第1期。

[73]刘贵清:《日本城市群产业空间演化对中国城市群发

的借鉴》,《当代经济研究》2006 年第 5 期。

[74]吴松弟:《通商口岸与近代的城市和区域发展——从港口—腹地的角度》,《郑州大学学报(哲学社会科学版)》2006 年第 6 期。

[75]李学鑫、苗长虹:《城市群产业结构与分工的测度研究——以中原城市群为例》,《人文地理》2006 年第 4 期。

[76]姚士谋、王书国等:《区域发展中"城市群现象"的空间系统探索》,《经济地理》2006 年第 5 期。

[77]顾朝林:《中国城市发展的新趋势》,《城市规划》2006 年第 3 期。

[78]孙继琼:《成渝经济区城市体系规模结构实证》,《经济地理》2006 年第 6 期。

[79]涂妍:《南贵昆经济区城市空间结构研究》,《城市发展研究》2006 年第 5 期。

[80]吕政等:《中国生产性服务业发展的战略选择》,《中国工业经济》2006 年第 8 期。

[81]梁琦:《空间经济学:过去、现在与未来》,《经济学季刊》2005 年第 4 期。

[82]戴鞍钢:《近代中国西部内陆边疆通商口岸论析》,《复旦学报(社会科学版)》2005 年第 4 期。

[83]戈银庆:《中国西部资源型城市反锁定安排与接续产业的发展》,《兰州大学学报(社会科学版)》2004 年第 1 期。

[84]汪一鸣、杨汝万:《兰州—西宁—银川城市带与西部开发》,《地理学报》2004 年第 2 期。

[85]林筠、李随成:《西部地区城市空间结构及城市化道路的选择》,《经济理论与经济管理》2002 年第 4 期。

[86]苏雪串:《城市化进程中的要素集聚、产业集群和城市群

发展》,《中央财经大学学报》2004年第1期。

[87]林先扬、陈忠暖、蔡国田:《国内外城市群研究的回顾与展望》,《热带地理》2003年第1期。

[88]张祥建、唐炎华、徐晋:《长江三角洲城市群空间演化的产业机理》,《经济理论与经济管理》2003年第10期。

[89]崔大树:《经济全球化进程中城市群发展的制度创新》,《财经问题研究》2003年第5期。

[90]张茂胜、张茂忠:《西部资源型工矿城市可持续发展对策研究》,《中国人口·资源与环境》2002年第1期。

[91]石忆邵:《都市经济圈:一个新的国家城市化发展战略》,《经济理论与经济管理》2002年第9期。

[92]杨新军:《西北地区城市发展模式选择与对策》,《中国软科学》2001年第5期。

[93]郑国、赵荣:《西北城市体系分形研究》,《西北大学学报(自然科学版)》2002年第6期。

[94]高新才、张馨之:《论中国西北城市经济带的构建》,《兰州大学学报(社会科学版)》2002年第4期。

[95]赵新平、周一星:《改革开放以来中国城市化道路及城市化理论评述》,《中国社会科学》2002年第2期。

[96]叶裕民:《工业化弱质:中国城市化发展的经济障碍》,《中国人民大学学报》2002年第2期。

[97]薛东前、王传胜:《城市群演化的空间过程及土地利用优化配置》,《地理科学进展》2002年第2期。

[98]姚士谋、朱英明、陈振光:《信息环境下城市群区的发展》,《城市规划》2001年第8期。

[99]张京祥、邹军、吴启焰等:《论都市圈地域空间的组织》,《城市规划》2001年第5期。

[100]谢永琴:《发挥中心城市作用带动西部区域经济发展》,《中国人口·资源与环境》2001年第2期。

[101]孙久文:《建立以十大都市圈为中心的西部发展新格局》,《中国人口·资源与环境》2001年第2期。

[102]李琳:《大中城市:西部城市化发展的战略选择》,《财经理论与实践》2000年第6期。

[103]顾朝林、张敏:《长江三角洲城市连绵区发展战略研究》,《城市问题》2000年第1期。

[104]温铁军:《中国的城镇化道路与相关制度问题》,《开发导报》2000年第5期。

[105]朱英明、姚士谋:《我国城市群发展方针》,《城市规划汇刊》1999年第5期。

[106]阎小陪、郭建国、胡宇冰:《穗港澳都市连绵区的形成机制研究》,《地理研究》1997年第6期。

[107]徐柳凡:《清末民初自开商埠探析》,《南开学报》1996年第5期。

[108]中国第二历史档案馆:《1921年前中国已开商埠》,《历史档案》1984年第2期。

[109]沈汝生:《中国都市之分布》,《地理学报》1936年第1期。

后　记

　　工业化、城市化、现代化是西方发达国家推动经济发展、促进社会进步、改善人民福祉和实现国家富强的共同发展路径与成功发展经验。在近年的学习与研究中，本人深感中国西部地区（部分省会城市及其周边区域除外）的发展不仅面临着城市发展水平滞后的影响，还面临着农村贫困面大的制约。对于此，本人一直关注"西部城市发展"与"西部农村反贫困"。随着国家"十一五"规划纲要及中共"十七大"报告明确提出"以特大城市为依托，形成辐射作用大的城市群，培育新的经济增长极"的城市发展战略，并把中国特色城镇化道路作为新时期推进中国改革与发展的六大发展战略之一，本人把研究选题偏向了"西部城市发展"，尤其是通过文献检索后发现西方经典的城市发展理论引入中国后大多遭遇了"中国化困境"，在综合考虑后，最终确定以"中国西部城市群落空间重构及其核心支撑"作为研究的选题。

　　在本研究开展的过程中，本人深感城市及城市群体发展理论的博大精深及与时俱进，深感城市及城市群体发展实践的纷繁复杂与各具特色，也深感学术研究之路必经的身心考验与持续坚忍，更深感自身知识存量的有限和研究能力的欠缺。同时，也基于上述的种种主观和客观原因，本研究的结果与选题的初衷还存在一定的差距。在后续的研究中，本人寄希望于把本研究中提出的"多中心—外围城市群落理论"予以扩展并赋予其微观经济学基础,并对多中心—外围城市群落的经济基础和制度安排进一步系统化,在全面纳入相关要素的情况下提出多中心—外围城市群落发展的综合性支撑体系。

在本书付梓之际,首先我要向我的两位恩师——云南师范大学的骆华松教授、西南财经大学的赵曦教授致以最衷心的感谢,两位恩师对我的学业进行了悉心指导和严格要求,对我从事的研究不倦引导并树立了良好榜样,对我的生活给予了无微不至的关心和大力的资助。同时,我要感谢云南师范大学旅游与地理科学学院的院长明庆忠教授,在多年的学习、教学、工作中得益于明教授的悉心指导和大力帮助。云南师范大学学术著作出版基金、云南省"地理学"重点学科建设项目重点资助了本成果的出版,人民出版社的李惠老师为本成果的编辑质量和早日出版付出大量心血,云南善为传媒有限公司的赵江先生、方桂玲女士给予了诸多的帮助。最后,我要衷心感谢我的家人和妻子,他们在精神上与生活上的无怨支持使我免除了诸多的后顾之忧。

值此著作出版之际,谨向曾给予我帮助和支持的单位及个人表示最诚挚的谢意!

熊理然

2010 年 6 月